UNDERSTANDING MANAGEMENT CONSULTING

경영컨설팅의 이해

박 주 홍

박영사

머 리 말

　글로벌화 시대를 맞이하여 기업 간의 국내외적인 경쟁이 점점 치열해지고 있다. 또한 국내 기업환경은 글로벌 기업환경과 밀접하게 관련되어 있기 때문에 기업경영과 관련된 의사결정의 환경은 그 복잡성이 증대되고 있다. 급변하는 글로벌 기술적 환경으로 인하여 보다 신속하고 정확한 의사결정을 해야만 하는 경영자는 복합적이고 다차원적인 관점에서 정보를 획득하고자 하는 경향이 있다. 따라서 이러한 글로벌 환경변화에 신속하게 대처하기 위하여 경영컨설팅에 대한 기업의 관심이 나날이 증대되고 있다.

　국내 경영컨설팅 시장은 기업의 필요성과 경영환경의 변화로 인해 수요가 증가하는 추세를 보이고 있다. 1994년 534억 원이었던 국내 경영컨설팅 시장규모는 2006년 약 4조 원대로 성장하였다. 중소기업청의 2008년 '중소기업 컨설팅산업 백서'의 추정에 따르면, 연구당시의 최근 3개년 평균 매출액 증가율 30%를 적용할 경우 2012년에는 19조 원대의 경영컨설팅 시장규모를 달성할 것이라고 예측하였다. 그러나 평균 매출액 증가율 15%를 적용할 경우 약 7~8조 원대에 머물렀을 것으로 보이지만 경영컨설팅 시장규모가 매우 큰 것임에는 이견이 없을 것으로 보인다.

　경영컨설팅은 "컨설팅을 의뢰한 기업(고객)에게 개별 컨설턴트 또는 경영컨설팅 기업이 경영컨설팅 결과물을 제공하고, 이에 따르는 수익을 창출할 목적으로 수행되는 전문적인 자문 서비스"를 말한다. 이러한 전문 자문 서비스를 제공하기 위해서는 경영컨설팅을 위해 필요한 전문적인 지식이 요구된다. 본서는 경영컨설팅에 대한 전문적 지식을 습득하고자 하는 예비 경영컨설턴트뿐만 아니라 현업에 종사중인 경영컨설턴트에게 경영컨설팅 전반에 대한 이해를 돕는 유용한 지침서가 될 것으로 생각된다.

저술연구의 일환으로 집필된 본서는 인용한 참고문헌에 대한 출처를 제시한 각주(footnote)와 자료원(source)을 명확하게 표기하였다. 저자가 이미 발표한 논문 및 저서의 내용을 직접적으로 인용하거나 수정하여 인용한 경우에는 해당 부분을 '재인용' 또는 '수정 재인용'으로 표기하였다. 본서에서 제시한 다양하고 광범위한 참고문헌은 경영학과 관련된 다양한 경영컨설팅 분야의 연구에 관심을 가진 연구자 또는 독자들이 원전(原典)을 파악하는 데 있어서 많은 도움을 줄 것으로 보인다. 본서는 총 4부 14장으로 구성되어 있으며, 그 주요 내용은 다음과 같다.

제 1 부는 '경영컨설팅에 대한 개념적 기초'와 관련된 본서의 도입 부분이다. 제 1 장에서는 경영컨설팅에 대한 기본적 내용을 논의한다. 여기에서는 경영컨설팅의 의의와 목적, 그리고 필요성과 주요 분야에 대하여 설명한다. 아울러 여기에서는 경영컨설팅 업종의 분류 및 경영컨설팅 산업의 현황에 대하여 살펴본다. 제 2 장은 경영컨설턴트의 과업에 대하여 구체적으로 논의한다. 여기에서는 경영컨설턴트의 역할, 역량 및 과업수행과 관련된 경영컨설팅 기술에 대한 내용을 다룬다.

제 2 부에서는 '경영컨설팅의 수행과정과 방법에 대한 체계적인 접근'을 하고자 한다. 제 3 장에서는 경영컨설팅의 수행과정에 대하여 설명하며, 여기에서는 경영컨설팅의 착수와 완료까지의 구체적인 수행과정이 논의된다. 제 4 장에서는 경영컨설팅의 수행도구 및 자료수집 방법에 대한 체계적으로 논의한다.

제 3 부에서는 '경영환경, 시장 및 경쟁환경의 분석'에 대하여 살펴본다. 제 5 장에서는 경영환경의 분석에 대하여 검토한다. 여기에서는 기업 내부적 및 외부적 경영환경뿐만 아니라 글로벌 경영환경의 분석에 대하여 설명한다. 제 6 장에서는 시장의 분석에 대하여 논의한다. 아울러 제 7 장에서는 경쟁환경의 분석에 대하여 구체적으로 다룬다.

제 4 부에서는 기능영역별 경영컨설팅 수행에 대하여 구체적으로 살펴본다. 여기에서는 기업의 기능영역별(부서별 또는 부문별) 관점에서, 제 8 장 경영전략 컨설팅, 제 9 장 생산운영 컨설팅, 제10장 마케팅 컨설팅, 제11장 재무 컨설팅,

제12장 인사 및 조직운영 컨설팅, 제13장 글로벌경영 컨설팅 그리고 제14장 혁신경영 컨설팅 등이 각각 논의된다.

특히, 제 2 부(경영컨설팅의 수행과정과 방법에 대한 체계적인 접근)는 제 3 부(경영환경, 시장 및 경쟁환경의 분석)와 제 4 부(기능영역별 경영컨설팅의 수행)를 위한 방법 또는 도구의 성격을 갖고 있다. 광범위한 주제와 다양한 분야를 대상으로 하는 실제의 경영컨설팅에 있어서 본서에서 검토하지 못한 주제 또는 분야가 관련될 수 있는 한계점이 있지만, 본서는 경영컨설팅에 있어서 그 중요성이 높을 것으로 예상되는 다양한 기능영역을 다룬 것에 그 의미를 부여하고자 한다.

본서의 출판을 위해 많은 관심과 후원을 아끼지 않으신 박영사 안종만 사장님과 박세기 팀장님, 그리고 원고정리를 위해 수고해주신 편집부 여러분께도 감사를 드린다. 또한 본서가 집필되는 동안 많은 시간을 빼앗겨야만 했던 사랑하는 가족들에게 마음으로부터의 고마움을 전한다.

2017년 1월
궁산 기슭 연구실에서
저 자

◆ 강의(교수용) 파워포인트자료는 juhong@kmu.ac.kr로 문의바람 ◆

차 례

PART 2　경영컨설팅의 수행과정과 방법에 대한 체계적 접근

CHAPTER 03 경영컨설팅의 수행과정 • 43

PART 3 경영환경, 시장 및 경쟁환경의 분석

CHAPTER 05 경영환경의 분석 • 101

PART 4   기능영역별 경영컨설팅의 수행

CHAPTER 08 경영전략 컨설팅 · 159

CHAPTER 11 재무 컨설팅 • 233

CHAPTER 14 혁신경영 컨설팅 · 305

그림 차례

표 차례

PART 1

경영컨설팅에 대한 개념적 기초

제 1 부는 경영컨설팅에 대한 개념적 기초와 관련된 본서의 도입 부분이다. 제 1 장에서는 경영컨설팅에 대한 기본적 내용을 논의한다. 여기에서는 경영컨설팅의 의의와 목적, 그리고 필요성과 주요 분야에 대하여 설명한다. 아울러 여기에서는 경영컨설팅 업종의 분류 및 경영컨설팅 산업의 현황에 대하여 살펴본다. 제 2 장은 경영컨설턴트의 과업에 대하여 구체적으로 논의한다. 여기에서는 경영컨설턴트의 역할, 역량 및 과업수행과 관련된 경영컨설팅 기술에 대한 내용을 다룬다.

경영컨설팅의 이해

경영컨설팅의 이해

1.1 경영컨설팅의 의의와 목적

1.1.1 경영컨설팅의 의의

글로벌화 시대를 맞이하여 기업 간의 국내외적인 경쟁이 점점 치열해지고 있다. 또한 국내 기업환경은 글로벌 기업환경과 밀접하게 관련되어 있기 때문에 기업경영과 관련된 의사결정의 환경은 그 복잡성이 증대되고 있다. 급변하는 글로벌 기술적 환경으로 인하여 보다 신속하고 정확한 의사결정을 해야만 하는 경영자는 복합적이고 다차원적인 관점에서 정보를 획득하고자 하는 경향이 있다. 따라서 이러한 글로벌 환경변화에 신속하게 대처하기 위하여 경영컨설팅에 대한 기업의 관심이 나날이 증대되고 있다.

경영컨설팅(management consulting)은 기업컨설팅(company consulting) 또는 비즈니스 컨설팅(business consulting) 등과 동의어로 사용되고 있으며, 한 명 또는 그 이상의 독립적이고 전문적인 자질을 갖춘 인력에 의해 제공되는 기업경영과 관련된 자문서비스를 의미한다. 이러한 자문서비스에서는 경영컨설팅을 원하는 기업의 문화, 전략, 조직, 경영기법 및 방법 등과 관련된 문제점들을 확인하고, 정의하

고, 그리고 분석하는 업무가 수행된다.[1]

국제공인컨설팅협회협의회(International Council of Management Consulting Institutes, ICMCI)는 경영컨설팅을 다음과 같이 정의하고 있다.[2] 즉, 경영컨설팅은 '경영책임이 있는 고객들에게 관리과정(process of management)에 대한 독립적인 자문(advice)과 지원(assistance)을 제공하는 것'을 말한다.

*그레이너와 메쯔거(Greiner & Metzger)*는 경영컨설팅은 다음과 같이 정의하고 있다.[3] 경영컨설팅(management consulting)은 "특별한 훈련을 통해 일정한 자격을 갖춘 인력들이 고객과의 계약에 기초하여 독립적이고 객관적인 태도로 고객 조직이 경영상의 문제점들을 확인하고 분석하는 것을 도와주고, 이러한 문제점들에 대한 해결방안을 고객들에게 추천하는 것을 말한다. 또한 고객이 이러한 해결방안을 수행함에 있어서 지원을 요청했을 때 지원을 제공하는 자문서비스(advice service)이다."

*쿠브르(Kubr)*는 경영컨설팅을 다음과 같이 정의하고 있다.[4] 경영컨설팅은 컨설팅을 의뢰한 고객에게 '전문서비스(professional service) 또는 실제적인 자문과 지원(practical advice and help)을 제공하는 방법'을 의미한다.

본서에서는 경영컨설팅을 다음과 같이 정의하고자 한다. 경영컨설팅은 '컨설팅을 의뢰한 기업(고객)에게 개별 컨설턴트 또는 경영컨설팅 기업이 경영컨설팅 결과물을 제공하고, 이에 따르는 수익을 창출할 목적으로 수행되는 전문적인 자문서비스'를 말한다.

경영컨설팅의 특징은 다음과 같이 요약될 수 있다.[5]

- 전문서비스 : 경영컨설팅은 컨설팅을 의뢰한 기업이 직면하고 있는 경영상의 문제점들을 해결하기 위하여 그들이 보유한 컨설턴트(컨설팅 인력)의 전문지식(경영 및 기술)에 기초하여 수행되어야 한다. 따라서 경영컨설팅에 투입되는 컨설턴트는 전문지식을 갖추어야만 한다.

1 Niedereichholz, C.(1994), p. 1.
2 http://www.icmci.org/.
3 Greiner, L. E./Metzger, R. O.(1983), p. 7.
4 Kubr, M.(Ed., 2002), p. 4.
5 방용성/주윤황(2015), p. 4 이하; 주성종 외 3인(2010), p. 28 이하; 권혁진 외 3인(2010), p. 17 이하.

- 자문서비스 : 자문은 전문가나 또는 그런 사람들로 구성된 권위 있는 기관이나 단체에 의견을 묻는 것을 말한다. 경영컨설팅은 컨설팅을 의뢰한 기업의 문제점들을 해결하기 위한 자문을 하기 때문에 컨설턴트 또는 컨설팅 기업은 그들이 수행한 컨설팅 결과에 대하여 직접적인 책임을 지지 않는다. 즉, 경영컨설팅에 의해 제시된 해결대안은 구속력이나 책임이 부과되지 않고, 컨설팅을 의뢰한 기업에게 최종적인 의사결정권과 책임이 있다.
- 독립서비스 : 컨설팅에 의해 도출된 해결대안들 또는 결과물은 의뢰한 기업과의 이해관계를 초월하여 독립적으로 제공되어야 한다. 컨설턴트는 그들에게 유리한 결과물을 제시하는 편향된 시각에서 벗어나 독립적인 관점에서 컨설팅을 의뢰한 기업의 문제점들을 해결해야 하는 책임이 있다. 예를 들면, 특정 회사 또는 특정 제품을 이롭게 하거나, 컨설팅을 의뢰한 기업으로부터 다른 프로젝트를 수주하려는 목적으로 수행한 컨설팅 결과물은 독립성을 상실한 것으로 볼 수 있다.
- 일시적인 서비스 : 일반적으로 컨설팅 프로젝트 또는 서비스는 컨설턴트 또는 컨설팅 기업과 컨설팅을 의뢰한 기업 간의 계약에 의해 일정 기간 동안 한시적으로 수행된다.
- 상업적인 서비스 : 경영컨설팅을 제공하는 컨설턴트 또는 컨설팅 기업은 수익 또는 이윤을 창출하기 위하여 컨설팅 서비스를 제공한다. 그러므로 컨설팅을 의뢰한 기업은 컨설턴트 또는 컨설팅 기업에게 서비스의 대가인 컨설팅 수수료(consulting fee)를 지불하여야 한다.

1.1.2 경영컨설팅의 목적

경영컨설팅의 수행결과는 컨설팅을 의뢰한 기업을 위하여 효과적이고 효율적으로 활용되어야 한다. 경영컨설팅의 목적은 다음과 같은 다섯 가지의 관점에서 설명될 수 있다.[6] 〈그림 1-1〉은 경영컨설팅의 목적을 보여준다.

---

6 Kubr, M.(Ed., 2002), p. 10 이하.

- 조직의 목표 및 목적의 달성 : 경영컨설팅은 고객 조직의 목표 및 목적의 달성에 도움을 주어야 한다. 즉, 고객 조직의 가치증대를 위해 컨설팅의 결과물이 유용하게 활용되어야 한다. 경우에 따라서 고객 조직의 목표 및 목적을 제시하는 컨설팅 프로젝트가 수행될 수도 있다.
- 경영 및 비즈니스와 관련된 문제해결 : 고객 기업의 경영 및 비즈니스와 관련된 문제해결은 경영컨설팅의 가장 중요한 목표일뿐만 아니라 과제이다. 이러한 문제해결을 통하여 고객 기업의 경영성과가 증대될 수 있을 뿐만 아니라, 조직이 효율적으로 운영될 수 있다. 경영 및 비즈니스와 관련된 경영컨설팅은 고객 기업의 전체 기능영역에 걸쳐서 또는 개별 기능영역에 국한하여 수행되기도 한다.
- 새로운 기회의 확인과 포착 : 경영컨설팅은 고객 조직의 문제해결을 지원하는 차원을 넘어서 고객 기업을 위해 새로운 기회를 확인하고 포착할 수 있는 기회를 제공할 수 있다. 즉, 경영컨설팅을 통하여 고객 기업의 비즈니스와 관련된 시장개척, 제품개발 및 영역확대 등과 같은 새로운 정보가 제공된다.
- 학습의 증대 : 경영컨설팅은 고객 조직의 구성원들이 그들의 조직을 보다 잘 운영할 수 있도록 도와주는 역할을 한다. 즉, 경영컨설팅을 통하여 고객 조직의 학습능력이 증대될 수 있으며, 이를 통하여 긍정적인 학습효과가 나타날 수 있다.
- 변화의 실행 : 경영컨설팅을 통하여 고객 조직의 변화가 수행될 수 있다. 경영컨설팅 기업은 고객 조직의 생존과 발전에 필요한 변화와 혁신을 지원한다.

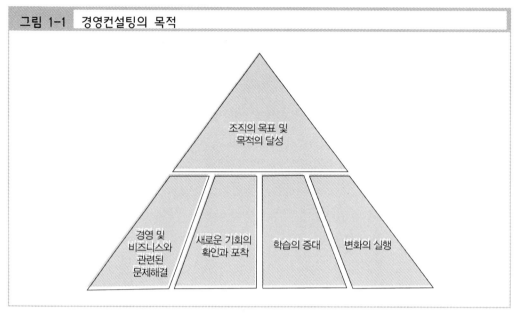

그림 1-1　경영컨설팅의 목적

조직의 목표 및
목적의 달성

경영 및
비즈니스와
관련된
문제해결

새로운 기회의
확인과 포착

학습의 증대

변화의 실행

자료원: Kubr, M.(Ed., 2002), p. 11.

1.2 경영컨설팅의 필요성과 주요 분야

1.2.1 경영컨설팅의 필요성

경영컨설팅의 필요한 이유는 경영컨설팅 기업의 관점과 고객 기업의 관점으로 구분하여 설명될 수 있다.

경영컨설팅 기업의 관점에서의 경영컨설팅의 필요성은 다음과 같이 요약될 수 있다.

- 경영컨설팅을 통한 이윤의 창출 : 경영컨설팅 기업은 영리조직으로서 이윤 또는 수익 창출을 위해 컨설팅을 수행한다.
- 경영컨설팅 기업의 발전 : 경영컨설팅을 통하여 확보된 이윤 또는 수익이 누적적으로 증대될수록 경영컨설팅 기업의 발전 속도가 빨라질 수 있다.
- 경영컨설팅과 관련된 양질의 일자리 제공 : 경영컨설팅 산업은 양질의 일자리

를 제공하는 부가가치가 높은 산업에 속한다. 앞서 언급한 바와 같이 이윤의 창출과 경영컨설팅 기업의 발전을 통하여 전문 인력을 위한 양질의 일자리가 제공된다.

또한 고객 기업의 관점에서 경영컨설팅이 필요한 이유는 다음과 같다.[7]

- 고객 기업의 이미지 개선과 불평하는 고객 기업의 설득
- 정보의 선별을 통한 정보부족의 해소 및 부실한 사업성 개선과 활동의 저조 개선
- 예상하지 못한 손실 예방, 재난 및 재해의 극복
- 현실성 높은 기대 분석을 통한 고객 기업의 능력 보완 및 투명한 전망 제시
- 낙후된 경영시스템과 잘못된 의사결정의 개선
- 상실한 기회의 복구와 새로운 기회의 창출
- 환경변화에 대한 적극적인 대처 능력의 향상
- 사업목표의 점검 및 경쟁압력의 극복
- 유휴자원의 활용과 자원부족의 극복
- 고객 기업내부의 의견조정과 갈등 해소

1.2.2 경영컨설팅의 주요 분야

경영컨설팅은 민영기업, 공기업 또는 국영기업 등과 같은 영리조직뿐만 아니라, 병원, 사회단체 및 종교기관 등과 같은 비영리조직을 대상으로 수행될 수 있다. 아래에서는 경영컨설팅의 주요 분야에 대하여 살펴보기로 한다.[8]

창업 및 중소기업 컨설팅

창업과 중소기업 컨설팅 분야는 기능영역별로 수행되는 고객 기업의 경영컨설팅과는 별도로 새로운 경영컨설팅 영역을 제시한다. 특히, 창업 및 중소기업의 발

---

7 주성종 외 3인(2010), p. 32.
8 방용성/주윤황(2015), p. 14 이하.

전을 위하여 경영컨설팅 기업의 전문적인 지식과 경험이 제공될 필요가 있다. 〈표 1−1〉은 중소기업청이 제시하는 일반중소기업 컨설팅 분야를 보여준다.

표 1-1	중소기업청이 제시하는 일반중소기업 컨설팅 분야
분야	내용
경영관리 및 혁신	• 사업타당성, 재무회계, 사업다각화, 수익성 분석 • 중장기 경영계획 및 부문별 목표달성 실행계획 • 신규 사업타당성 및 기대효과 분석 • 업무 프로세스 재구축 및 지식 경영시스템
인사/조직	• 조직개발 및 인력관리 • 목표관리 시스템, 연봉제, 신인사제도 • 성과급 임금체계, 직무분석, 조직재설계
재무관리 분야	• 재무 분야의 내부통제 구조 정립 • 재무관리의 업무정형화 및 통합 • 업무 프로세스 정립을 통한 비용 절감 • 효과적이고 신뢰성 있는 재무/회계 정보 산출
생산관리	• 설계 및 제조원가 혁신, 표준원가 및 목표원가 관리 • 생산손실개선 및 낭비제거, 공정작업관리 • 최적 생산통합 시스템 구축 및 납기 혁신 • 설비 생산성 향상, 손실 분석, 개선 및 보전체계 구축
제품개발/ 마케팅	• 효율적인 상품기획 및 신상품 개발 프로세스 구축 • 개발제품의 경쟁력 분석 및 수요예측 • 시장분석, 고객 및 영업 관리, 판매능력 강화 • 제품의 목표시장 공략 전략 및 해외시장 개척
기타	• 중소기업청장이 특히 필요하다고 인정하는 분야

자료원: 권혁진 외 3인(2010), p. 27.

경영컨설팅 주요 분야

경영컨설팅의 주요 분야는 〈표 1−2〉에 제시되어 있다. 이 표에 나타나 있는 바와 같이 최근의 경영컨설팅 주요 분야는 기업의 기능영역별 주제뿐만 아니라, 구체적이고 현실적인 실무관련 경영컨설팅 주제 등을 포괄한다.

표 1-2	경영컨설팅의 주요 분야

분야	내용
전략	• 비전 및 전략적 목표설정, 재무전략, 전략적 제휴시스템 구축 • 중장기 경영전략, 부문별 목표달성 실행계획 • 글로벌 전략 수립, 지식 관리시스템 구축, 합병 후 통합 전략
인사	• 목표관리, 연봉제, 신인사제도, 평가체계 구축 • 성과급 임금체계, 직무분석, 조직재설계, HRM 시스템 구축 • 주 5일제 도입에 따른 업무효율성 제고 방안 • 직무만족 및 성과평가 시스템, 커뮤니케이션 시스템 구축
재무	• 내부통제, 재무관리의 업무정형화 및 통합, 기업 인수합병 전략 • 효과적이고 신뢰성 있는 재무/회계정보 산출 • 기업가치 향상 전략, 사업 위험관리, 사업계획 타당성 분석 • M&A 전략 수립, 주주가치 향상 전략
생산	• 설계 및 제조원가 혁신, 표준원가 및 목표원가 관리 • 생산손실개선 및 낭비제거, 공정작업관리 • 최적 생산통합시스템 구축 및 납기 혁신 • 설비생산성 향상, 손실 분석 및 원가절감, 개선 및 보전체제 구축 • 설비보존 시스템, 품질관리 시스템, 제품설계 및 공정관리 • 생산 및 재고관리 시스템 구축, 원가관리 시스템 구축
마케팅	• 상품기획, 해외시장 개척, 목표시장공략 전략 • 시장분석, 고객 및 영업 관리, 마케팅 능력 강화 • 브랜드 전략 수립, 제품(상품)전략, 가격전략, 광고전략, 홍보전략 • 판촉전략, 유통전략, 매장구성전략, 소비자전략, 디자인전략, 시장분석을 통한 전략수립, 고객관리전략, 전자상거래 구축 전략
조직운영	• 조직운영체계 구축 및 계획수립, 조직 운영관리 시스템 구축 • 프로세스 개선, 성과관리 및 성과평가, BSC, 생산성 향상 • 가치사슬 및 성과측정 시스템 구축, 구매 및 물류 시스템 구축
정보화	• 정보화 도입 전략, 경영정보 시스템 구축을 위한 모델설정 • ERP 구축 모델설정, 정보기술 시스템 구축을 위한 BPR • e-Biz 도입을 위한 업무 표준화 컨설팅, 온라인 비즈니스 컨설팅 • 보완통제 모델설정, 정보화 통합 전략, 중장기 정보화 모델구축
글로벌화	• 수출, 라이선싱과 프랜차이징, 해외직접투자 및 전략적 제휴 전략 • 글로벌 마케팅, 글로벌 재무, 글로벌 인적자원관리 전략
기타	• 자금조달(정책자금, 출연자금, 투지유치 등) • 기술사업화 전략(기술환경분석, 기술사업타당성분석, 비즈니스 모델 구축, R&D 전략 수립, 기술로드맵 구축, 기술금융, 기술이전 등) • 인증컨설팅(벤처, 이노비즈, ISO, 신기술, 부설연구소 등) • 기타

자료원: 방용성/주윤황(2015), p. 15; 저자에 의해 일부 내용이 보완됨.

기업 성장별 경영컨설팅

기업은 일정한 수명주기를 거치면서 성장, 발전, 그리고 쇠퇴를 거듭한다. 이러한 성장별 또는 수명주기별 경영컨설팅의 주요 분야는 다음과 같이 요약될 수 있다.[9]

- 창업 단계: 제품 생산 및 고객확보를 통한 시장진입
- 성장 단계 : 시장진입 성공을 통한 외형확대/투자 등을 통한 외형확대
- 성숙 단계 : 경쟁치열과 성장한계에 따른 비능률 제거, 인재 양성
- 쇠퇴/재구축 단계 : 경영혁신을 통한 재구축 또는 철수

1.3 경영컨설팅 업종의 분류 및 경영컨설팅 산업의 현황

1.3.1 경영컨설팅 업종의 분류

통계청에서 제공하고 있는 '한국표준산업분류'에 의하면, 경영컨설팅은 〈표 1-3〉과 같이 분류되고 있다.[10] 이 표에 의하면 경영컨설팅 업종은 전문서비스업에 속하며, 다른 사업체에게 사업경영문제에 관하여 자문 및 지원하는 산업활동을 말한다.

---

9 전게서, p. 16 이하.
10 https://kssc.kostat.go.kr:8443/ksscNew_web/index.jsp.

표 1-3	한국표준산업분류에 따른 경영컨설팅 업종의 분류
분류명	**분류설명**
전문서비스업 Professional Services	법률 자문 및 대리, 회계기록 및 감사, 광고대행, 시장조사 및 **경영컨설팅** 등과 같은 전문적 서비스를 제공하는 산업활동을 말한다. 이러한 산업활동은 전문지식을 갖춘 인적자본이 주요 요소로서 투입된다.
회사본부, 지주회사 및 **경영컨설팅** 서비스업 Activities of Head Offices, Holding Companies and Management Consultancy	사업전략 및 조직기획, 예산, 마케팅, 인사 등과 같은 경영관련 계획수립, 자문 및 컨설팅을 제공하는 산업활동을 말한다. 비금융 지주회사도 여기에 분류된다.
경영컨설팅 및 공공관계 서비스업 Activities of Management Consultancy and Public Relation Services	없음
경영컨설팅업 Activities of Management Consultancy	다른 사업체에게 사업경영문제에 관하여 자문 및 지원하는 산업활동을 말한다. 〈예시〉 일반경영, 전략기획, 특정 부문, 시장관리, 생산관리, 재정관리 및 인력관리 등에 대한 자문

자료원: https://kssc.kostat.go.kr:8443/ksscNew_web/link.do?gubun=001.

1.3.2 국내 경영컨설팅 산업의 현황

국내 경영컨설팅 시장은 기업의 필요성과 경영환경의 변화로 인해 수요가 증가하는 추세를 보이고 있다. 1994년 534억 원이었던 국내 경영컨설팅 시장규모는 2006년 약 4조 원대로 성장하였다. 중소기업청의 2008년 '중소기업 컨설팅산업백서'의 추정에 따르면, 연구당시의 최근 3개년 평균 매출액 증가율 30%를 적용할 경우 2012년에는 19조 원대의 경영컨설팅 시장규모를 달성할 것이라고 예측하였다. 그러나 평균 매출액 증가율 15%를 적용할 경우 약 7~8조 원대에 머물렀을 것으로 보이지만 경영컨설팅 시장규모가 매우 큰 것임에는 이견이 없을 것으로 보인다.[11]

국내 경영컨설팅 산업의 발전과정을 살펴보면 다음과 같다.[12]

---

11 중소기업기술정보진흥원(2011), p. 4; 중소기업청(2008), p. 49.
12 신태호/신성원/곽홍주(2006), p. 181 이하.

- **태동기** : 1950년대 후반 한국생산성본부와 1960년대 초반 한국능률협회 및 한국표준협회의 설립과 더불어 기업에 대한 회계감사, 정부 또는 공공기관의 지원제도에 참여하여 기업의 자격요건에 대한 심사 등과 같은 초보적인 형태의 경영컨설팅 시장이 형성되기 시작하였다. 1960년대 정부의 수출촉진정책에 힘입어 공산품에 대한 품질향상 및 불량개선 등과 같은 정부주도의 경영지도 사업이 주로 수행되었다. 특히, 이 당시의 경영컨설팅은 제품검사 기법, 공정관리 등과 같은 생산관리 분야에 집중되었다.

- **성장기** : 1970년대 초반 공업진흥청이 설립되어 KS 허가제도가 도입되었고, 1970년대 후반 중소기업진흥법의 제정으로 중소기업진흥공단이 설립되면서 지도사 제도가 도입되었다. 이러한 지도사 사업이 활성화되면서 산업화를 위한 기업의 경영여건 개선, 수출산업 등과 관련된 경영컨설팅 산업이 성장하기 시작하였다.

- **확장기** : 1980년대 이후 국가의 지도체계의 정립과 각종 지도사업에 대한 규정이 제정되면서 기업에 대한 경영개선, 사규제정 및 생산관리기법 등에 대한 지도체계가 구축되었다. 또한 정부주도의 지도사업과 더불어 소수의 민간 컨설팅 기관과 개인이 경영컨설팅 시장에 참여하면서 민간 주도의 경영컨설팅이 형성되기 시작하였다.

- **개방 및 민간 경영컨설팅 주도기** : 1990년대 중반 우리나라가 세계무역기구(WTO)에 가입함으로써 은행, 금융, 보험 및 경영컨설팅 등과 같은 서비스 시장이 개방되기 시작하였다. 특히, 이 시기에는 외국계 경영컨설팅 기업의 한국진출이 본격화되었으며, 국내의 민간 경영컨설팅 기업(중소 규모)도 급격히 증가하였다. 특히, 1997년 IMF 외환위기 이후 은행권에 대한 경영컨설팅 수요가 폭증하였다. 정부는 IMF 외환위기를 거치면서 기업, 금융, 정부, 노동 등 4대 분야에 대한 구조개혁을 단행하였고, 이러한 구조개혁과 관련된 프로젝트에 외국계 경영컨설팅 기업이 대거 참여하였다. 이를 통하여 외국계 경영컨설팅 기업은 한국 시장에서 성정을 거듭하였지만 국내 경영컨설팅 기업은 낙후된 상태로 머무르고 있었다.

- **경영컨설팅 경쟁의 글로벌화** : 2000년대에 접어들면서 국내 경영컨설팅 시장에서 글로벌(외국계) 경영컨설팅 기업과 국내의 중견 경영컨설팅 기업들이

경쟁하기 시작하였다. 대기업 경영컨설팅 시장의 경우 글로벌(global) 경영
컨설팅 기업들이 주도하는 시장이었으나, 최근 들어 지역 또는 선진국에 기
반을 둔 글로컬(glocal) 경영컨설팅 기업과 회계법인 산하의 경영컨설팅 기
업의 약진이 두드러지고 있다. 아울러 중견그룹 경영컨설팅 시장의 경우 과
거 글로컬 업체들의 성장의 발판이 되었으나 최근 회계법인 산하의 경영컨
설팅 기업과 글로벌 IT업체들이 높은 브랜드 가치를 바탕으로 적극 진출하
여 시장을 잠식해 나가고 있다. 중소기업 시장의 경우 소규모 경영컨설팅
업체가 존재하는 복잡한 시장을 형성하고 있다. 이 시장은 수요 기반이 불
확실하고 업체수가 시장규모에 비해 많아 저가의 과다 경쟁이 벌어지고 있
다.[13] 〈표 1-4〉는 분야별 주요 경영컨설팅 기업을 제시한다.

표 1-4	분야별 주요 경영컨설팅 기업	
분 야		주요 경영컨설팅 기업
전략컨설팅	외국계	• McKinsey • Boston Consulting Group • Bain & Company • Booz Allen & Hamilton • Monitor Group • AT Kearney
	국내	• Claymans • 앤플랫폼 • 네모파트너스
전략 및 프로세스/ 오퍼레이션 컨설팅	외국계	• Accenture • IBM BCS • Bearing Point • Deloitte Consulting • Cap Gemini Ernst & Young
	국내	• 오픈타이드코리아
인사전문 컨설팅	외국계	• Mercer • Towers Perrin • Watson Myatt • Hewitt

---

13 중소기업청(2006).

	국내	• 조인스HR • 피에스아이컨설팅
IT 컨설팅	외국계	• IBM • HP
	국내	• 삼성SDS • LG CNS • SK C&C

자료원: 중소기업청(2006).

1.3.3 글로벌 경영컨설팅 산업의 현황

1930년대 미국에서 Booz Allen & Hamilton, McKinsey 등이 시장에 등장한 이후, 그리고 1960년대와 1970년대의 컴퓨터의 출현, 1980년대 정보기술의 발전, 글로벌화, 아웃소싱 등의 영향으로 글로벌 경영컨설팅 시장은 급속도로 성장하기 시작하였다.[14] 1990년대 중반까지 경영컨설팅 기업들의 연평균 매출액 성장률은 약 12% 정도로 성장하였으며, 최근에는 글로벌화의 진전으로 인하여 경영컨설팅 시장의 규모가 급격하게 커지고 있다.

세계 경영컨설팅 시장은 2007년 3,000억 달러, 2010년 약 3,690억 달러로 2007년과 비교하여 약 23% 정도 증대되었다. 〈표 1-5〉는 세계 경영컨설팅 시장 규모를 제시한다. 또한 중국, 인도 등의 신흥국가의 경제성장과 M&A가 늘어날 것으로 전망되고 있어 이와 관련된 경영컨설팅 수요는 향후에도 증가할 것으로 전망된다.[15]

---

[14] 신태호/신성원/곽홍주(2006), p. 177 재인용.
[15] 중소기업청(2008), p. 10.

표 1-5	세계 경영컨설팅 시장규모	
연 도	매출액 (단위: 억 달러)	전년대비 증감률
2005	2,550	–
2006	2,700	5.9%
2007	3,000	11.1%
2008	3,213	7.1%
2009	3,426	6.6%
2010	3,690	7.7%

자료원: 중소기업청(2008).

1.4 본서의 구성 및 주요 내용

본서는 총 4부 14장으로 구성되어 있으며, 그 주요 내용은 다음과 같다.

'제 1 부 경영컨설팅에 대한 개념적 기초'는 본서의 도입 부분으로서 경영컨설팅의 이해(제1장)와 경영컨설턴트의 과업(제2장)에 대하여 설명한다.

'제 2 부 경영컨설팅의 수행과정과 방법에 대한 체계적 접근'에서는 경영컨설팅의 수행과정(제3장) 및 경영컨설팅의 수행도구 및 자료수집 방법(제4장)에 대하여 체계적으로 논의한다.

'제 3 부 경영환경, 시장 및 경쟁환경의 분석'은 경영컨설팅에 있어서 기본적으로 분석해야 하는 내용을 다룬다. 여기에서는 경영환경의 분석(제5장), 시장의 분석(제6장) 및 경쟁환경의 분석(제7장)에 대하여 논의한다.

'제 4 부 기능영역별 경영컨설팅의 수행'에서는 기업의 각 기능영역에 따른 경영컨설팅에 대하여 체계적으로 검토한다. 여기에서는 경영전략 컨설팅(제8장), 생산운영 컨설팅(제9장), 마케팅 컨설팅(제10장), 재무 컨설팅(제13장), 인사 및 조직운영 컨설팅(제12장), 글로벌경영 컨설팅(제13장) 및 혁신경영 컨설팅(제13장)에 대하여 논의한다. 〈그림 1 – 2〉는 본서의 구성 및 주요 내용을 제시한다.

그림 1-2 본서의 구성 및 주요 내용

PART 1. 경영컨설팅에 대한 개념적 기초

Chapter 01 경영컨설팅의 이해
Chapter 02 경영컨설턴트의 과업

PART 2. 경영컨설팅의 수행과정과 방법에 대한 체계적 접근

Chapter 03 경영컨설팅의 수행과정
Chapter 04 경영컨설팅의 수행도구 및 자료수집 방법

PART 3. 경영환경, 시장 및 경쟁환경의 분석

Chapter 05 경영환경의 분석
Chapter 06 시장의 분석
Chapter 07 경쟁환경의 분석

PART 4. 기능영역별 경영컨설팅의 수행

Chapter 08 경영전략 컨설팅
Chapter 09 생산운영 컨설팅
Chapter 10 마케팅 컨설팅
Chapter 11 재무 컨설팅
Chapter 12 인사 및 조직운영 컨설팅
Chapter 13 글로벌경영 컨설팅
Chapter 14 혁신경영 컨설팅

CHAPTER 02

경영컨설턴트의 과업

경영컨설턴트의 과업

2.1 경영컨설턴트에 대한 기본적 이해

2.1.1 경영컨설턴트의 정의

경영컨설턴트(management consultant)는 컨설팅을 의뢰한 기업 또는 조직을 위하여 경영컨설팅 서비스와 자문을 제공하는 전문가를 의미하여, 컨설턴트(consultant), 비즈니스 컨설턴트(business consultant) 또는 경영 및 진단 전문가(business consultant and specialist)와 동의어로 사용되기도 한다.

경영컨설턴트에 대한 정의는 보는 관점에 따라 다르기 때문에 다음과 같이 다양하게 정의될 수 있다.[1]

- 경영상의 문제를 최고경영자의 시각으로 바라보면서 사실에 입각하여 철저하게 분석하고, 의뢰 기업 또는 조직의 상황에 맞는 최적의 해결방안을 제시하며, 도출된 해결방안의 효과적인 실행을 위해 의뢰 기업 또는 조직을

---

[1] 조민호/설증웅(2006a), p. 34 이하.

지속적으로 지원하는 전문가
- 경영의 현상을 객관적으로 관찰·분석하고 문제점을 조기에 파악하며, 풍부한 경험을 바탕으로 적절한 해결방안을 제시하는 비즈니스 닥터(business doctor)
- 기업의 조직, 계획, 지휘, 통제 등 경영관리에 대한 문제를 밝혀내고 전문가의 관점에서 문제를 해결하는 데 필요한 교육, 경험, 기술적 능력을 가진 인력으로, 공평하고 객관적인 조언을 통하여 기업에 봉사하는 전문가
- 기업경영의 전반 또는 각 부문(기능영역)에 대한 문제점을 파악하고 개선을 위한 제안과 실행 지도·교육 등의 여러 가지 활동을 수행하며, 기업경영의 합리화·효율화를 지원하는 기업 외부의 전문가

통계청에서 제공하고 있는 '한국표준직업분류'에 의하면, 경영컨설팅 업종에 종사하는 경영컨설턴트는 〈표 2−1〉과 같이 분류되고 있다.[2] 이 표에 의하면 경영컨설턴트는 경영과 관련된 개선점을 제안하고 계획하며 실행하기 위해 기업운영·경영방법이나 조직의 기능을 분석·재설계하는 것과 같은 서비스와 자문을 제공하는 자를 말한다.

표 2-1	한국표준직업분류에 따른 경영컨설턴트의 정의
분류명	분류설명
경영 및 진단 전문가 Business Consultant and Specialist	경영과 관련된 개선점을 제안하고 계획하며 실행하기 위해 운영, 경영방법이나 조직의 기능을 분석하는 것과 같은 서비스와 자문을 제공한다. 경영컨설팅 회사 및 민간, 공공부문에서 일하며 독립적으로 일하기도 한다. 〈주요 업무〉 • 효율적인 경영을 위해 사업 및 조직체계를 검토, 분석하고 개선점을 제안한다. • 조직에 대한 연구 및 평가를 수행하며, 조직체계 및 업무 절차를 설계하고 기업 운영 및 업무 절차매뉴얼을 작성한다. • 공공이나 민간부문 사업체들의 경영방법 및 조직을 분석하고 자문한다. • 경영정책 및 계획에 대한 효율성 및 효과를 판단하기 위한 연구를 수행한다. • 기업운영, 인력자원 및 의사소통과정과 같은 영역의 효과적 방법, 체계 및 절차에 대한 개선점을 제안한다.

---

2 https://kssc.kostat.go.kr:8443/ksscNew_web/index.jsp.

- 사업체 조직에 대한 재조직화를 계획한다.
- 국제표준기구의 품질인증여부를 심사한다.

이 세분류의 직업은 다음의 4개 세세분류로 구성되어 있다.
- 경영컨설턴트
- 기업 인수·합병 전문가
- 품질인증 심사 전문가
- 그 외 경영 및 진단 전문가

〈직업예시〉
- 프랜차이즈 컨설턴트 · 기업경영 컨설턴트 · 경영 자문가 · 경영진단 전문가
- ISO 인증심사원 · 경영 분석가 · 경영 전략가 · 기업행정진단 전문가
- M&A 컨설턴트 · 6시그마 컨설턴트 · 기업행정 전문가

경영컨설턴트 Business Consultant	경영과 관련된 개선점을 제안하고 계획하며 실행하기 위해 기업운영·경영방법이나 조직의 기능을 분석·재설계하는 것과 같은 서비스와 자문을 제공하는 자를 말한다. 〈직업예시〉 · 프랜차이즈 컨설턴트 · 기업경영 컨설턴트 · 경영진단 전문가 · 6시그마 컨설턴트 · 경영 분석가 · 경영 전략가

자료원: https://kssc.kostat.go.kr:8443/ksscNew_web/index.jsp.

경영컨설턴트의 성장모형은 3단계 또는 4단계로 구분할 수 있으며, 구체적인 구분 및 주요 특징은 〈표 2-2〉에 나타나 있다.

표 2-2 경영컨설턴트의 성장모형과 주요 특징

단계	구 분	주요 특징
3단계	1. 컨설턴트 (Consultant)	· 사실수집 · 문제정의 · 대안창출 · 의뢰인 작업지도 · 의뢰인 인터뷰 · 분석평가 · 보고서 준비
	2. 매니저 컨설턴트 (Manager Consultant)	· 계약추진 · 컨설턴트 지도 · 보고서 작성 · 컨설턴트 평가 · 제안서 작성 · 관리자 상대
	3. 파트너 컨설턴트 (Partner Consultant)	· 현실적인 계획 · 최고경영층 상대 · 계약승인 · 의뢰인의 위험관리
4단계	1. 컨설턴트 (Consultant)	· 필수기량 습득, 6개월~1년 · 연수 및 보조업무 수행

2. 오퍼레이팅 컨설턴트 (Operating Consultant)	• 전문분야에서 컨설팅 실시 • 4~7년 현장경험 습득
3. 슈퍼바이저 컨설턴트 (Supervisory) 서베이 컨설턴트 (Survey Consultant)	• 오퍼레이팅 컨설턴트 후원 및 감독, 프로젝트 총괄 • 진단과 예비조사가 가능한 단계 • 경험과 기술 보유
4. 파트너 컨설턴트 (Partner Consultant)	• 컨설팅회사 경영 가능 • 독자적 영업수주 가능

자료원: 권혁진 외 3인(2010), p. 40 이하.

2.1.2 경영컨설턴트의 자격요건

경영컨설턴트는 특정 자격요건을 갖추어야만 그들이 수행하는 경영컨설팅 업무를 잘 감당할 수 있다. 경영컨설턴트의 자격요건은 자질, 기본지식, 전문지식 및 경험지식 등으로 구분할 수 있으며, 구체적인 자격요건과 내용은 다음과 같다.[3]

자 질

자질(qualification)은 타고난 성품이나 소질을 의미하며, 일반적으로 경영컨설턴트가 보유하여야 하는 커뮤니케이션 능력으로 볼 수 있다. 다음과 같은 것들이 자질에 해당된다.

- 상담, 조사, 교육, 설명회 등에 요구되는 커뮤니케이션 능력
- 인터뷰, 프리젠테이션 기술 등

기본지식

기본지식(basic knowledge)은 경영컨설팅의 수행에 필요한 기본적인 지식을 말하며, 다음과 같은 것들을 중요하게 고려하여야 한다.

---

3 조민호/설증웅(2006a), p. 36 이하.

- 경영일반에 대한 이해 : 경영관리와 주요 업무활동 기능(재무, 회계, 자재구매, 인적자원관리, 연구개발, 외부환경, 정보시스템, 물류, 마케팅, 사후관리 등)
- 분석 및 진단기술 : 정보수집, 인터뷰, 설문작성, 데이터 분석, 문제정의
- 해결 및 실행기술 : 문제해결 능력, 창의력, 벤치마킹, 설계기술
- 프로젝트의 사전기획과 제안서 작성 : 프로젝트 진행 단계별 모니터링
- 프로젝트의 추진능력 : 컨설팅 절차와 기법의 숙지

전문지식

전문지식(professional knowledge)은 경영컨설팅의 수행에 필요한 전문적인 지식을 말하며, 이것은 교육 또는 훈련을 통하여 습득될 수 있다. 경영컨설팅의 수행을 위해 요구되는 전문지식은 다음과 같은 것들과 관련되어 있다.

- 해당 분야 업무의 수행절차와 관련된 연관업무와의 전반적인 관계 이해
- 객관적인 평가와 올바른 판단을 위한 고도의 전문지식
- 새로운 컨설팅 영역의 개척과 새로운 기법 연구개발
- 전문분야에 대한 정보수집 채널 확보(예, 전문서적, 국내외 정기간행물, 세미나 및 강의 수강, 컨설팅 발표자료, 사례연구자료, 학회활동, 전문 동호인 모임 등)

경험지식

경험지식(heuristic knowledge)은 경험 또는 학습을 통하여 습득된 지식을 말하며, 경영컨설팅의 수행과 관련된 경험지식은 다음과 같다.

- 기업체의 실무·현장 경험
- 프로젝트 수행을 통해서 습득되는 관리역량(일정, 비용, 인력, 조달, 위험, 의사소통, 품질, 범위 관리 등)

경영컨설팅은 주로 경영학 관련 분야를 전공한 대학교수, 회계사, 세무사, 노무사 및 경영지도사 등에 의해 수행된다. 특히, 한국산업인력공단에서 시행하는 경영지도사(certified management consultant) 자격시험에 합격한 자는 경영컨설턴트

로 활동할 수 있다. 이 시험을 통하여 인적자원, 재무, 생산 및 마케팅 등과 같은 4개 분야의 경영지도사 자격증이 부여된다.[4] 경영지도사 자격을 취득한 경영지도사는 경영컨설팅 회사를 개업하거나, 전문경영인 또는 고문, 프리랜서 경영컨설턴트 및 중소기업 전문 컨설턴트로 활동할 수 있다.

2.2 경영컨설턴트의 역할과 역량

2.2.1 경영컨설턴트의 역할

경영컨설팅의 수행과정의 관점에서 볼 때, 경영컨설턴트의 역할(role of consultant)은 매우 다양하게 정의될 수 있다. 〈그림 2−1〉에 제시되어 있는 바와 같이, 경영컨설턴트의 역할은 여덟 가지로 구분될 수 있다.[5]

- **검토자** : 나타난 현상이나 과제 등을 검토하기 위한 문제를 제기하는 경우
- **프로세스 전문가** : 프로세스에 대한 진단과 문제점을 발견하고, 최적의 프로세스를 개선하기 위한 대안을 제시
- **사실발견자** : 기업의 문제나 문제의 원인 등을 전문적인 역량을 기반으로 발견 또는 발견토록 추진
- **대안발견자**: 당면한 문제에 대한 심층적인 분석을 통하여 원인을 발견하고, 해당 문제와 원인에 대한 체계적인 해결대안을 도출
- **문제협력 해결자** : 문제에 대한 대안을 제시하고, 문제를 해결하는 과정에 참여하여 문제해결을 지원
- **교육훈련자** : 기업 구성원의 역량강화와 지식습득을 위한 교육훈련, 정보제공, 변화관리 등을 위한 교육훈련 프로그램의 설계 및 수행
- **기술전문가** : 실질적인 실행에 참여하여 기술수준의 제고, 기술이전 등을 지원
- **옹호자** : 문제해결과정에서 세부 실행방안을 제안하고 설득과 지휘

---

4 http://www.q-net.or.kr/man001.do?gSite-L&gId-49.
5 방용성/주윤황(2015), p. 29.

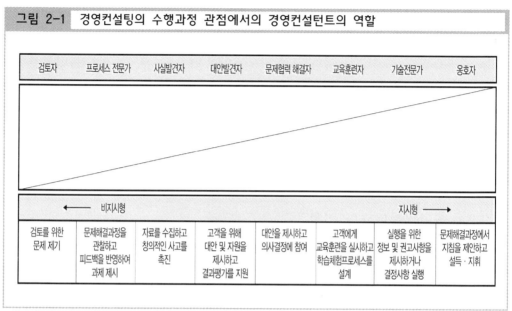

그림 2-1   경영컨설팅의 수행과정 관점에서의 경영컨설턴트의 역할

검토자	프로세스 전문가	사실발견자	대안발견자	문제협력 해결자	교육훈련자	기술전문가	옹호자
← 비지시형						지시형 →	
검토를 위한 문제 제기	문제해결과정을 관찰하고 피드백을 반영하여 과제 제시	자료를 수집하고 창의적인 사고를 촉진	고객을 위해 대안 및 지원을 제시하고 결과평가를 지원	대안을 제시하고 의사결정에 참여	고객에게 교육훈련을 실시하고 학습체험프로세스를 설계	실행을 위한 정보 및 권고사항을 제시하거나 결정사항 실행	문제해결과정에서 지침을 제안하고 설득·지휘

자료원: 방용성/주윤황(2015), p. 29.

또한 문제해결에 대한 영향력 관점에서 볼 때, 경영컨설턴트의 역할은 다음과
같은 다섯 가지로 분류할 수 있다. 이러한 경영컨설턴트의 역할은 〈그림 2-2〉에
나타나 있다.[6]

- **소방관** : 매우 직접적이고 신속한 일처리를 하며, 경영컨설턴트의 문제해결
  에 대한 영향력이 매우 높다. 기업이 위기에 처했을 경우, 이러한 성격의
  경영컨설턴트를 요구하는 경향이 있다.
- **의 사** : 일반적으로 직접적인 경향이 강하며, 질문을 통한 대화에 기초하여
  해결방안을 제시한다. 경영컨설턴트의 문제해결에 대한 영향력이 높은 편
  이지만, 잘못된 처방에 의한 역효과가 발생할 수 있다.
- **촉진자** : 의뢰 기업과의 대화를 통하여 문제해결을 시도한다. 경영컨설턴트
  의 문제해결에 대한 영향력은 중간 정도이지만, 해결방안의 수행결과에 대
  한 책임소재가 불명확할 수 있다.

---

6 Wohlgemuth, A. C.(2004), p. 79 이하.

- 프로세스 컨설턴트 : 간접적인 일처리를 하며, 경영컨설턴트의 문제해결에 대한 영향력은 작은 편이다.
- 중립적 제3자 : 매우 중립적이며, 경영컨설턴트의 문제해결에 대한 영향력은 매우 작다. 현실적으로 볼 때, 이러한 형태의 경영컨설턴트는 거의 없다.

그림 2-2 문제해결에 대한 영향력 관점에서의 경영컨설턴트의 역할

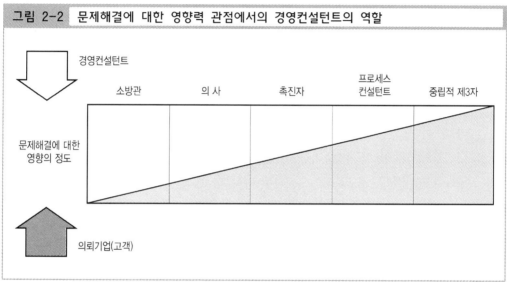

자료원: Wohlgemuth, A. C.(2004), p. 79.

2.2.2 경영컨설턴트의 역량

경영컨설팅을 의뢰한 기업 또는 조직의 요구사항을 충족시키기 위하여 대안적인 해결방안이 제시되어야 한다. 그러므로 경영컨설턴트는 이러한 해결방안을 도출하는 데 필요한 역량 또는 능력을 갖출 필요가 있다. 경영컨설턴트의 주요 역량은 다음과 같은 세 가지로 요약될 수 있다.[7]

- 업무 능력 : 이것은 경영컨설팅 업무와 관련된 구체적인 역량을 말하며, 다음과 같은 요소들을 포함한다.

---

7 방용성/주윤황(2015), p. 26 이하; 이의준/이희동(2011), p. 67 이하; 조민호/설증웅(2006a), p. 37 이하.

- 의사결정 능력
- 문제해결 능력
- 협상력
- 커뮤니케이션 능력
- 창의력
- 정보수집/인터뷰 능력
- 보고서 작성 능력
- 대화, 발표 및 교육 등과 관련된 지식전달 능력

- 전문적 지식 및 경험 : 이것은 경영컨설팅을 수행하는 데 필요한 직무관련 전문적 지식 및 경험과 관련되어 있다. 이와 관련된 주요 역량은 다음과 같다.
  - 경영컨설팅 분야에 적합한 전문지식의 보유
  - 경영컨설팅 경험 또는 누적된 컨설팅 노하우(경력, 경영컨설턴트로서의 재직기간 등)
  - 일정 수준의 학력

- 행동적 특성 : 이것은 바람직한 경영컨설턴트에게 필요한 행동적 특성과 관련되어 있다. 이와 관련된 주요 역량은 다음과 같다.
  - 사회성(인간관계 또는 대인관계)
  - 리더십
  - 책임감(임무를 완수하려는 의지)
  - 혁신적 사고
  - 도전정신
  - 윤리성(정직성 또는 도덕성)

2.3 경영컨설턴트의 과업수행과 관련된 경영컨설팅 기술

경영컨설턴트의 과업(task of management consultant)은 그들이 담당하고 처리하여야 하는 일과 관련되어 있으며, 이것들은 경영컨설팅 기술(management consulting technique)과 직접적으로 연결되어 있다. 아래에서는 경영컨설턴트의 과업수행과 관련된 경영컨설팅 기술에 대하여 살펴보기로 한다.[8]

문제해결

경영컨설턴트가 보유해야 할 가장 중요한 경영컨설팅 기술은 문제해결(problem solving) 능력이다. 즉, 경영컨설턴트는 컨설팅을 의뢰한 기업 또는 조직의 문제점을 해결해야 하기 때문에 문제해결 능력을 보유하여야 한다. 이러한 문제해결 능력을 극대화시키기 위해서는 다음과 같은 측면들이 중요하게 고려되어야 한다.

- 자유로운 사고 : 독창적인 해결방안은 고착된 사고 또는 기존의 상식을 뛰어넘는 자유로운 사고에 의해 더 효과적이고 효율적으로 도출될 수 있다. 따라서 경영컨설턴트는 기존의 틀에서 벗어나 자유롭게 사고하려는 노력을 할 필요가 있다.
- 미래지향적인 사고 : 경영의 문제는 과거의 실적 또는 업무수행에 근거하여 나타나는 경향이 있다. 경영컨설턴트는 고객 기업의 과거의 실적을 고려함과 동시에 미래지향적인 사고를 바탕으로 문제해결을 시도하여야 한다.
- 논리적인 사고 : 모든 문제해결의 원천은 논리적이고 이성적인 판단이다. 문제해결과 관련한 비논리적이고 감성적인 접근을 한다면, 문제의 본질이 정확하게 파악될 수 없다.
- 전체 최적화와 부문 최적화 : 문제해결과 관련하여 경영컨설턴트는 전체 최적화를 중요하게 보는가 또는 부문 최적화를 중요하게 고려하는가에 따라 접근방법을 달리 하게 된다. 전체 최적화는 통합적 관점의 접근이 필요한 반면, 부문 최적화는 분할적 관점의 접근이 요구된다.
- 속 도 : 문제해결 방안을 도출하는 시간 또는 문제해결의 속도는 문제해결의 신속성과 관련되어 있다. 문제해결 방안의 완전성도 중요하지만, 신속성이 요구되는 경우에는 문제해결 방안을 도출하는 작업에 시간을 많이 허비하지 말아야 한다.

---

8 에이빔 컨설팅(주) 저/케이알 컨설팅(주) 역(2002), p. 17 이하.

- 누락과 중복 : 경영컨설턴트는 문제해결 전반에 걸쳐 검토한 내용 또는 실시한 내용에 누락이나 중복이 없는지를 확인할 필요가 있다.
- 문제해결의 과정 : 경영컨설턴트는 문제해결과정에 따라 문제해결을 시도하여야 한다. 일반적으로 문제해결의 과정은 문제의 발견과 구체화, 문제의 평가, 문제에 대한 해결책(솔루션) 작성 및 해결책의 결정과 실행 등의 단계를 거친다.

다큐멘테이션

다큐멘테이션(documentation)은 문서를 작성하는 것을 말한다. 경영컨설턴트는 제안서 및 각종 보고서(중간 보고서, 최종 보고서 등)를 문서화하는 과업을 수행하여야 하며, 다큐멘테이션 기술에 따라 그들의 능력이 평가되기도 한다. 특히, 제안서는 잠재적 컨설팅 의뢰 기업을 설득하는 역할을 하기 때문에 문서의 내용과 구성이 매우 중요하다. 또한 각종 보고서는 경영컨설팅 기간 중 또는 종료 시기에 작성되어야 하며, 이러한 보고서 작성은 경영컨설턴트의 가장 중요한 과업에 속한다. 다큐멘테이션은 다음과 같은 단계를 거쳐 작성되어야 한다.

- 아이디어 창출 : 작성해야 할 문서의 성격에 따라 경영컨설턴트는 어떤 내용으로 문서를 작성할 것인지에 대하여 생각하고 고민하여야 한다. 그리고 개별적으로 생각한 내용은 노트에 기록하여야 하며, 이러한 내용은 다음 단계에서 가공되어야 한다. 이 단계의 아이디어 창출 작업이 프로젝트 팀에 의하여 수행될 경우, 브레인스토밍(brainstorming)을 통하여 되도록 많은 생각들이 창출되어야 한다. 브레인스토밍은 아이디어를 창출하는 대표적인 방법을 말하며, 최소 3명 이상이 팀을 만들어 자유로운 분위기를 유지하며 아이디어를 창출한다.
- 전체적인 틀의 구성 : 이 단계에서는 개별 경영컨설턴트 또는 프로젝트 팀이 제안한 아이디어를 기초로 하여 제안서 또는 각종 보고서의 전체적인 틀이 만들어진다. 특히, 이 단계에서는 각종 문서의 작성 목적, 최종 수취인(예를 들면, 의뢰 기업의 책임자), 분량 등을 고려하여 전체적인 맥락 또는 목차가 완성되어야 한다.

- 문서의 작성 : 이 단계에서는 제안서 또는 각종 보고서의 초안이 작성된다. 문서를 여러 사람이 함께 작성할 경우에는 누가 어느 부분 또는 항목을 작성할 것인지에 대하여 분명하게 지시하여야 한다.
- 문서의 수정 : 이 단계에서는 전 단계에서 작성한 문서를 최종적으로 수정하는 작업이 수행된다. 특히, 공동으로 작성하는 문서는 회람 또는 피드백을 통하여 수정하는 것이 바람직하다. 최종적으로 수정된 문서는 편집과 인쇄(프린트) 과정을 거쳐 완성된 후 최종 의뢰인에게 전달된다.

프리젠테이션

프리젠테이션(presentation)은 발표자(경영컨설턴트)가 시청각적 자료를 활용하여 전하고자 하는 내용을 청중(의뢰 기업의 당사자)에게 전달하는 것을 의미한다. 특히, 제안서를 프리젠테이션 하는 경우 경영컨설팅 수주에 결정적인 영향을 미칠 수 있으므로 자료를 완벽하게 준비하여 발표하여야 한다. 프리젠테이션의 작성 및 발표 과정은 다음과 같다.

- 프리젠테이션 자료의 작성 : 일반적으로 프리젠테이션 자료는 언어적 또는 시청각적으로 작성된다. 최근에는 파워포인트를 활용하여 발표 자료를 만드는 것이 일상화되어 있다. 프로젠테이션 자료를 효과적으로 작성하기 위해서는 프리젠테이션의 목적, 핵심 메시지, 그리고 이러한 메시지를 구체적으로 뒷받침하는 내용 등을 구체화하는 것이 중요하다.
- 프리젠테이션의 준비와 실행 : 프리젠테이션을 하기에 앞서 먼저 발표할 내용에 대한 예행연습(리허설)을 할 필요가 있다. 발표자가 발표할 내용을 완벽하게 준비한 후 청중을 대상으로 간결하고 명쾌하게 프리젠테이션을 한다면, 프리젠테이션의 목적이 잘 달성될 수 있다. 효과적인 프리젠테이션을 실행하기 위해서는 다음과 같은 태도와 행동이 도움이 될 수 있다.
  - 설명할 때는 상대방을 주목한다. 화이트보드와 스크린만 보고 설명하지 않는 것이 좋다.
  - 적당한 미소를 지으면서 발표한다. 단, 신중하게 토론하거나 부정적인 문제를 다루고 있을 때는 웃지 않아야 한다.

- 편안하고 자연스러운 자세를 유지한다. 그러나 편안하다고 해서 벽이나 책상에 기대거나 모호한 태도를 취하는 것은 금물이다.
- 내용에 따라 목소리와 톤을 적절히 조절한다.
- 질의응답이 완전히 끝날 때까지는 긴장을 늦추지 말아야 한다.
- 지금 어느 부분을 설명하고 있는지 종종 확인하며, 주어진 발표 시간을 준수하여야 한다.
- 듣는 상대에 맞춰 내용을 조정한다.
- 듣는 상대가 참여해 준 것에 대해 감사를 표시한다.

• 질의응답 : 프리젠테이션을 마친 후 발표자는 청중으로부터 질문을 받게 되며, 발표자는 이러한 질문에 성실하게 응답하여야 한다. 프리젠테이션을 준비할 때, 예상되는 질문과 이에 대한 답변을 미리 준비하면 많은 도움이 될 수 있다. 경영컨설팅의 제안과 수행 과정, 결과 등과 관련된 프리젠테이션에 있어서 발표자뿐만 아니라 프로젝트 팀 참여자가 발표에 함께 참여하여 상대의 질의에 응한다면 프로젝트를 성공적으로 이끌 수 있다.

인터뷰

인터뷰(interview)는 면접자(interviewer)가 특정 피면접자(interviewee)와 직접 접촉하여 정보를 수집하는 것을 말한다. 일반적으로 경영컨설팅에 있어서 경영컨설턴트가 면접자이고, 경영컨설팅을 의뢰한 기업의 임직원들은 피면접자이다. 인터뷰의 과정은 다음과 같이 요약될 수 있다.

• 사전 준비 : 이 단계에서는 인터뷰할 내용을 구체적으로 작성하여야 한다. 즉, 경영컨설팅을 의뢰한 기업의 피면접자가 누구인가를 미리 확인하여 그에 맞는 질문이 준비되어야 한다. 또한 질문들은 경영컨설팅의 목적과 범위에 부합하여야 한다.
• 인터뷰 실시 : 인터뷰는 개별적 또는 집단적으로 실시될 수 있다. 인터뷰는 2명 이상이 진행하는 것이 바람직하지만, 경우에 따라서 단독으로 수행할 수도 있다. 2명 이상이 인터뷰를 하게 되면 단독으로 하는 것보다 더 객관적으로 인터뷰를 할 수 있다. 인터뷰를 할 때 그 내용을 모두 기록하기 어

려운 경우, 피면접자에게 양해를 구하여 녹음을 하게 되면 내용 정리에 도움이 된다.

- 문서화 : 원활한 보고서 작성을 위해 인터뷰 한 내용은 문서화되어야 한다. 인터뷰 한 내용이 간략한 메모 형태로 기록되었다면, 이러한 메모는 완전한 문장으로 표현되어야 한다. 문서를 작성할 때는 객관성을 유지하면서 누락된 것이 있는지, 잘못 생각한 것이 있는지를 검토할 필요가 있다.
- 확 인 : 경우에 따라서 면접자가 기록하고 정리한 인터뷰의 내용을 피면접자에게 보여주고 확인하는 것이 필요할 수도 있다.
- 최종 점검 : 이 단계에서는 기록한 내용을 관계자와 공유한다. 또한 추가적 인터뷰가 필요한지 확인하고, 기록한 내용에 대해 관계자와 최종 점검을 실시한다.

퍼실리테이션

퍼실리테이션(facilitation)은 회의의 진행자가 그룹 토의를 이끌어가는 방법을 의미하며, 이러한 회의를 진행하는 사람을 퍼실리테이터(facilitator)라고 한다. 경영 컨설팅을 수행하는 과정에 많은 회의(예를 들면, 경영컨설팅 기업의 내부 회의 및 의뢰 기업 관련자들과의 외부 회의)들이 개최되는데, 경영컨설턴트는 원활한 회의진행을 위해 퍼실리테이터의 역할을 잘 감당하여야 할 필요가 있다. 퍼실리테이터는 다음과 같은 역할을 담당한다.

- 회의 또는 토론의 리더로서의 역할
  - 목표달성을 위해 다양한 활동을 통한 팀 지도
  - 모든 팀 멤버들이 적극 참여할 수 있도록 유도
  - 해야 할 일에 팀이 몰입하도록 유도
  - 개인차를 극복하고 합의에 도달할 수 있도록 그룹 토의 지원
  - 중립적 입장에서 회의 또는 토론 진행
- 프로세스 검토자(process checker)로서의 역할
  - 계획된 진행절차 유지

    — 팀 목표달성을 위한 기법 지원
    — 토론/커뮤니케이션 기법의 올바른 사용 지원

리서치

리서치(research)는 정보를 수집하기 위한 조사활동을 의미한다. 정보 수집과 정보의 원천 등과 같은 측면들은 리서치의 성패를 좌우할 수 있으며, 이러한 것들은 경영컨설팅의 성패와 연결되어 있다. 이러한 측면들을 간략히 살펴보면 다음과 같다.

- 정보 수집 : 정보 수집을 위하여 다음과 같은 사항이 고려되어야 한다.
  - 어떤 정보를 필요로 하는가?
  - 얼마나 자세한 부문 정보를 원하는가?
  - 얼마나 정확한 정보를 원하는가?
  - 정보 수집에 어느 정도 시간이 걸리는가?
- 정보의 원천
  - 경영컨설팅을 의뢰한 기업의 임직원
  - 경영컨설팅을 의뢰한 기업이 생산한 제품 또는 서비스를 구매한 고객 또는 고객집단
  - 경쟁업체
  - 인터넷을 통한 검색
  - 전문적 정보 수집업체의 활용(예를 들면, 산업정보, 시장정보 등)
  - 전문서적 또는 잡지

프로젝트 관리

프로젝트 관리(project management)는 경영컨설턴트가 그들이 수주한 경영컨설팅 프로젝트를 수행하고, 관리하는 과정과 관련되어 있다. 이것은 경영컨설팅의 수행과정과 관련되어 있다(자세한 내용은 제3장 참고). 이러한 프로젝트 관리의 과정은 다음과 같은 3단계로 구분할 수 있다.

- 착 수 (initiation) : 이 단계에서는 경영컨설팅 프로젝트를 수주하고 시작하는 구체적인 업무들이 관련된다. 또한 이 단계에서는 프로젝트 영역(예를 들면, 사업부, 부문 등) 결정, 프로젝트 팀 구성 및 프로젝트 스케줄 작성 등과 같은 측면들이 중요하게 고려되어야 한다.
- 관 리 (manage) : 이 단계에서는 경영컨설팅 프로젝트의 수행과 관련된 다양한 활동(예를 들면, 프로젝트 계획, 실행 및 통제와 관련된 활동)들이 관리된다. 성공적인 경영컨설팅 프로젝트의 수행을 위하여 프로젝트에 영향을 미칠 수 있는 모든 요인들이 체계적으로 관리되어야 한다.
- 종 료 (close) : 이 단계에서는 경영컨설팅의 최종 결과물(보고서)이 경영컨설팅을 의뢰한 기업에게 전달(납품)되며, 프로젝트 계약 금액에 대한 최종적인 정산이 이루어진다. 아울러 이 단계에서는 프로젝트를 위해 구성된 팀이 해체된다.

타임 매니지먼트

타임 매니지먼트(time management)는 경영컨설팅 프로젝트 수행과 관련된 시간 관리를 의미할 뿐만 아니라 경영컨설턴트가 시간을 효율적으로 활용하는 방법과 관련되어 있다. 효율적 타임 매니지먼트를 수행하기 위하여 경영컨설턴트는 다음과 같은 관점에서 접근하는 것이 바람직하다.

- 수행해야 할 업무를 효율적으로 수행함 :
  - 시간 투입이 요구되는 업무 수행을 통하여 나타나는 결과물을 명확히 할 필요가 있다.
  - 작업 시간의 예측 능력을 향상시켜야 하며, 이를 통하여 정확한 일정관리가 가능하다.
  - 수행해야 할 업무들을 구분하여 우선순위를 정한 후 체계적으로 접근한다.
  - 수행해야 할 업무를 잘 하고 있는지를 항상 확인하고, 시간 낭비의 요소를 제거한다.
  - 팀 업무 수행의 관점에서 볼 때, 다른 팀원에게 업무를 위임하는 것이 필요할 수도 있다. 이를 통하여 시간이 효율적으로 활용될 수 있다.

- 업무 수행에 필요한 충분한 시간을 확보함 :
  - 미팅은 반드시 완벽한 준비를 한 후에 진행하여야 하며, 이를 통하여 불필요한 시간 낭비를 사전에 예방할 수 있다
  - 업무에 집중하고 있는 동안, 경우에 따라서 고객의 전화를 받지 않는 것이 필요하다. 예를 들면, 중요한 보고서를 작성하는 동안 고객의 전화를 받게 되면 집중력이 흐트러질 수도 있기 때문이다.
  - 업무 수행 중에 업무와 직접적으로 관련이 없는 상사의 지시가 있는 경우, 과감히 '노(no)'라고 말할 수 있는 용기가 필요하다. 그리고 이러한 요구를 거절할 경우, 매우 정중하게 접근하며, 왜 지금 협조를 할 수 없는지를 구체적으로 설명한다.
- 팀 차원에서 시간을 관리하면서 업무를 수행함 :
  - 팀 전체의 시너지를 향상시키는 관점에서의 시간 관리가 필요하다.
  - 팀 업무의 수행을 위해 업무 흐름(flow)을 명확히 분류한 후, 각 팀원에게 요구되는 시간을 고려하여 업무를 할당한다.
- 비즈니스와 그 외의 생활을 철저히 구분함 :
  - 경영컨설턴트의 업무를 효율적으로 수행하기 위해서 '일과 사생활의 균형을 잘 맞추는 것'이 중요하다.

교섭기술

교섭기술(bargaining technique)은 협상기술(negotiation technique)이라고도 하며, 이것은 경영컨설턴트가 업무를 수행하면서 이해관계를 조정하는 것과 관련되어 있다. 경영컨설팅을 의뢰한 고객, 외부의 인터뷰 협력자, 경영컨설팅 기업 내부의 선배, 동료 및 후배 등이 경영컨설턴트의 교섭 상대가 될 수 있다. 교섭에 있어서 다음과 같은 측면들이 고려되어야 한다.

- 주장을 전달하는 경우 :
  - 주장의 전제 또는 틀을 짠 후 쌍방 합의를 시작한다.
  - 주장을 쉽고 명확하게 전달한다.
  - 객관적인 기준을 바탕으로 대화를 진행한다.

- 상대의 주장을 듣는 경우 :
  - 상대가 처해 있는 상황과 입장을 이해하는 것이 중요하다.
  - 상대의 주장을 논리적으로 정리하고 확인하는 것이 필요하다.
- 구조적인 문제점의 확인이 요구됨 :
  - 경영컨설턴트는 그들이 수행하는 프로젝트의 문제해결 가능성을 높이기 위하여 프로젝트 업무 또는 과제에 대한 정확한 통찰을 함으로써 그 본질을 객관적으로 정리할 필요가 있다.
  - 경영컨설턴트는 구조적인 문제점을 정확하게 확인한 후, 고객 또는 대화 상대들과 교섭에 임하여야 한다.
- 교섭 타결을 위한 다양한 대안들을 준비함 :
  - 교섭의 결과는 어느 일방의 요구조건대로 도출되는 것이 아니기 때문에 경영컨설턴트는 다양한 시나리오(예를 들면, 최상의 시나리오, 만족적인 시나리오, 최악의 시나리오 등)를 준비하여 교섭에 임하여야 한다.

PART 2

경영컨설팅의 수행과정과 방법에 대한 체계적 접근

제 2 부에서는 경영컨설팅의 수행과정과 방법에 대한 체계적인 접근을 하고자 한다. 제 3 장에서는 경영컨설팅의 수행과정에 대하여 설명하며, 여기에서는 경영컨설팅의 착수와 완료까지의 구체적인 수행과정이 논의된다. 제 4 장에서는 경영컨설팅의 수행도구 및 자료수집 방법에 대해 체계적으로 논의한다.

CHAPTER 03

경영컨설팅의
수행과정

CHAPTER 03

경영컨설팅의 수행과정

경영컨설팅의 수행과정은 착수, 진단, 실행계획, 실행 및 종료 단계로 구분할 수 있다.[1] 〈표 3–1〉은 경영컨설팅의 수행과정과 의의를 제시한다.

표 3–1	경영컨설팅의 수행과정과 의의
단 계	**의 의**
착 수	경영컨설팅을 의뢰할 기업을 찾는 단계이며, 고객 접촉과 경영컨설팅 프로젝트의 수주가 중요한 과제
진 단	경영컨설팅 프로젝트의 목적을 달성하는 데 필요한 자료를 수집하고, 고객 기업이 직면한 문제와 원인을 파악
실행계획	진단 단계에서 도출된 문제점들을 확인하고, 이에 대한 해결방안(대안)을 이끌어내는 것을 의미
실 행	경영컨설팅 프로젝트의 수행과정에서 도출된 해결방안(대안)을 고객 기업에 실제로 적용하는 것
종 료	경영컨설팅을 마무리하는 것을 의미하며, 이 단계에서는 경영컨설팅의 종료 및 최종 보고서의 작성과 제출이 중요한 과제

---

1 Kubr, M.(Ed., 2002), p. 153 이하.

3.1 착수 단계

착수(entry)는 경영컨설팅의 첫 번째 단계로서 경영컨설팅을 의뢰할 기업을 찾는 것을 의미한다. 이 단계에서는 무엇보다도 고객 기업(경영컨설팅을 의뢰한 기업)을 찾는 단계이기 때문에 고객 접촉과 경영컨설팅 프로젝트(management consulting project)의 수주가 중요한 과제이다. 아래에서는 고객 접촉의 방법, 수주를 위한 최초의 미팅, 예비 진단문제, 제안서의 작성과 제출 및 경영컨설팅 계약에 대하여 살펴보기로 한다.

3.1.1 고객 접촉의 방법

고객 접촉(client contact)은 경영컨설팅 기업이 경영컨설팅 프로젝트를 의뢰할 기업을 찾는 행위와 관련되어 있다. 고객 접촉은 다음과 같은 세 가지 관점에서 이루어질 수 있다.[2]

경영컨설팅 기업에 의한 고객 기업 접촉

경영컨설팅 기업에 의한 고객 접촉은 경영컨설팅 기업이 주도적으로 경영컨설팅을 의뢰할 기업을 찾는 행위와 관련되어 있다. 이 방법은 다음과 같은 두 가지 관점에서 고객 기업 접촉을 시도할 수 있다.

- 직접적 방법 : 이 방법에서는 경영컨설팅 기업이 직접적으로 고객 기업에 대한 접촉을 시도한다.
  - 경영컨설팅 기업의 잠재적 및 실제적 고객 기업 방문
  - 전화, 팩스, 이메일 등을 통한 적극적 접촉 시도
- 간접적 방법 : 이 방법에서는 경영컨설팅 기업이 간접적으로 고객 기업에 대한 접촉을 시도한다.
  - 홍보 관점에서의 경영컨설팅 안내(소개) 메일(편지, 이메일 등) 또는 브로

---

2 Niedereichholz, C.(1994), p. 13 이하.

슈어 발송
- 경영컨설팅 기업이 강연회, 학회, 세미나, 박람회 등에 참여하여 기업 홍보
- 전문보고서, 조사보고서, 전문서적 등의 발간을 통한 경영컨설팅 기업 홍보
- 언론을 통한 경영컨설팅 기업 홍보(예, 신문 기사)
- 경영컨설팅 기업에 대한 유료 광고(신문, 잡지 등)

고객 기업에 의한 경영컨설팅 기업 접촉

고객 기업이 그들의 경영상의 문제점을 해결하기 위하여 경영컨설팅 기업을 직접적으로 접촉할 수 있다. 고객 기업은 다음과 같은 접촉을 시도할 수 있다.

- 경영컨설팅 기업에 대한 정보 수집 :
  - 인터넷 웹사이트(경영컨설팅 기업 홈페이지)
  - 신문, 잡지 광고 등을 통한 경영컨설팅 기업 접촉 정보의 수집
- 경영컨설팅 기업 직접 방문 :
  - 전화, 메일을 통한 경영컨설팅 프로젝트 문의
  - 경영컨설팅 기업 직접 방문

제3자의 주선을 통한 고객 접촉

경영컨설팅 기업과 고객 기업의 관점이 아닌 제3자의 주선을 통한 고객 접촉이 가능하다. 다음과 같은 것들은 제3자에 의한 주선에 해당될 수 있다.

- 경영컨설팅 프로젝트를 수행했거나 수행 중인 다른 기업의 소개
- 정부 기관의 경영컨설팅 프로젝트 지원(예를 들면, 중소기업청이 지원하는 경영 컨설팅 수행 시 경영컨설팅 기업 또는 경영컨설턴트에 대한 정보 제공)

3.1.2 수주를 위한 최초의 미팅

수주를 위한 최초의 미팅(first meeting)은 경영컨설턴트가 경영컨설팅을 의뢰한 기업의 관련자들을 처음으로 만나는 것을 말한다. 경영컨설턴트는 최초의 미팅을 위해서 다음과 같은 고객 기업과 관련된 정보를 수집하여야 한다[3]

- 일반적으로 사용되는 전문용어의 정리
- 고객 기업이 커버하는 시장의 본질과 입지
- 주요 생산업체의 명칭과 입지
- 원재료의 형태와 공급원
- 해당 산업에서 사용되는 가중치와 측정치
- 고객 기업의 공정과 장비
- 해당 산업과 특별히 관련된 경영기법과 관행
- 해당 산업과 관련된 법률, 규정 및 관습법
- 고객 기업의 역사와 성장 상태
- 현재의 경제적 여건 및 해당 산업의 주요 문제점과 발전 전망

최초의 미팅을 위하여 경영컨설턴트는 다음과 같은 몇 가지 질문을 준비하여야 한다[4]

- 이전에 의뢰 기업이 경영컨설턴트를 활용한 적이 있는가? 얼마나 오래전인가? 그때 어떤 경험을 했는가? 그때의 목적이 무엇이었는가?
- 이 프로젝트가 이전에도 시도된 적이 있는가? 만약 그렇다면, 누가 시도를 했고, 그때 왜 포기했는가?
- 만일 의뢰 기업이 과거에 어떤 경영컨설턴트와 관계가 있었다면, 어떤 유형의 보수협약으로 협상하였는가?
- 의뢰 기업을 만족하게 하려면 어떤 구체적이며 측정 가능한 결과와 이익이

---

3 Kubr, M.(Ed., 2002), p. 155 이하.
4 강대갑 역/Gray, D. 저(2010), p. 171 이하.

창출되어야 하는가?

- 제안된 프로젝트 수행에 소요되는 시간에 대하여 의논하였는가? 경영컨설턴트의 일정 안에서 그리고 다른 업무를 수행하면서 경영컨설팅이 수행 가능한가? 프로젝트 비용이라는 주제를 일반적인 용어로 논의하였는가? 의뢰 기업이 그때 어떤 반응을 보였는가? 결제 방법을 논의하였으며, 어떤 조건이 있었는가?
- 의뢰 기업의 책임, 즉 직원, 장비 및 작업 공간 등에 대한 논의를 하였는가?
- 출장이 포함되어 있는가?
- 의뢰 기업을 도울 만한 역량을 갖추고 있다고 확신하는가?
- 의뢰 기업의 문제나 욕구를 명확히 이해하였는가?

또한 의뢰 기업은 다음과 같은 두려움 또는 걱정을 갖고 있기 때문에 경영컨설턴트는 이러한 내용에 대해 주의할 필요가 있다.[5]

- 경영컨설턴트가 역량이 없는 사람일지도 모른다.
- 일단 관계를 맺어 놓으면 이 경영컨설턴트에게 계속 의존해야 할지도 모른다.
- 프로젝트를 수행하는 동안 경영컨설턴트가 관리자처럼 굴면서 간섭하고 통제할지도 모른다.
- 서비스 내용에 비하여 경영컨설턴트의 보수가 상대적으로 너무 많다.
- 경영컨설턴트가 프로젝트 기간 내에 완료하지 못할지도 모른다.
- 경영컨설턴트는 경영관리 부문에 잘못이 있다는 자백을 받아내려고 한다.
- 내부의 기밀정보를 경영컨설턴트가 누설할지도 모른다.
- 경영컨설턴트가 필요한 내용을 제대로 분석하지 못해서 부적절한 진단을 내릴지도 모른다.
- 경영컨설턴트가 공명정대(불편부당)하지 않을 것이다.

---

5 전게서, p. 171 이하.

3.1.3 예비 문제진단

본격적인 경영컨설팅 프로젝트를 수행하기에 앞서 계획을 수립하고, 프로젝트의 목적을 설정하고, 문제점을 규정하기 위하여 예비 문제진단(preliminary problem diagnosis)이 이루어진다. 예비 문제진단은 경영컨설팅 프로젝트를 개략적으로 준비한다는 관점에서 접근할 필요가 있다. 예비 문제진단에서는 다음과 같은 측면들이 중요하게 고려되어야 한다.[6]

- 예비진단의 분석대상 : 의뢰 기업의 조직 내부에 보관된 문서 또는 비문서 형태의 자료를 통해 조직의 특성과 현재 상태를 분석한다.
- 예비진단의 수행기간 : 자료 확보기간을 제외하고 1~2일이 필요한 것이 일반적이며, 1주 이상 걸리는 경우도 있다.
- 예비진단에 투입되는 경영컨설턴트 : 의뢰 기업에게 신뢰를 심어주고, 올바른 경영컨설팅 방향을 설정하기 위해 경험과 지식이 풍부한 경영컨설턴트를 투입하는 것이 바람직하다.
- 예비진단을 위한 자료확보 : 시의적절한 자료확보가 중요하며, 자료의 원천 파악 및 확보를 위한 일정계획의 수립이 중요하다.

예비 문제진단을 위해 요구되는 주요 자료를 요약하면 다음과 같다.[7]

- 고객 기업의 간행물 (인터넷에 유포된 간행물 포함) : 매년 발간되는 재무 및 활동 보고서, 각종 통계자료, 경제조사 보고서, 판촉자료, 언론 보도자료 등
- 기타 외부 간행물 : 고객 기업이 속한 산업의 동향(기술개발 포함)에 대한 자료, 무역관련 자료, 각종 규제관련 자료, 노사관계 자료 등
- 고객 기업의 내부 자료 및 보고서 : 고객 기업의 보유 자원, 목표, 계획 및 성과와 관련된 자료, 공장, 기술 및 장비와 관련된 정보, 각종 재무, 회계 및 원가와 관련된 보고서, 납세자료, 판매와 관련된 통계자료 등

---

6 권혁진 외 3인(2010), p. 69 이하.
7 Kubr, M.(Ed., 2002), p. 164.

- 경영컨설팅 기업이 보유하고 있는 내부 자료 : 고객 기업에 대한 정보, 고객 기업이 속한 산업 정보 및 경쟁기업의 정보 등

3.1.4 제안서의 작성과 제출

제안서(proposal)는 경영컨설팅을 의뢰한 기업에게 제출하는 문서를 말하며, 여기에는 프로젝트의 수행능력 및 비용 등에 대한 내용이 포함되어야 한다. 제안서는 다음과 같은 두 가지 형태로 작성될 수 있다.[8]

- 약식 제안서 (simple proposal) : 이것은 일반적으로 서신(편지)의 형태로 작성되며, 다음과 같은 항목들을 포함한다.
  - 수행해야 할 업무에 대한 설명
  - 업무를 담당할 경영컨설턴트의 이름
  - 의뢰 기업에게 제공하게 될 서비스 또는 직원
  - 업무 시작일과 종료일까지의 기간
  - 의뢰 기업이 지불하여야 하는 예상 항목별 비용
  - 서비스에 대한 보수금액과 그 지불조건
- 정식 제안서 (formal proposal) : 이것은 경영컨설팅 프로젝트 수행과 관련된 상세한 내용들이 모두 기록된 문서를 말한다. 정식 제안서는 〈표 3－2〉에 제시된 제안서 양식(예시)에 따라 작성될 수 있다.

---

8 강대갑 역/Gray, D. 저(2010), p. 178 이하.

표 3-2	제안서 양식(예시)

작성 순서	주요 내용
1. 표	표제 항목과 쪽 번호를 표시
2. 머리말	경영컨설팅 프로젝트에 대하여 개괄적으로 소개, 전문적 도움의 필요성을 언급
3. 프로젝트의 목적	문제점과 해결방법에 대한 명확히 언급, 전체 목표 및 세부 목표를 구체적으로 제시하여 의뢰 기업의 요구사항을 충족시킬 수 있다는 확신을 심어줌
4. 프로젝트의 이득	의뢰 기업이 경영컨설팅 프로젝트를 통하여 얻게 될 예상 이득을 강조
5. 접근방법, 범위 및 계획	프로젝트에 대한 접근 방법, 범위 및 계획 등을 구체적으로 제시하며, 경영컨설팅 기업의 역량을 보여줄 수 있는 충분한 정보를 제공
6. 프로젝트 일정	프로젝트 수행과 관련된 상세한 일정을 제공
7. 진척보고서	프로젝트 수행 기간 중 주기적 또는 정기적으로 프로젝트의 수행 상황을 보고
8. 비용요약	예상 비용(보수, 보수협약의 유형, 비용 청구절차, 비용 청구시점 등)을 상세하게 기록
9. 직원 및 자질	프로젝트에 투입하는 직원(경영컨설턴트)의 경험 및 자질 등과 같은 배경 정보를 제공
10. 하도급 계약	프로젝트 수행과 관련된 하도급 상황(다른 경영컨설팅 기업 소속 경영컨설턴트의 활용)을 명확히 언급
11. 의뢰 기업 측 직원 사용	프로젝트 수행을 위해 필요한 의뢰 기업의 직원 사용에 대한 내용을 명확히 제시
12. 선임 임원들의 지지	선임 임원들과의 정규적 또는 정기적 만남을 제안, 이를 통하여 의뢰 기업의 지지와 협력을 얻을 수 있음
13. 운영위원회의 기능 (있는 경우)	경영컨설팅 프로젝트 수행과 관련된 운영위원회를 구성하여 효율적으로 프로젝트를 수행
14. 결과물 언급	이 제안서의 일부분인 모든 보고서, 조사서, 지침자료 또는 기타 결과물에 대하여 설명
15. 관리계획	프로젝트를 전반적으로 관리하는 방법을 설명
16. 면책조항	프로젝트와 관련된 면책조항(경영컨설팅 기업의 책임 범위, 프로젝트 수행 결과에 따라 창출되는 독점정보, 지침자료 등에 대한 소유권과 통제권 등)을 기록
17. 의뢰 기업 조회처	과거에 경영컨설팅을 의뢰한 고객 기업의 명단과 연락처를 제시, 사전에 과거의 의뢰 기업으로부터 서면허가를 받는 것이 중요
18. 요약 및 끝맺음	제안서 전체 내용을 요약함, 경영컨설팅을 의뢰한 기업을 설득하는 내용을 기록

자료원: 강대갑 역/Gray, D. 저(2010), p. 180 이하; 저자에 의해 일부 수정됨.

제안서의 작성과 제출 단계에서 추가적으로 고려하여야 할 중요한 사항은 컨설팅 보수(consulting fee)를 책정하는 것이다. 컨설팅 보수는 다음과 같은 방식으로 결정되며, 의뢰 기업과의 합의를 거쳐 결정된다.

- **일당 임률방식 (consulting fee per working day)** : 이 방식은 투입되는 경영컨설턴트의 경력 또는 수준(예, 파트너, 선임, 일반 컨설턴트 등)에 따라 일당 임률 (labor daily rate)을 책정한다.
- **시간당 임률방식 (consulting fee per working hour)** : 이 방식은 컨설팅을 하루 종일 수행하지 않고 시간당으로 수행할 때 일당 임률을 8시간으로 나눈 금액으로 책정한다(예, 선임 컨설턴트의 일당 임률이 80만원이라면 시간당 임률은 10만원임).
- **성공 보수방식 (success fee)** : 이것은 의뢰 기업과의 합의에 따라 일정 비율의 성공 보수를 책정하는 방식이다(예, 일당 임률이 80만원인 선임 컨설턴트에게 20%가 성공 보수를 책정한다면, 16만원이 추가되어 총 96만원의 일당 임률이 책정됨). 정해진 규칙은 없지만, 일반적으로 일당 임률의 10~20%의 성공 보수를 책정한다.
- **단일 임률방식 (flat rate)** : 이것은 실제 프로젝트 수행 일수와 관계없이 월별 또는 매년 일정 금액이 지급되는 방식이다. 지속적이고 장기적으로 수행되는 프로젝트에 이 방식이 적용되는 경향이 있다.
- **고정 임률방식 (fixed rate)** : 이것은 프로젝트 수행 결과에 근거하여 일정 금액의 컨설팅 보수를 지급하는 방식이다.

또한 컨설팅 비용책정과 관련하여 여행 경비(travel expenses)가 중요한 문제로 고려되어야 한다. 여행 경비는 다음과 같은 방식으로 책정될 수 있다.

- **실제 비용방식 (real cost basis)** : 이것은 프로젝트 수행을 위해 실제 투입되는 비용(교통, 항공, 숙식 등 포함)을 기초로 하여 여행 경비를 책정하는 방식이다.
- **프로젝트 총액의 일정 비율방식 (percentage of projects costs)** : 이것은 프로젝트

총액의 일정 비율을 여행 경비로 책정하는 방식이다. 프로젝트 계약 쌍방이 합의한 경우, 이 방식을 사용할 수 있다. 이 방식의 장점은 여행 경비와 관련하여 계약 당사자들 간의 논란을 줄일 수 있다는 것이다. 예를 들면, 국내 프로젝트인 경우 프로젝트 총액의 5~10%, 국제 프로젝트인 경우 프로젝트 총액의 10~15%를 책정할 수 있다.

이밖에도 경영컨설팅 비용책정을 위하여 직접 경비(예를 들면, 접대비, 우편요금, 전화요금, 차량 운행비 등)가 고려되어야 한다. 아울러 컨설팅 보수(인건비)와 각종 비용을 합산한 총액에 일정 비율의 이익(예를 들면, 10~15%)이 추가되어야 함과 동시에, 일정 비율의 부가가치세가 가산되어야 한다.

3.1.5 경영컨설팅 계약

경영컨설팅 계약(management consulting contract)은 경영컨설팅 기업과 의뢰 기업 상호 간의 동의에 따라 서면으로 체결된다. 서면계약이 중요한 이유는 다음과 같다.

- 계약 당사자 간의 책임과 의무를 명확히 규정함으로써 계약대로 프로젝트가 수행될 수 있다.
- 법적인 소송을 미연에 방지할 수 있다.
- 비밀보장과 관련된 조항이 있는 경우, 계약 당사자 쌍방의 비밀이 보장될 수 있다.

경영컨설팅 계약서에 포함되어야 하는 주요 항목(체크리스트)은 〈표 3-3〉에 제시되어 있다.

표 3-3	경영컨설팅 계약서에 포함되어야 하는 주요 항목(체크리스트)

주요 항목(체크리스트) 순서	주요 내용
계약 당사자	경영컨설팅 기업과 의뢰 기업을 명시
과제의 범위	목적, 결과물, 작업지시서, 시작일, 종료일 및 일정 계획 등을 명확히 규정
경영컨설팅 산출물	보고서, 문서 형태의 최종 결과물을 기록
투입 인력	투입되는 경영컨설턴트 및 의뢰 기업의 직원 투입에 대한 내용을 명시
보수와 경비	경영컨설팅 보수 및 경비와 관련된 계약 사항을 기록
지급절차	경영컨설팅 보수의 지급과 관련된 절차를 명시
전문가적 책임	경영컨설턴트의 전문가적인 자질, 이해관계와 관련된 갈등 회피 등에 대한 내용을 표현
대표성 인정	경영컨설턴트의 대표성(경영컨설팅 기업의 업무 위임을 받아 프로젝트 수행함)을 인정
비밀보장	프로젝트 수행과 관련된 계약 당사자 쌍방의 비밀보장의 의무를 명시
경영컨설팅 결과물 보호	결과물에 대한 지적 재산권 및 관권을 인정
책임관계	경영컨설턴트에 의해 야기되는 손실에 대한 법적 책임 및 그 한계를 명확히 규정
하도급의 활용	프로젝트 수행과 관련된 하도급 상황(다른 경영컨설팅 기업 소속 경영컨설턴트의 활용)을 명확히 언급
종료 및 수정	종료 및 수정(결과물 수정)과 관련된 일정과 방법을 합의
분쟁해결	중재 등을 통한 계약 당사자 간의 분쟁해결 절차를 규정
서명 및 서명일자	계약 당사자가 서명한 원본을 각각 보관

자료원: Kubr, M.(2002, Ed.), p. 176; 저자에 의해 일부 수정됨.

3.2 진단 단계

진단(diagnosis)은 경영컨설팅 프로젝트의 목적을 달성하는 데 필요한 자료를 수집하고, 고객 기업이 직면한 문제와 원인을 파악하는 것을 말한다.[9] 아래에서는

---

9 조민호/설증웅(2006a), p. 78.

진단의 접근방법, 진단의 목적과 과제, 자료의 수집, 자료의 분석 및 고객 피드백에 대하여 검토하기로 한다.

3.2.1 진단의 접근방법

진단(diagnosis)은 의뢰 기업의 문제점을 발견(discovery)하는 작업과 관련되어 있으며, 이러한 발견의 목적은 문제해결을 위한 실행을 이끌어내는 것이다.[10] 진단은 연구 위주의 접근방법과 실행 위주의 접근방법으로 구분하여 살펴볼 수 있다. 특히, 경영컨설팅과 관련하여 실행 위주의 접근방법이 중요한 의미를 갖는다. 왜냐하면 진단(발견)의 목적은 연구가 아니고 실행이기 때문이다. 〈표 3-4〉는 진단의 접근방법을 보여준다.

표 3-4 진단의 접근방법	
연구 위주의 접근방식	실행 위주의 접근방식
당면한 문제에 영향을 미치는 모든 요소에 관심이 있다.	문제에 영향을 미치고 고객이 통제하는 요소에 관심이 있다.
발견 단계는 포괄적이고도 완전하여야 한다.	완전성과 포괄성이 꼭 필요한 것은 아니다. 이러한 것들은 무엇을 할지 결정하는 시점에 사람을 질리게 할 수 있다.
스스로 연구 조사를 할 수 있다. 조직이 연구팀 일부로서 참여할 필요는 없다.	조사할 때 각각의 단계에서 고객이 참여하는 것이 중요하다.
연구자의 편견과 직관을 배제하려고 노력한다. 객관성과 실제 자료가 많이 강조된다.	컨설턴트들은 판단력이라고 부르는 자신의 느낌과 직관으로 돈을 번다. 실제 자료 이외에도 느낌과 직관을 모두 이용한다.
연구 성과물이 조직에게 인정받느냐 그렇지 못하느냐에 별로 개의치 않는다.	연구 산출물을 대하는 고객의 태도에 관심이 깊다.

자료원: 홍성완 역/Block, p. 저(2007), p. 261.

진단(발견)은 다음과 같은 4단계로 구분할 수 있다. 〈그림 3-1〉은 진단(발견)의 단계를 제시한다. 이러한 내용을 구체적으로 살펴보면 다음과 같다.[11]

---

10 홍성완 역/Block, p. 저(2007), p. 260.
11 전게서, p. 262 이하.

- 문제 제시하기 : 의뢰 기업이 컨설턴트에게 문제를 제시한다.
- 문제 재정의하기 : 컨설턴트가 처음으로 의뢰 기업이 제시한 문제에 접근한다.
- 무엇이 문제인지 단순하고 명확하게 묘사하기 : 이 단계는 의뢰 기업이 도움을 요청한 기술·비즈니스 문제 서술하기, 기술·비즈니스 문제에 영향을 미치는 문제 관리방식(사람들의 태도, 관리자의 스타일, 정치적 상황에 대한 서술)의 확인 등과 관련되어 있다.
- 권 고 : 컨설턴트는 기술적 해결책과 관리적 해결방안에 대한 권고를 한다.

그림 3-1 진단(발견)의 단계

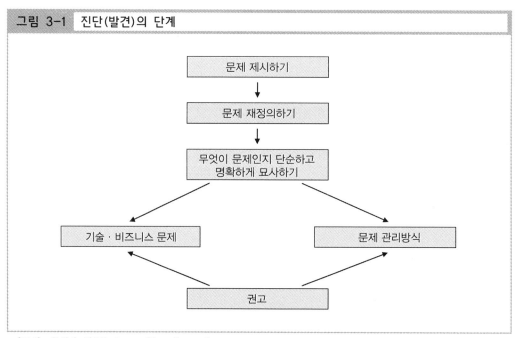

자료원: 홍성완 역/Block, p. 저(2007), p. 262.

3.2.2 진단의 목적과 문제

진단의 가장 중요한 목적은 의뢰 기업이 해결하고자 하는 문제를 신속하게 파악하는 것이다. 진단의 주요 목적을 요약하면 다음과 같다.[12] 아래에서 제시되는

---

12 조민호/설중웅(2006a), p. 78 이하.

목적들은 문제의 진단 순서와도 관련되어 있다. 즉, 다음과 같은 순서에 따라 문제의 진단이 이루어진다.

- 경영컨설팅 프로젝트가 추구하고자 하는 목적 설정
- 문제 자체의 본질과 특성 규명
- 문제의 원인 확인
- 의미 있는 연관관계 파악
- 의뢰 기업의 문제 해결역량 강화
- 향후 가능한 행동방향 제시

진단의 문제는 바람직한 상태와 현재의 상태의 차이를 의미하며, 다음과 같은 다섯 가지의 관점에서 문제를 분류할 수 있다.[13]

- **노출문제** : 이것은 문제가 외부로 노출되어 있고, 의뢰 기업이 문제를 이미 인식하고 있다. 경영컨설틴트는 의뢰 기업의 관련자들과의 인터뷰를 통해 이러한 문제를 확인할 수 있다.
- **관찰문제** : 이것은 외부로 드러나지 않기 때문에 심층적인 분석을 통하여 찾아내야 한다. 이러한 문제는 경쟁기업 또는 최상의 성과를 거둔 기업 또는 벤치마킹(어느 특정 분야에서 우수한 기업을 표적으로 삼아 자기 기업과의 성과 차이를 비교하고, 이를 극복하기 위해 그들의 뛰어난 운영 프로세스를 배우면서 부단히 자기혁신을 추구하는 경영기법을 말함)을 통해 확인할 수 있다.
- **예측문제** : 이것은 향후에 예상되는 잠재적인 문제로서 미래에 대한 가상 시나리오의 작성과정을 통해 도출된다.
- **논리적 문제** : 이것은 문제에 대한 규정과 인식이 명확하고 해결방안 또한 논리적 절차를 따른다. 대부분의 경우 경영컨설틴트는 논리적 문제와 관련된 보편적인 해결방안을 찾을 수 있다.
- **창조적 문제** : 이것은 문제에 대한 규정과 인식이 불명확하거나 단정하기 어

---

13 권혁진 외 3인(2010), p. 90.

려우며, 해결을 위한 접근방법으로 아이디어 창출을 통한 창조적 사고를 필요로 한다. 따라서 객관적인 해결방안이 존재하지 않으며, 상대적 관점에서 타당한 해결방안이 도출된다.

3.2.3 자료의 수집

경영컨설팅 프로젝트의 수행을 위해 필요한 자료는 이미 존재하는 자료와 아직 존재하지 않은 자료로 구분되어 수집된다. 이미 발표되거나 출판된 자료를 2차 자료(secondary data)라고 하며, 아직 존재하지 않기 때문에 조사자가 독자적으로 수집하거나 창출하는 정보 및 자료를 1차 자료(primary data)라고 한다. 자료를 수집하는 단계는 다음과 같다.[14]

- 제시된 문제 정의 : 경영컨설팅 프로젝트와 관련된 문제를 정의함.
- 진행 결정: 경영컨설틴트와 의뢰 기업의 담당자가 자료 수집을 결정함.
- 범위 선택 : 경영컨설팅과 관련된 자료 수집의 범위(예, 부문별 자료)를 결정함.
- 수집 대상자 선정 : 의뢰 기업의 조직별 및 직급별 수집 대상자를 선정함.
- 자료 수집방법 선택 : 자료 수집방법의 선택은 구체적인 자료 수집과 관련되어 있음.
  - 인터뷰
  - 설문지
  - 문서 분석
  - 직접 관찰
  - 경영컨설틴트 자신의 경험
  - 의뢰 고객 자신의 발견
- 자료 수집 : 인터뷰, 설문지 등을 통하여 자료 수집을 수행함.
- 자료 정리 : 수집된 자료를 프로젝트의 목적에 맞게 재정리 또는 가공함.
- 자료 요약 : 정리된 자료를 일목요연하게 요약함.

---

14 홍성완 역/Block, p. 저(2007), p. 274 이하.

- **자료 분석** : 수집되고 정리된 자료가 갖는 의미, 주요 변수 간의 관련성 또는 인과관계 등을 분석함.
- **피드백 회의** : 자료 분석의 결과를 경영컨설턴트와 의뢰 기업 당사자가 참여하여 피드백 회의에서 보고하여 수정 또는 보완 과정을 거침.
- **권 고** : 피드백 회의 이전에도 권고가 이루어질 수 있으며, 권고는 조사를 의뢰한 그룹(또는 조직)의 통제권 범위 안에서 이루어져야 함.
- **결 정** : 최종 결정을 내리는 단계로 결정하기 전까지는 경영컨설팅 프로젝트의 프로세스가 끝난 것이 아님.
- **이 행** : 경영컨설팅 프로젝트의 최종 결과를 실행하는 단계로 이행 결정이 효과적인 변화로 연결되는 확률을 높이기 위하여 이행 참여에 대한 동기부여를 할 필요가 있음.

3.2.4 자료의 분석

수집된 자료는 경영컨설팅 프로젝트의 목적에 따라 분석되어야 한다. 자료의 분석과 관련된 주요 사항을 살펴보면 다음과 같다.[15]

- **자료의 편집** (data editing) : 이것은 경영컨설팅 프로젝트의 목적에 따라 분석이 수행될 수 있도록 자료를 정정, 보완, 삭제하여 완전하고 일관성 있는 자료를 확보하는 업무를 말한다.
- **자료의 분류** (data classification) : 이것은 성격에 따라 자료를 분류하는 것을 의미하며, 다음과 같은 기준에 의해 분류될 수 있다.
  - 시 간
  - 업무 또는 작업 단위
  - 책임영역
  - 조직 또는 부문
  - 영향 요인

---

15 Kubr, M.(Ed., 2002), p. 164.

- 자료의 분석 (data analysing) : 이것은 편집되고 분류된 자료를 최종적으로 분석하는 것과 관련되어 있다. 다음과 같은 다양한 분석이 가능하다.[16]
  - 비율분석 (ratio analysis) : 이것은 수치화된 자료를 이용하여 항목 사이의 비율을 산출하는 것을 말한다. 여기에서는 기준이 되는 비율이나 과거의 실적, 그리고 다른 기업과의 비교 등을 통하여 그 의미, 특징 및 추세 등을 분석할 수 있다.
  - 추세분석 (trend analysis) : 이것은 반복되는 사안에 대한 예측 위주로 발전된 기법을 말한다. 이 기법은 예측뿐만 아니라 과거 실적에 대한 원인규명과 인과분석에도 유용하게 사용된다.
  - 인과분석 (causal analysis) : 이것은 조건과 결과 간의 연관관계를 파악하기 위하여 사용한다. 인과분석을 통하여 밝혀진 원인과 이에 따른 영향의 예측은 향후의 변화관리와 실행단계에서 매우 중요하다.
  - 비교분석 (comparison analysis) : 이것은 2개 이상의 기준을 기초로 하여 국가 간, 산업 간, 업종 간, 기업 간의 공통점 및 차이점을 분석하는 것을 말한다.

3.2.5 고객 피드백

고객 피드백(feedback to the client)은 경영컨설팅을 의뢰한 기업에게 다음과 같은 정보와 도움을 제공하는 것을 말한다.[17]

- 의뢰 기업에게 어떤 새롭고 의미 있는 것을 알려준다.
- 경영컨설턴트에 의해 수행되는 컨설팅의 접근방법 및 진행과정에 대하여 공지한다.
- 고객 피드백을 통하여 의뢰 기업의 능동적 참여를 유도한다.
- 의뢰 기업이 경영컨설팅이 잘 수행될 수 있도록 자극하는 역할을 담당한다.

---

16 권혁진 외 3인(2010), p. 96 이하.
17 Kubr, M.(Ed., 2002), p. 208.

또한 고객 피드백은 다음과 같은 관점에서 수행된다.[18]

- 고객 피드백 시기
  - 매단계 종료 시
  - 수시
  - 의뢰 기업과의 협의
- 고객 피드백의 대상
  - 경영컨설턴트의 도움이나 정보, 문제해결을 기대하는 관련자
  - 경영컨설팅 프로젝트에 따라 관련자 조정
  - 차별적인 고객 피드백 전략
- 고객 피드백의 방법
  - 의뢰 기업 스스로 진단결과를 통해 결론에 도달하도록 유도
  - 다양한 기법을 통해 의견을 종합하고, 조정하는 수렴방식

3.3 실행계획 단계

실행계획(action planning)은 진단 단계에서 도출된 문제점들을 확인하고, 이에 대한 해결방안(대안)을 이끌어내는 것을 의미한다. 특히, 이 단계에서는 해결방안의 탐색, 대안의 개발과 평가 및 대안의 제시가 중요한 과제로 대두된다.

3.3.1 해결방안의 탐색

경영컨설팅 문제의 본질에 대한 탐구를 통하여 해결방안이 탐색되어야 한다. 이러한 해결방안의 탐색은 아이디어의 창출을 통하여 이루어진다. 특히, 아이디어의 창출은 다음과 같은 방법을 통하여 이루어진다. 아이디어 창출을 위한 대표적인 2개의 창조성 기법(creativity technique)을 살펴보면 다음과 같다.[19]

---

18 권혁진 외 3인(2010), p. 98 이하.
19 박주홍(2016b), p. 213 이하 재인용.

브레인스토밍

1930년대 말 미국의 광고전문가인 오스본(*Osborn*)에 의하여 개발된 브레인스토밍(brainstorming)은 가장 잘 알려져 있고, 가장 널리 사용되는 집단적 아이디어 창출의 방법이다.[20] 브레인스토밍에서는 가능한 한 많은 해결방안과 관련된 아이디어가 창출되어야 하며, 많은 혁신적인 문제해결 방안들이 제시되어야 한다. 브레인스토밍은 서로 다른 전문분야에서 선발된 5~12명으로 구성되어 있으며, 1명의 진행자가 아이디어창출 과정에서 사회자 역할을 담당한다.[21] 일반적으로 브레인스토밍을 위한 모임 또는 회의는 30분에서 1시간 정도가 소요된다. 무엇보다도 짧은 시간 동안 되도록 많은 아이디어가 구두로 창출되어야 한다. 아이디어들이 창출된 후에 이들 아이디어들은 계속적인 개발과정 및 평가과정을 거치게 된다.

브레인스토밍에서는 다음과 같은 네 가지 전제조건이 있다.[22]

- 브레인스토밍을 하는 동안에는 어떤 비판(특히, 부정적인 비판)도 금지되어야 한다. 왜냐하면 이러한 비판이 아이디어창출 과정에서 참가자들의 자발성을 저해할 수 있기 때문이다. 그러나 아이디어평가 단계에서는 관련아이디어에 대한 비판이 가능하다.
- 자유로운 연상이 명문화되어야 한다. 아이디어가 거칠수록 더욱 더 좋다 (The wilder the ideas, the better).[23] 브레인스토밍에 참여한 모든 구성원들은 가능한 한 많은 해결방안을 창출하기 위하여 그들의 생각을 자유롭게, 방해받지 않고 표출하여야 한다.
- 표출된 모든 생각들은 참가자들에 의하여 공유되고, 경우에 따라서 이러한 생각들이 조합되어야 한다. 새로운 아이디어들의 공유와 조합과정을 통하여 가끔 혁신적인 결과들이 도출되기도 한다.

---

20 Hauschildt, J.(1993), p. 252; Nütten, I./Sauermann, P.(1988), p. 191; Schlicksupp, H.(1983), p. 62; Geschka,,H.(1983), p. 171; Schlicksupp, H.(1977), p. 75.
21 Hauschildt, J.(1993), p. 252; Brommer, U.(1990), p. 23.
22 Hauschildt, J.(1993), p. 253; Brommer, U.(1990), p. 23 이하; Holt, K.(1988), p. 157; Schlicksupp, H.(1983), p. 75; Schlicksupp, H.(1977), p. 62; Osborn, A. E.(1966), p. 151 이하.
23 Hauschildt, J.(1993), p. 253; Osborn, A. E.(1966), p. 151.

- 모든 참가자들은 가능한 한 많은 아이디어들을 창출하여야 한다. 아이디어가 많을수록 더욱 더 좋다(The more ideas, the better).[24]

브레인스토밍은 너무 복잡하지 않은 문제영역에 대한 해결방안을 제시하는 데 적합하며, 매우 쉽게 배울 수 있고, 실용적으로 아이디어를 창출할 수 있는 방법이다. 이 방법의 장점은 참가자의 자질에 대한 높지 않은 요구수준, 가능한 한 많은 해결방안의 창출용이성 및 신속한 적용가능성 등이다. 그러나 이 방법은 탐구영역이 매우 제한될 수 있다는 단점을 갖고 있다.

브레인라이팅

브레인라이팅(brainwriting)은 개념적으로 볼 때 브레인스토밍에 그 근거를 두고 있다. 이 방법은 브레인스토밍과 마찬가지로 연상(association of ideas)에 기초하여 아이디어를 창출한다. 이 방법의 명칭이 언급하는 바와 같이, 이 방법에서는 참가자가 자신의 제안이나 아이디어를 서면으로 작성한다.[25] 브레인라이팅은 여러 가지 형태로 서면을 통하여 아이디어를 창출할 수 있는데, 가장 대표적인 방법은 브레인라이팅 635이다.[26]

1960년대 말 독일의 *로르바흐 (Rohrbach)*가 개발하였고, 독일어권에 널리 알려진 브레인라이팅 635방법은 여러 가지 브레인라이팅 중의 한 가지 변형이다.[27] 이 방법은 다음과 같이 아이디어를 창출한다.

- 6명의 참가자들은 동일한 문제가 기록된 양식을 각각 배부 받는다.
- 각 참가자들은 3개의 해결방안을 5분 이내에 작성하여 제출하여야 한다.

그 다음 단계에서는 위와 같은 방법으로 제출된 양식이 그 집단의 다른 5명의 참가자들에게 차례로 전달이 된다. 이를 통하여 각 참가자들은 다른 참가자들의

---

24 Hauschildt, J.(1993), p. 254; 전게서.
25 Brommer, U.(1990), p. 25.
26 Hentze, J./Brose, P./Kammel, A.(1993), p. 100.
27 Hentze, J./Brose, P./Kammel, A.(1993), p. 100; Brommer, U.(1990), p. 25.

아이디어들을 회람한 후, 또 다시 3개의 해결방안을 5분 이내에 작성하게 된다. 이 단계에서는 다른 참가자들의 아이디어를 자신의 아이디어와 조합하거나 변형하는 방법을 통해 새로운 해결방안을 제시할 수도 한다.[28] 이러한 방식으로 참가자들에 의해 제출된 양식이 채워지면서 30분 동안 총 108개(18개 아이디어×6명)의 아이디어들이 창출되어야 한다.

브레인스토밍과 비교해 볼 때, 브레인라이팅은 구두가 아닌 서면으로 아이디어를 제출하기 때문에 참가자들 간의 구두 언쟁이 야기되지 않고, 발언력이 강한 동료로부터 방해나 압력을 받지 않는 보다 자유로운 분위기 속에서 아이디어를 창출할 수 있는 장점이 있다.[29] 특히, 이 방법은 신제품개발을 위해 적합한데, 그 이유는 어떤 한 참가자의 해결방안이 그 다음 참가자에게 차례로 전달되면서 신제품개발에 대한 기본적인 아이디어가 보다 잘 완성될 수 있기 때문이다.[30] 이 방법의 단점은 서면으로 아이디어가 작성이 되기 때문에 아이디어창출에 있어서 브레인스토밍보다 자발성이 다소 낮을 수 있다.

3.3.2 대안의 개발과 평가

대안의 개발과 평가는 창출된 해결방안이 구체적으로 평가되는 것과 관련되어 있다. 해결방안의 평가를 위한 2개의 대표적인 기법은 다음과 같다.[31]

스코어링 모델(효용가치 분석)

스코어링 모델(scoring model)과 효용가치 분석(utility-value analysis)은 일반적으로 동의어로 사용된다.[32] 스코어링 모델은 아이디어(해결방안)에 대한 다차원적인 평가를 위하여 가장 빈번하게 사용되는 방법이다.[33] 이 방법에서는 아이디어창출

---

28 Schlicksupp, H.(1983), p. 63.

29 Brommer, U.(1990), p. 25; Nütten, I./Sauermann, P.(1988), p. 197.

30 Brommer, U.(1990), p. 26.

31 박주홍(2016b), p. 225 재인용.

32 Herzhoff, S.(1991), 199; Brose, P.(1982), p. 326.

33 Hentze, J./Brose, P./Kammel, A.(1993), p. 78; Hopfenbeck, W.(1991), p. 597; Thom, N.(1990), p. 188.

단계에서 제안된 아이디어들이 개별 목표기준에 따라 평가된다. 즉, 이 방법에서는 개별 목표기준이 설정되고, 목표기준에 따라 가중치가 부여되며, 각 아이디어의 효용가치에 대한 평가가 구체적으로 이루어진다.[34] 스코어링 모델의 일반적인 분석절차는 다음과 같다.[35]

- 목표 및 목표기준의 결정
- 척도 및 목표기준에 대한 가중치의 확정
- 각 목표기준과 관련된 해결방안(아이디어)에 대한 효용의 결정(부분효용의 결정)
- 효용가치의 확인(전체 효용가치의 합산)
- 가장 유리한 아이디어의 선택

〈표 3-5〉는 효용가치 분석에 대한 사례를 보여준다. 이 사례에서는 3개의 목표기준과 3개의 혁신아이디어(대안)가 있다는 가정하에서 효용가치를 분석한다. 효용가치(N)는 다음과 같이 계산된다.

$$N = n_{i1} \cdot g_1 + n_{i2} \cdot g_2 + n_{i3} \cdot g_3$$

표 3-5 | 효용가치 분석에 대한 사례

목표기준 (Z_j) 대안 (A_i)	Z_1	Z_2	Z_3	효용가치 (N)
가중치 (g_i)	$0.2(g_1)$	$0.3(g_2)$	$0.5(g_3)$	$N = n_{i1} \cdot g_1 + n_{i2} \cdot g_2 + n_{i3} \cdot g_3$
아이디어 1 (A_1)	$5(n_{11})$	$3(n_{12})$	$4(n_{13})$	$N_1 = 3.9$
아이디어 2 (A_2)	$4(n_{21})$	$1(n_{22})$	$5(n_{23})$	$N_2 = 3.6$
아이디어 3 (A_3)	$2(n_{31})$	$1(n_{32})$	$2(n_{33})$	$N_3 = 1.7$

척도: 높은 값일수록 효용가치가 큼(최소 1~최고 5).
자료원: Park, J.-H.(1996), p. 135.

---

34 Brose, P.(1982), p. 326.

35 Hentze, J./Brose, P./Kammel, A.(1993), p. 78; Blohm, H./Lüder, K.(1988), p. 175 이하; 전게서, p. 330 이하.

효용가치 분석에 대한 사례에 있어서는 아이디어 1의 효용가치가 3.9점으로 가장 높게 나타났기 때문에 채택이 된다. 효용가치 분석에서는 목표기준 및 가중치 등을 변경시킴으로써 아이디어평가를 새롭게 할 수 있는 민감도 분석(sensitivity analysis, 각 독립변수의 변화에 따라 종속변수가 얼마나 변화하는가를 분석하는 것을 말함)이 가능하다. 즉, 민감도 분석에서는 목표, 가중치 및 평가점수가 상황에 따라 변경될 수 있으며, 이를 통하여 평가하려는 아이디어들에 대한 **효용가치**의 순위가 달라질 수도 있다.[36]

이 방법의 장점은 다음과 같다.

- 신속하고 용이한 활용가능성
- 완벽한 평가가능성
- 양적 및 질적 변수의 평가가능성
- 의사결정의 투명성 및 완벽성
- 민감도 분석의 용이성

라이스트 (*Leist*)는 다음과 같은 점들을 이 방법의 한계점으로 지적하였다.[37]

- 목표설정의 적합성 및 정확성
- 의사결정자의 가치평가능력
- 효용가치의 총점에 근거한 대안평가 방법의 문제점
- 대안을 평가하는 평가팀의 창의성
- 평가팀의 조직적 독립성

경제성 분석

경영컨설팅 프로젝트의 성공잠재성과 관련하여 아이디어들에 대한 경제성 분석(economic analysis)이 이루어져야 한다. 경제성은 '어떤 특정 기간 동안 지출한

---

36 Schierenbeck, H.(1993), p. 155.
37 Leist, G.(1989), p. 1265.

비용 또는 자원과 수익과의 관계'로 정의할 수 있다.[38] 경제성 분석은 원가절감 및 이윤증가 등과 같은 미래관련적인 성과기준뿐만 아니라, 자본가치도 아울러 검토해야 하기 때문에 원가계산, 손익계산 및 자본가치평가 등과 같은 방법이 일반적으로 사용된다.

(1) 원가계산

원가계산(cost accounting)에서는 아이디어평가의 시점에서 모든 미래의 주요 원가가 확실하게 정해질 수 있다는 가정을 한다. 연간 또는 단위당 원가절감액은 다음과 같이 계산된다.[39]

$$\triangle K = K_0 - K_1 = x_1(k_0 - k_1)$$

여기에서 기호의 의미는 다음과 같다.

$\triangle K$: 원가절감액
$K_{0/1}$: 투자 전과 투자 후의 총원가(원/연간)
$k_{0/1}$: 투자 전과 투자 후의 단위당 원가(예를 들면, 원/단위)
x_1 : 생산량(개/연간)

아이디어실현을 위하여 필요한 원가는 아이디어에 따라 변동이 되지만, 투자 전의 원가는 일정하다.

원가계산의 장점은 수많은 대안들 중에서 최소의 원가를 갖는 아이디어가 비교적 용이하게 채택될 수 있다는 것이다.[40] 그러나 아이디어평가의 시점에서 원가를 계산하는 것이 어려울 수 있다는 단점이 있다.

---

38 Bea, F. X./Dichtl, E./Schweitzer, M.(Ed., 1994b), p. 3; Heyde, W. et al.(1991), p. 119; Horváth, P.(1988), p. 3.
39 Heyde, W. et al.(1991), p. 137 이하.
40 전게서, p. 137.

(2) 손익계산

손익계산(profit and loss calculation)에서는 아이디어를 통하여 달성될 수 있는 이윤증가가 중요한 의미를 갖는다. 이 방법에서는 아이디어평가의 시점에서 모든 미래의 주요 원가 및 매출액이 정해져야만 한다는 가정을 한다. 이윤증가액은 다음과 같이 계산된다.[41]

$$\triangle G = \triangle K + \triangle G_x + \triangle G_Q + \triangle G_t$$

위의 식에서 기호의 의미는 다음과 같다.

$\triangle G$: 이윤증가액

$\triangle K$: 원가절감액 $\triangle K = x_1(k_0 - k_1)$

$\triangle G_x$: 생산량 증가에 따른 이윤증가액 $\triangle G_x = (x_1 - x_0)g_0$
   g_0 : 투자 전의 단위당 이윤(원/단위당)

$\triangle G_Q$: 품질향상에 따른 이윤증가액 $\triangle G_Q = x_1 \cdot \triangle g_Q$
   g_Q : 고품질 달성을 통한 단위당 이윤증가액(원/단위당)

$\triangle G_t$: 시간단축을 통한 제품의 조기판매에 따른 이윤증가액 $\triangle G_t = x_1 \cdot \triangle g_t$
   g_t : 조기판매, 적시의 시장진출, 공정의 단축 및 고객 요구에 대한 신속한 반응 등을 통한 이윤증가액(원/단위당)

계산가능한 이윤증가액은 다음과 같다.[42]

$$\triangle G_{kalk} = \triangle G_1 - \triangle G_0 = (UE_1 - K_1) - (UE_0 - K_0)$$

여기에서 기호의 의미는 다음과 같다.

---

41 전게서, p. 132 이하.
42 전게서, p. 132.

$\triangle G_{kalk}$: 계산가능한 이윤증가액

$UE_{0/1}$: 투자 전과 투자 후의 매출수익(원/연간)

$K_{0/1}$: 투자 전과 투자 후의 연간원가(원/연간)

이 방법에서는 여러 가지 대안들로부터 이윤극대적인 아이디어가 채택될 수 있다. 또한 제품아이디어와 공정아이디어가 동시에 검토될 수 있다. 그러나 이 방법에서는 아이디어 평가의 시점에서 매출수익과 원가를 정확하게 파악하기 어려운 단점이 있다.

(3) 자본가치평가

어떤 투자에 대한 자본가치(capital value)는 '투자와 인과관계를 갖는 모든 수입과 지출에 대한 현재가치의 차이'로 정의될 수 있다.[43] 자본가치는 다음과 같이 결정된다.[44]

$$KW = \sum_{t=0}^{n} \frac{(E_t - A_t)}{(1+i)^t} = \sum_{t=0}^{n} (E_t - At)(1+i)^{-t}$$

위의 식에 표시된 기호는 다음과 같은 것을 의미한다.

KW : 자본가치

E : 수입(원)

A : 지출(원)

t : 0에서 n년까지의 수익기간

i : 산정이자율

$(1+i)^{-t}$: 현가율

43 전게서, p. 143; Busse von Colbe, W./Laßmann, G.(1990), p. 47.

44 Heyde, W. et al.(1991), p. 143.

의사결정자는 자본가치평가를 통하여 수많은 투자대안들 중에서 가장 높은 자본가치를 갖는 대안을 선택한다.[45] 자본가치평가는 다음과 같은 의사결정을 위하여 사용된다.[46]

- 감가상각기간의 결정
- 경제적 수익기간의 확인
- 여러 가지 자본투자대안들의 평가를 통한 가장 유리한 대안 선택
- 어떤 투자에 대한 최종 자산가치의 확인

자본가치평가는 아이디어의 실현을 위해 투입되는 자본의 관점에서 여러 가지 대안들이 합리적으로 평가되는 장점이 있는 반면, 현재 시점에서 수입, 지출 및 이자율을 산정하여 계산하기 때문에 다소 현실성이 떨어질 수 있는 단점이 있다.

3.3.3 대안의 제시

대안의 제시 단계에서는 경영컨설팅 프로젝트의 수행 결과인 해결방안이 의뢰 기업에게 제시된다. 즉, 이 단계에서는 구체적인 실행계획이 완성되며, 다음과 같은 절차를 거친다.[47]

- 실행 (구현) 프로젝트의 범위 정의 : 실행 프로젝트에서 구현되어야 할 영역과 구현되어서는 안 되는 영역을 명확히 구분함.
- 수행할 작업단위의 정의 : 전체 프로젝트를 작은 단위로 나누어서 그 성격에 따라 세분화하거나 관리하기 쉬운 단위로 나누어 작업단위를 정의함.
- 작업단위를 완수할 수 있는 기술수준의 정의 : 각 작업단계에 필요한 기술수준을 정의하여 할당하며, 필요한 인원을 산정할 때는 숙련자와 비숙련자를 구

---

45 Bea, F. X./Dichtl, E./Schweitzer, M.(Ed., 1994b), p. 216.
46 Heyde, W. et al.(1991), p. 143 이하.
47 조민호/설증웅(2006b), p. 180 이하.

분함.
- 작업단위를 완수할 수 있는 필요시간의 산정 : 전체 작업을 완성하는 데 걸리는 시간과 각 작업단계에 필요한 시간을 예측하여 제시함.
- 이정표 설정 : 종료일을 결정한 후, 전체 일정을 시점별로 제시함.
- 작업계획의 상세내용 개발 : 이정표에 제시된 내용을 보다 구체화하여, 각 작업 간의 연결이 순차적으로 이루어지도록 함.
- 작업계획의 검토 및 검증 : 경영컨설턴트가 의뢰 기업의 업무 담당자와 함께 실행계획을 검토하며, 수립된 실행계획이 조정 또는 재검증 단계를 거쳐야 함.

또한 대안의 제시 단계에서는 실행계획에 대한 발표(프리젠테이션)가 이루어지기 때문에 이에 대한 철저한 준비를 하여야 한다(제2장 2.3 참고).

3.4 실행 단계

실행(implementation)은 경영컨설팅 프로젝트의 수행과정에서 도출된 해결방안(대안)을 고객 기업에 실제로 적용하는 것을 말한다. 이 단계에서는 경영컨설턴트의 역할, 실행과 모니터링의 실시, 의뢰 기업의 스태프 훈련과 개발 및 새로운 관행의 유지와 통제가 중요한 과제에 해당된다.

3.4.1 실행 단계에서의 경영컨설턴트의 역할

경영컨설팅의 결과가 실행되기 위해서는 실행 단계에 경영컨설턴트가 의뢰 기업에 투입되는 것이 필요하지만, 다음과 같은 경우에는 경영컨설턴트의 개입이 요구되지 않는다.[48]

---

48 Kubr, M.(Ed., 2002), p. 230.

- 문제가 비교적 단순하고, 기술적이지 않으며, 실행과 관련된 어려움이 예상되지 않는 경우
- 진단 및 실행계획의 단계에 경영컨설턴트와 의뢰 기업 간의 협력이 충분하여 의뢰 기업의 이해력이 높고, 제시된 해결방안을 독자적으로 실행할 능력을 보유한 경우

실행 단계에서 경영컨설턴트는 다음과 같은 방식으로 투입될 수 있다.[49] 어떤 방식을 선택할 것인가에 대한 문제는 경영컨설팅 기업과 의뢰 기업 간의 계약에 달려 있다.

- 의뢰 기업이 제시한 조건에 따라 실행 단계 동안에 경영컨설팅 팀의 규모를 점차적으로 축소하는 방식
- 실행 단계 동안에 한 명의 경영컨설턴트가 상주하며, 자문을 제공하고 전문지식을 전달하는 방식
- 실행 단계에서 경영컨설턴트가 비교적 어려운 업무를 담당하는 방식
- 실행 단계 동안에 경영컨설턴트가 의뢰 기업을 주기적으로 방문하거나 계획된 시점에 방문하여 진행 상황을 확인하고, 지침을 제공하는 방식
- 의뢰 기업의 요청이 있는 경우에만 방문하여 개입하는 방식

3.4.2 실행과 모니터링의 실시

경영컨설팅의 실행 단계에서는 다음과 같은 사항들을 고려하여야 한다.[50]

- 실행 절차의 확립 : 해결방안의 도입과 관련된 구체적인 실행 절차가 제시되어야 함.
- 새로운 책임의 정의와 통제 : 해결방안이 권고하는 업무상의 새로운 책임을 규정하고 이에 대한 통제(모니터링)가 필요하며, 업무 결과는 측정 가능한

---

49 전게서, p. 231.
50 전게서, p. 232 이하.

수치로 제시되어야 통제가 용이함.

- **실행의 속도와 소요시간** : 실행의 속도와 소요시간을 구체적으로 제시함.
- **구조적 신축성**(built-in flexibility)**과 돌발 상황의 대처** : 해결방안이 실행되는 동안 돌발 상황에 따른 신축적인 조정이 이루어질 수 있어야 함.
- **상세한 절차를 기록한 매뉴얼의 작성** : 새로운 업무의 도입과 관련된 매뉴얼을 작성함.
- **실행 모니터링** : 해결방안의 도입, 경과 및 결과와 관련된 모니터링을 실시함.

3.4.3 의뢰 기업의 스태프 훈련과 개발

실행 단계에서 새로운 해결방안을 도입하는 경우 경영컨설턴트는 의뢰 기업의 스태프를 대상으로 하는 훈련을 실시하여야 할 뿐만 아니라, 그들의 업무능력을 개발할 필요가 있다. 이러한 의뢰 기업의 스태프 훈련과 개발에 대하여 간략히 요약하면 다음과 같다.[51]

- 의뢰 기업의 스태프 훈련 : 실행 단계 동안에 경영컨설턴트가 의뢰 기업의 스태프를 훈련하며, 주요 훈련 방법은 다음과 같다.
  - 경영컨설턴트가 직장 내 훈련(On-the-Job-Training, OJT)을 실시함.
  - 경영컨설턴트가 기업 내부 훈련자(in-company trainer)를 훈련함.
  - 실험집단(experimental groups)에 대한 훈련을 실시하며, 이들 집단이 훈련받지 않은 다른 스태프들을 훈련시키도록 교육함.
  - 공식적 기업 내부 훈련과정(in-company training courses)을 제공하며, 훈련 담당자는 경영컨설턴트, 외부초빙 전문가 및 의뢰 기업의 직원 등이 될 수 있음.
  - 훈련대상으로 선정된 스태프를 외부 훈련과정(external training courses)에 파견하여 훈련함.
  - 경영컨설팅 기업이 의뢰 기업에게 무료로 제공하는 사은 프로그램

---

51 전게서, p. 234 이하.

(appreciation programmes)을 도입하여, 경영컨설팅 프로젝트와 직접적으로 관련이 없는 직원들에게 훈련 내용을 공지함.

- 스태프의 개발 : 경영컨설턴트는 복잡하고 정교한 해결방안 또는 과제(예를 들면, 구조조정, 제품 및 시장전략의 변경, 새로운 공장의 설립 등)를 수행하는 스태프의 업무능력을 개발할 필요가 있으며, 주요 개발 방법은 다음과 같다.
  - 세미나 개최
  - 작업그룹의 구성
  - 토론그룹의 구성
  - 특별 프로젝트팀의 구성
  - 개별 프로젝트 업무의 추진
  - 역할 교환
  - 경영컨설턴트 및 기업 내부 훈련자에 의한 카운슬링

3.4.4 새로운 관행의 유지와 통제

경영컨설턴트가 제안한 해결방안은 실행 단계를 거치면서 의뢰 기업의 조직에 영향을 미치기 시작하며, 이러한 영향은 성과의 증대로 이어져야 한다. 경영컨설턴트가 제안한 해결방안의 실행은 새로운 관행으로 자리잡기 시작하기 때문에 이에 대한 유지와 통제가 중요한 과제로 대두된다. 새로운 관행의 유지와 통제는 다음과 같은 방법을 통해 이루어진다.[52]

- 감 사 : 연차, 내부, 외부 및 주기 감사의 실시
- 행정적인 통제 : 관련 위원회 또는 팀을 구성하여 행정적 피드백 실시
- 주기적인 보고절차 : 지속적이고 주기적인 보고를 통한 피드백 실시
- 품질점검 : 품질과 관련된 해결방안의 실행 및 이에 대한 통제 시스템의 구축
- 해결방안의 지속적인 평가 : 해결방안의 지속적 평가를 통하여 경영컨설팅의 성과를 측정(경제성 분석, 운영 및 성과 검토)

---

52 조민호/설증웅(2006b), p. 206 이하.

3.5 종료 및 최종보고 단계

종료(termination)는 경영컨설팅 프로젝트의 최종 단계로서 경영컨설팅을 마무리하는 것을 의미한다. 이 단계에서는 경영컨설팅의 종료 및 최종 보고서의 작성과 제출이 중요한 과제로 대두된다.

3.5.1 경영컨설팅의 종료

경영컨설팅의 종료는 경영컨설팅 기업과 의뢰 기업 간의 계약에 따라 이루어지며, 종료 단계에서는 경영컨설팅 결과에 대한 평가가 매우 중요하다. 이 단계에서는 다음과 같은 질문들에 대한 답변이 이루어져야 한다.

- 경영컨설팅 프로젝트가 계약대로 잘 수행되었는가?
- 경영컨설팅 프로젝트에 투입된 경영컨설턴트를 언제 철수시킬 것인가?
- 경영컨설팅 종료 이후의 추가적인 유료 또는 무료의 경영컨설팅 서비스가 제공되는가?
- 경영컨설팅 기업이 의뢰 기업으로부터 약정한 금액의 경영컨설팅 보수를 지급받았는가?

특히, 경영컨설팅 결과는 다음과 같은 6개의 구체적인 편익(benefit) 또는 결과(result)로 나타날 수 있다.[53]

- 새로운 능력 (new capabilities) : 문제해결, 커뮤니케이션, 변화관리, 기술 및 관리와 관련된 능력
- 새로운 시스템 (new systems) : 정보관리, 마케팅, 생산 및 품질관리, 인적 자원 채용과 평가, 유지보수 등과 관련된 시스템
- 새로운 관계 (new relationships) : 전략적 제휴, 납품, 컨소시엄, 벤치마킹 등과

---

53 Kubr, M.(Ed., 2002), p. 249.

관련된 관계

- 새로운 기회 (new opportunities) : 새로운 잠재적 시장, 저렴한 원재료 공급원, 새로운 기술, 공장부지 및 건물 인수 등과 관련된 기회
- 새로운 행동 (new behavior) : 기업 내부의 다양한 관계, 개별 작업 등과 관련된 행동
- 새로운 성과 (new performance) : 경제적, 재무적, 사회적, 기타 측정 지표와 관련된 성과

3.5.2 최종 보고서의 작성과 제출

경영컨설팅이 종료되는 시점에 프로젝트에 참여한 경영컨설턴트는 계약서에 명시된 최종 보고서(산출 보고서)를 제출하여야 한다. 최종 보고서에는 다음과 같은 내용들이 포함되어야 한다.

- 의뢰 기업의 기본 현황(내부 및 외부 환경, 재무적 상황 등)
- 경영컨설팅 프로젝트 과제에 대한 모든 해결방안(제안보고)의 서술
- 경영컨설팅 수행과정에 대한 상세한 보고
- 경영컨설팅 프로젝트를 통한 의뢰 기업의 편익 또는 성과에서의 변화
- 경영컨설팅 결과에 대한 종합적인 의견

경영컨설팅의 수행도구 및 자료수집 방법

CHAPTER 04

경영컨설팅의 수행도구 및 자료수집 방법

4.1 경영컨설팅의 수행도구

아래에서는 경영컨설팅 프로젝트를 수행하는 데 있어서 가장 많이 활용되는 그리드와 체크리스트, 매트릭스, 비율 및 지수 등에 대하여 살펴보기로 한다.

4.1.1 그리드와 체크리스트

그리드

그리드(grid)는 격자(格子)를 말하며, 이것은 바둑판 모양과 같은 가로와 세로의 선들이 만나 나타내는 모양을 의미한다. 즉, 그리드는 가로와 세로의 형태로 연결된 구조를 통하여 어떤 특정 문제를 해결하기 위해 사용된다. 예를 들면, 그리드 기법은 여러 개의 환경요인이 있는 상황에서 각 환경요인에 가중치를 부여하여 대안을 평가하기 위하여 사용될 수 있다.[1]

그리드는 평가기준이 많고 비교해야 할 대안이 많을 때 유용하게 사용될 수

---

1 박주홍(2012b), p. 203 수정 재인용.

있는 장점을 갖고 있으며, 반면에 평가기준이 많을 때 각 기준에 가중치를 부여하기 어려운 단점을 갖고 있다.

〈표 4-1〉은 글로벌 경영환경의 분석을 위한 그리드의 활용사례를 제시한다. 이 표는 어떤 글로벌 기업이 3개의 진출대상 국가를 비교하는 것을 가정하고 있다. 이 표에 나타나 있는 바와 같이, A부터 F까지 총 6개의 주요 환경변수들이 제시되어 있으며, 각 변수들에 대하여 서로 다른 가중치가 부여되었다. 또한 *리커트(Likert)* 5점 척도를 기준으로 각 국가별 점수가 부여되었다.

표 4-1	글로벌 경영환경의 분석을 위한 그리드의 활용사례			
주요 환경변수	가중치	국가 1	국가 2	국가 3
A	0.2	4	2	3
B	0.3	5	3	3
C	0.1	3	3	4
D	0.2	4	2	5
E	0.1	3	2	4
F	0.1	3	1	3
총점	1.0	40점	23점	36점

– 각 환경변수에 대한 척도: 1(매우 낮음)~5(매우 높음).
– 국가별 총점은 주요 환경변수별 가중치에 개별점수를 곱한 값의 합계임.
자료원: 박주홍(2012b), p. 204.

이 가상사례에서는 총 50점 만점에 국가 1은 40점, 국가 2는 23점, 국가 3은 36점으로 나타났다. 따라서 국가별 총점에 근거하여 어떤 글로벌 기업이 하나의 진출대상 국가를 선택한다면, 총점이 가장 높은 국가 1(40점 이상으로 대체로 양호함)을 선택하게 된다. 국가별 환경분석을 수행하려는 경영컨설턴트는 국가별 평가와 관련하여 다음과 같은 평가기준을 제시할 수 있다.

- 45점 이상 : 매우 양호
- 40점 이상 : 대체로 양호
- 35점 이상 : 보통
- 30점 이상 : 대체로 불량
- 30점 미만: 매우 불량

체크리스트

체크리스트(checklist)는 어떤 의사결정에 영향을 미칠 수 있는 평가항목들을 제시한 표(table) 또는 목록(list)을 의미하며, 이것은 앞서 살펴본 그리드를 활용한 대표적인 평가방법이다.[2] 체크리스트를 작성할 때 가장 중요한 것은 어떤 특정 의사결정과 관련된 평가항목들을 개발하고, 이들에 대하여 정확하게 평가하는 것이다. 〈표 4-1〉의 그리드의 활용사례에서 살펴본 바와 같이, A부터 F까지 총 6개의 주요 환경변수들은 체크리스트의 평가항목에 해당된다.

4.1.2 매트릭스

매트릭스(matrix)는 수학에 있어서 행렬을 의미하며, 경영학에서는 이러한 매트릭스를 의사결정을 위해 활용하고 있다. 즉, 매트릭스는 가로로 배열된 행(row)과 세로로 배열된 열(column)을 갖고 있다. 예를 들면, 경영컨설턴트는 매트릭스를 활용하여 어떤 국가의 환경분석을 수행할 수 있다. 시장성장률과 상대적 시장점유율과 같은 두 개의 기준으로 만든 BCG(Boston Consulting Group) 매트릭스가 이 개념을 활용한 하나의 사례이다(제5장 5.1.2 참고).[3]

매트릭스는 어떤 평가기준을 시각적으로 단순화하여 보여줄 수 있는 장점을 갖고 있는 반면, 매트릭스로 평가한 어떤 요인 또는 변수의 위치가 경계선에 놓여있는 경우에는 그 해석이 어려운 단점을 갖고 있다.

4.1.3 비 율

경영컨설팅 프로젝트를 수행하는 데 있어서 가장 널리 사용되는 비율(ratio)은 수치와 관련된 정보를 다룬다. 이것은 둘 이상의 수를 비교하여 나타낼 때 그 중 한 개의 수를 기준으로 하여 나타낸 다른 수의 비교 값을 의미한다. 예를 들면, 두 수 a와 b가 있을 때 b에 대한 a의 비율을 표시하면 a/b가 되며, 소수 또는 백

---

2 전게서, p. 102 이하 수정 재인용.
3 전게서, p. 205 수정 재인용.

분율로 표시될 수 있다. 어떤 평가항목의 비율이 소수 0.1로 계산되었다면, 백분율은 10%이다. 특히, 재무자료 분석에서 많이 사용되는 몇 가지 재무비율의 계산식과 그 의미를 살펴보면 다음과 같다.[4]

- 유동비율(%) = 유동자산/유동부채×100(단기채무 지급능력을 측정하는 데 많이 사용되면, 200% 이상 되어야 양호하다고 봄)
- 현금비율(%) = 현금 및 현금성 자산+단기금융상품/유동부채×100(초단기 채무지급능력을 측정하는 방법임)
- 부채비율(%) = 부채/자기자본×100(타인자본 의존도를 측정하며, 100% 이하가 바람직하지만 정부에서는 200% 미만을 권장함)
- 자기자본비율(%) = 자기자본/총자본×100(자기자본비율이 높을수록 재무안정성이 높으며, 50% 이상 되어야 안전하다고 볼 수 있음)
- 매출액순이익률(%) = 순이익/매출액×100(매출액에서 어느 정도의 순이익을 얻고 있는지에 대한 비율임)
- 매출액증가율(%) = 당기매출액 - 전기매출액/전기매출액×100(기업의 외형적 성장도 지표를 나타내는 비율임)

4.1.4 지 수

지수(index)는 물가, 주식 및 임금 등의 변동상황을 시기에 따라 나타내고자 할때 그 기준이 되는 때를 100으로 하여 비교하거나 나타내는 숫자를 말한다. 특히, 경제지수(economic index)는 경영컨설턴트가 어떤 기업이 속한 산업의 거시적 환경을 분석하는 데 많은 도움을 줄 수 있다. 경영컨설턴트가 중요하게 고려해야 하는 몇 가지 경제적 지수의 의미를 살펴보면 다음과 같다.

- 물가지수 : 비교시의 물가수준/기준시의 물가수준×100(시장에서 거래되는 여러 상품의 평균 가격 수준인 물가의 변동을 파악하기 위하여 작성함)

---

4 주성종 외 3인(2010), p. 87 이하.

- 임금지수 : 임금수준의 시간적 변동을 나타내기 위해 사용되는 지수로 노동력 가격으로 임금수준의 변동을 나타내는 지수와 국민경제 전체로 본 노동자 1인당 수입수준의 변동을 나타내는 지수, 기업의 입장에서 비용으로의 인건비 총액 등의 변화를 나타내는 지수 등이 있음.
- 생산지수 : 개별품목의 기준시점에 대한 비교시점의 생산수량의 변화를 산출하고, 각 품목의 생산액 또는 부가가치를 가중치로 하여 계산함.
- 재고지수 : 매월의 재고량을 어느 일정 시기의 재고량을 기준으로 지수화 하여 그 증감을 일목요연하게 표시함.
- 주가지수 : 일정 시기의 주식가격을 100으로 하여 산출하며, 상장된 모든 종목의 현시가 총액(상장 주식수를 주가와 곱해 전체를 합산한 금액)을 기준시점의 총액으로 나눠 100을 곱하여 계산함. 현재는 1980년 1월 4일의 주가지수를 기준(100)으로 삼음.

4.1.5 가중치[5]

가중치(weight)는 대표값 또는 지수를 계산할 때, 전체에 대하여 각 요소가 가지는 중요성의 값을 나타내는 비율을 의미한다. 경영컨설팅의 대상이 되는 어떤 과제가 많은 변수들로 구성되어 있다면, 이들 변수들에 대한 가중치의 계산은 중요한 문제로 고려되어야 한다. 일반적으로 가중치평가는 그 분야 전문가로 대표성을 띤다면 10~15명이면 충분하다고 본다.[6]

단순평균값 가중치

단순평균값 가중치는 모든 평가항목에 동일한 가중치를 부여하는 것을 말한다. 예를 들면, 20개의 평가항목(i = 1, 2, 3, ⋯ ,20)이 제시되어 있다면, 각 평가항목에 5%(0.05)의 가중치를 동일하게 부여하며, 총점은 100%(1.0)이다.

단순평균값 가중치는 평가항목의 가중치를 매우 간편하게 부여할 수 있는 장점을 갖고 있다. 그러나 단순평균값 가중치를 이용하는 경우, 가중치의 객관성이

---

5 박주홍(2012b), p. 304 이하 수정 재인용.
6 Saaty, T. L.(1994).

떨어질 수 있기 때문에 다음에서 제시하는 AHP 가중치를 사용하는 것이 바람직하다.

AHP 가중치

AHP에 의한 가중치 부여방법은 *새티*(Saaty)에 의해 개발된 다기준 의사결정방법(multicriteria decision making)의 하나로 경영의사결정, 계획, 자원배분, 갈등해결 및 예측 등과 같은 분야에 폭 넓게 적용되어 왔다.[7] AHP 방법은 복잡한 의사결정 과제의 분해(계층적 구조화)를 통하여 대안 또는 평가항목의 중요도를 제시하는 기법이다.[8] 계층적 구조화의 기본조건인 계층의 수는 연구자 또는 의사결정자의 모형화에 따라 정해진다. 이러한 계층의 수가 정해지면 구조화된 설문을 통해 각 의사결정자로부터 평가항목의 상대적 선호도, 즉 가중치를 얻는 두 번째 단계가 진행된다.

먼저, AHP의 방법론에 대하여 간략히 살펴본 후, 〈표 4-5〉에 제시된 각 평가항목의 가중치를 구하기로 한다. 본 사례에서 계층의 수는 평가기준 및 평가항목 등 2개로 설정되었다. 〈표 4-5〉에 나타나 있는 바와 같이, 1계층은 6개의 평가기준, 2계층은 총 20개의 평가항목으로 1계층에 각각 연결되어 있다. 그리고 각 계층별로 이원비교(pairwise comparison judgement)를 통하여 계층 내 가중치를 산정한다. 그 다음 단계에서는 판단의 일관성을 측정하는데, 일관성비율이 0.1 이하이면 상당한 일관성이 있다고 판단한다. 고유값(eigenvalue)을 이용하여 평가기준 및 평가항목의 일관성이 검증된다. 임의의 n에 확률적으로 생성된 일관성지표(Consistency Index, CI)와 최대고유값(maximum eigenvalue)으로부터 일관성비율을 계산한다.[9] 마지막 단계에서는 계층구조의 종합화를 통해 평가항목들의 최종 가중치가 결정된다.

AHP에서 *새티*는 9점 비율척도를 사용한다.[10] 각 계층별 평가기준 및 평가항목의 상대적 중요도를 구하기 위하여 속성이 다른 평가기준 및 평가항목을 이원

---

7 Saaty, T. L.(1994); Saaty, T. L.(1990).
8 김윤주/심익섭(2007), p. 5 이하.
9 Saaty, T. L/Vargas, L. G.(2001).
10 Saaty, T. L.(1994); Saaty, T. L.(1990).

비교할 수 있는 설문지가 작성되어야 한다. 이원비교를 위한 AHP 척도는 〈표 4-2〉와 같다.

표 4-2	이원비교를 위한 AHP 척도
척도	**정의**
1	동등하게 중요함
3	약간 중요함
5	중요함
7	아주 중요함
9	절대 중요함
2, 4, 6, 8	위 척도들의 중간값
역수	1, 1/2, 1/3, … 1/8, 1/9

자료원: 박주홍(2008), p. 75.

이원비교를 위한 설문지는 아래와 같이 작성된다. 여기에서는 〈표 4-5〉에 제시된 1계층 평가기준의 '기술취득기업의 경영능력'의 세 가지 2계층 평가항목인 '기술취득기업의 자금조달능력, 마케팅능력, 생산능력'에 대한 설문지 작성 예만을 보여주기로 한다. 이 예에서는 3개의 평가항목이 있으므로 3개의 이원비교가 이루어진다. 만일 4개의 평가항목이 있다면, 6개의 이원비교가 이루어진다.

(질문) 기술제공기업의 관점에서 다음의 두 평가항목 중 상대적으로 더 중요하게 고려되어야 할 평가항목은 무엇이며, 얼마나 더 중요하게 고려되어야 한다고 생각합니까?

<table>
<tr><td colspan="2">표 4-3 이원비교를 위한 설문지 작성(예시)</td></tr>
</table>

기술취득기업의 자금조달능력(A_1)	기술취득기업의 마케팅능력(A_2)
9 8 7 6 5 4 3 2 1	2 3 4 5 6 7 8 9
기술취득기업의 자금조달능력(A_1)	기술취득기업의 생산능력(A_3)
9 8 7 6 5 4 3 2 1	2 3 4 5 6 7 8 9
기술취득기업의 마케팅능력(A_2)	기술취득기업의 생산능력(A_3)
9 8 7 6 5 4 3 2 1	2 3 4 5 6 7 8 9

자료원: 박주홍(2008), p. 76.

만일 평가자가 〈표 4-3〉의 설문지 작성 예에서 왼쪽 위에서부터 차례로 2, 3, 4에 응답하였다고 가정한다면, 이원비교행렬과 가중치는 〈표 4-4〉와 같다. 예를 들면, 기술취득기업의 자금조달능력(A_1)과 기술취득기업의 생산능력(A_3)을 비교하여 기술취득기업의 자금조달능력이 '약간 중요하다'고 판단된다면 응답자는 '3점'을 부여하게 된다.

<table>
<tr><td colspan="5">표 4-4 이원비교행렬과 가중치(예시)</td></tr>
</table>

기술취득기업의 경영능력	A_1	A_2	A_3	가중치
A_1	1	2	3	0.545
A_2	1/2	1	4	0.273
A_3	1/3	1/4	1	0.182

자료원: 박주홍(2008), p. 76.

AHP를 활용한 가상평가사례에서는 3명의 평가자가 각 평가기준 및 평가항목에 대한 이원비교를 통하여 가중치(w_i)를 산정하는 것을 가정하였다. Expert Choice 11.5 견본프로그램(trial version)을 이용하여 가중치를 산정한 결과는 〈표 4-5〉에 제시되어 있다.[11] 그리고 전체영역의 일관성비율은 0.1 이하로 나타났다. 평가자가 각 평가항목에 5점 척도를 기준으로 평가점수(p_i)를 부여하는 것으로 가정하여 최종점수(최고점수 5점)를 구하였다. 각 평가항목의 5점 척도로 제시되는 점수는 앞서 언급한 단순평균값 가중치에 근거한 가상평가사례의 평가점수와 동일하다.

---

11 AHP를 지원하는 소프트웨어인 Expert Choice 11.5 견본프로그램은 3개의 계층(level), 7개의 기준(criteria), 8개의 대안(alternative) 및 3명의 참가자(participant)의 설문자료만 분석가능하다.

표 4-5	라이선싱을 통한 글로벌 기술이전의 평가를 위한 체크리스트(AHP 가중치)				
1계층 평가기준 (가중치)	2계층 평가항목 (i = 1, 2, 3, …, 20)	평가 점수 (p_i)	2계층 가중치 (w_i)	최종점수 ($p_i \times w_i$)	
현지국 시장요인 (0.095)	1. 현지시장규모가 크다.	4	0.095	0.380	
현지국 환경요인 (0.119)	2. 현지국 정부의 글로벌 기술이전에 대한 인센티브 및 지원책이 많다.	3	0.030	0.090	
	3. 현지국에서의 대체기술 개발가능성이 낮다.	3	0.030	0.090	
	4. 현지국에서의 예상 제품수명주기 또는 기술수명주 기가 길다.	5	0.059	0.295	
본국의 규제 (0.035)	5. 본국 정부의 글로벌 기술이전에 대한 규제가 심하 지 않다.	5	0.035	0.175	
기술취득기업의 경영능력 (0.176)	6. 기술취득기업의 자금조달능력이 우수하다.	4	0.059	0.236	
	7. 기술취득기업의 마케팅능력이 우수하다.	4	0.059	0.236	
	8. 기술취득기업의 생산능력이 우수하다.	5	0.059	0.295	
이전기술의 유용성 (0.370)	9. 이전기술에 대한 기술유출방지책이 우수하다.	4	0.050	0.200	
	10. 기술취득기업으로부터 역기술이전의 가능성이 높다.	3	0.040	0.120	
	11. 기술이전을 위한 교육인력파견으로 추가적 이윤의 획득가능성이 높다.	2	0.040	0.080	
	12. 기술취득기업으로부터 받는 로열티가 많다.	5	0.160	0.800	
	13. 교차라이선싱의 가능성이 높다.	3	0.040	0.120	

	14. 기술을 이전함으로써 기술제공기업의 명성을 제고
	  하여, 다른 제품의 판매에 긍정적 영향을 미칠 수
	  있다.
		5	0.040	0.200	

기술제공 기업과 기술취득 기업 간의 협력 (0.205)	15. 기술이전을 할 때 기술제공기업과 기술취득기업 간 의 의사소통이 용이하다.	4	0.018	0.072	
	16. 기술제공기업과 기술취득기업 간의 분쟁해결을 위 한 규정이 명확하다.	5	0.018	0.090	
	17. 기술취득기업이 미래의 강력한 경쟁자가 될 가능성 이 낮다.	4	0.070	0.280	
	18. 기술취득기업으로부터 현지시장정보가 획득될 가능 성이 높다.	5	0.030	0.150	
	19. 기술취득기업이 기술제공기업으로부터 원자재 및 부 품을 부가적으로 조달할 가능성이 높다.	3	0.050	0.150	
	20. 기술제공기업의 감사 및 검사권리(생산과정, 품질검 사)의 확보 가능성이 높다	3	0.018	0.054	
합계=1.0	최고 점수 → 5×1.0=5.0점	5점 척도	합계 =1.0	총점 =4.113	

평가척도: 1점(매우 그렇지 않다)~5점(매우 그렇다)
자료원: 박주홍(2008), p. 77.

〈표 4-5〉는 AHP 가중치를 이용한 라이선싱을 통한 글로벌 기술이전의 평가를 위한 체크리스트의 가상평가사례를 보여준다. 이 가상평가사례에서는 총점이 4.113점으로 나타났다. 이를 100점 만점으로 환산하면 82.26점(4.113×20＝82.26)이다. 의사결정자는 이 점수를 바탕으로 최종적으로 결론을 내릴 수 있다.

AHP 가중치는 단순평균값 가중치보다 더 객관적으로 가중치를 산정할 수 있는 장점이 있다. 특히, AHP 가중치의 가장 큰 장점은 평가자가 각 평가기준 및 평가항목을 최적적으로 선택하는 데 도움을 줄 뿐만 아니라, 아울러 선택의 명확한 근거도 제시해 준다. 그러나 각 평가기준 및 평가항목의 분리가능성(separability)을 전제로 하기 때문에 상호 의존적이고 유사한 속성을 갖는 기준에 대해 적용하기 어려운 단점을 갖고 있다.[12]

4.2 경영컨설팅의 자료수집 방법

아래에서는 경영컨설팅의 자료수집 방법에 대하여 논의한다. 경영컨설팅 수행과 관련된 다양한 자료수집 방법이 있지만, 아래에서는 1차 자료(조사자가 독자적으로 수집하거나 창출하는 정보 또는 자료)에 해당되는 인터뷰, 설문조사, 관찰법 및 2차 자료(이미 발표되거나 출판된 자료)에 국한하여 그 의미와 방법에 대하여 설명하기로 한다.

4.2.1 인터뷰

앞서 살펴본 바와 같이 인터뷰(interview)는 면접자(interviewer)가 특정 피면접자(interviewee)와 직접 접촉하여 정보를 수집하는 것을 말한다(제2장 2.3 참고). 일반적으로 경영컨설팅에 있어서 경영컨설턴트가 면접자이고, 경영컨설팅을 의뢰한 기업의 임직원들은 피면접자이다. 경영컨설팅 수행단계별 인터뷰의 대상은 다음과 같다.[13]

---

12 김윤주/심익섭(2007), p. 20.
13 방용성/김용한/주윤황(2012), p. 65.

- 예비 문제진단
  - 범위 : 최고 경영자
  - 이슈 : 경영층, 팀 구성원
- 진단
  - 가설 및 분석: 해당 부서의 인력, 고객, 유통경로 구성원 등
- 해결방안 도출
  - 아이디어 **창출 및 타당성** : 해당 부서의 인력, 고객, 유통경로 구성원 등
- **실행계획 작성**
  - 실행계획 작성 : 해당 부서의 인력

인터뷰를 진행할 때 다음과 같은 사항을 고려하여야 한다.[14]

- 응답자(피면접자)로부터 얻는 응답 이외에도 응답자의 발언, 자세, 의견, 태도, 몸짓 등 모든 반응으로부터 자료를 입수하고자 노력하여야 한다.
- 인터뷰 계획을 수립할 때에는 획득 자료와 피면접자, 면담시기와 방법, 장소 등을 고려하여 결정한다.
- 일반적으로 피면접자는 그들과 친숙한 환경에서 인터뷰하는 것을 선호하며, 이때 의사소통에 더욱 적극적으로 임하는 경향이 있다.
- 인터뷰 과정에서 응답자로부터 예기치 않은 저항(미응답, 편향된 응답, 일반적인 응답, 설문 자체에 대한 의문 등)에 직면하게 되면 일단 저항의 성격을 파악한 다음 피면접자의 이해도를 높이는 노력을 하여야 한다.

인터뷰는 다음과 같은 과정을 거쳐 진행하는 것이 바람직하다.[15]

- 인터뷰 계획의 수립 : 경영컨설턴트가 인터뷰를 시작하기에 앞서 확보해야 할 자료를 구체화하고, 인터뷰의 목적, 수집항목, 인터뷰 대상자 및 기법 등을 서술한 면담계획이 수립되어야 한다.

---

14 조민호/설증웅(2006b), p. 112.
15 조민호/설증웅(2006a), p. 98 이하.

- 인터뷰 계획의 검증 : 인터뷰 항목, 인터뷰 대상자 및 인터뷰 방식의 적절성 등에 다시 한 번 검토하는 과정을 거친다.
- 인터뷰의 실행 : 인터뷰는 피면접자로부터 솔직하고 의미 있는 답변을 유도할 수 있도록 인터뷰의 취지, 목적, 기밀보장 등에 대하여 충분하게 설명한다. 정해진 규칙은 없지만, 인터뷰 시간은 30분~1시간 기준으로 진행하되 항목별로 10분 내외의 시간을 배정한다. 인터뷰 내용은 기록하여야 하며, 녹음 또는 촬영을 할 경우, 피면접자의 동의가 필요하다.
- 인터뷰 결과의 정리 : 인터뷰가 완료되면 인터뷰 내용을 일목요연하게 정리한다. 또한 정리된 내용은 최종적으로 조직별, 계층별, 분야별 및 이슈별로 분류되어야 한다.
- 인터뷰 결과의 활용 : 인터뷰의 결과는 원인 파악, 해결방안 및 시사점 도출 등에 활용된다.
- 인터뷰 결과의 피드백 : 경우에 따라서 피면접자에게 인터뷰 결과를 피드백해 주는 것이 필요하다. 이러한 과정을 통해 경영컨설팅 이후에 예상되는 변화에 소극적이거나 부정적인 피변화자를 변화 촉진자로 바꿀 수 있을 뿐만 아니라, 불만 또는 저항을 예방하고 최종적으로 경영컨설팅 결과에 대한 만족도, 수용도 및 실행력을 증대시킬 수 있다.

인터뷰를 진행할 때 다음과 같은 일곱 가지 요령을 참고한다며, 성공적인 인터뷰가 가능할 것이다.[16]

- 피면접자의 상사가 모임을 주선하게 함 : 상사가 주선한 인터뷰이기 때문에 피면접자가 인터뷰에 성실히 임하게 된다.
- 인터뷰를 함께 함 : 단독으로 인터뷰를 진행하는 것보다 동료와 함께 진행하는 것이 질문과 기록에 도움이 된다.
- 지도하려 들지 말고 경청함 : 인터뷰를 진행하는 경영컨설틴트는 문제해결을 위한 실마리를 찾기 위해 피면접자의 발언을 경청하여야 한다.

---

16 방용성/주윤황(2015), p. 175 이하.

- 피면접자의 말을 다시 반복하고 확인함 : 피면접자의 발언 내용을 반복하여 확인시킴으로써 피면접자는 추가 정보 또는 중요한 사항을 더 자세히 말할 수 있게 된다.
- 우회적으로 접근함 : 인터뷰는 심문이 아니고 해결방안을 찾기 위한 자료수집의 목적으로 진행되기 때문에 면접자는 직설적인 질문을 피하고 우회적으로 접근할 필요가 있다.
- 너무 많은 것을 요구하지 않음 : 면접자는 인터뷰를 통해서 너무 많은 것을 요구하지 말고 핵심적인 정보를 수집하여야 한다.
- 하루 또는 이틀 시차를 두고 중요한 항목에 대한 보충 질문을 함 : 아직 답변을 듣지 못한 중요한 질문 사항이 있다면, 하루 또는 이틀이 지난 후에 면접자가 피면접자의 사무실을 자연스럽게 방문하여 질문하면 원하는 정보를 얻을 수 있는 확률이 높아질 수 있다.

4.2.2 설문조사

설문조사(survey)는 설문지(questionnaire)를 사용하여 필요한 자료를 수집하는 방법이며, 이 방법에서는 조사개념이 계량화되고 개념들 간의 상관관계가 심층적으로 분석된다. 자료는 다음과 같은 방법들을 사용하여 수집된다.[17]

- 대인면접법 (personal interview) : 면접자가 피면접자를 직접 만나서 설문지를 배포하고, 설문조사를 실시함.
- 전화면접법 (telephone interview) : 면접자가 피면접자에게 전화를 하여, 구두로 설문조사를 함.
- 우편조사법 (mail survey): 면접자가 피면접자에게 설문지를 우편으로 발송하여 서면으로 설문조사를 함.
- 인터넷 조사법 (internet survey) : 인터넷 네트워크를 이용하여 설문조사를 함.

---

17 채서일(2003), p. 225.

설문지 설계방법은 다음과 같이 요약될 수 있다.[18]

- 조사목적에 부합하는 질문항목을 간결이 구성한다(20문항 이내).
- 질문을 명확하게 작성한다.
- 응답자에게 특정한 답변을 유도하는 질문을 하지 않는다.
- 문항의 특성에 따라 질문법을 서로 다르게 설계한다.
    - '예/아니요'로 응답하는 단순질문
    - 응답이 어려운 문항은 4~5개 예시하며, 하나를 선택하거나 해당하는 예시문을 모두 선택하도록 한다.
    - 평가척도가 필요한 경우 가능하면 5점 척도를 사용한다.
    - 주관적 견해를 묻는 문항은 자유롭게 응답하도록 빈 칸을 충분히 제공한다.

설문지의 작성과정은 다음과 같다.[19]

- 필요한 정보의 결정 : 설문조사를 통해 얻어야 할 정보의 종류를 결정함.
- 자료수집 방법의 결정 : 대인면접법, 전화면접법, 우편조사법 및 인터넷 조사법 중에서 소요시간 및 비용 등을 고려하여 결정함.
- 개별항목의 내용결정 : 개별적인 질문구성을 위하여 설문지에 필요 없는 질문이 들어가는 것을 방지하여야 하며, 다음과 같은 요소들을 고려하여야 함.
    - 응답자가 필요한 정보를 알고 있는가?
    - 응답자가 그 정보를 제공해 줄 수 있는가?
    - 이 질문은 꼭 필요한 것인가?
    - 한 번의 질문으로 충분할 것인가?
- 질문형태의 결정 : 필요한 질문들의 내용들이 확정된 이후에 각 항목별 응답의 형태를 결정하며, 다음과 같은 방법이 있음.
    - 자유응답형

---

18 방용성/주윤황(2015), p. 183.
19 채서일(2003), p. 222 이하.

－ 다지선다형

－ 양자택일형

- **개별항목의 완성** : 구체적인 질문을 완성하며, 다음과 같은 사항들을 고려하여야 함.

  － 가능한 한 쉽고 명료한 단어를 이용한다.

  － 다지선다형 응답에 있어서는 가능한 한 응답을 모두 제시해 주어야 한다.

  － 응답항목들 간의 내용이 중복되어서는 안 된다(5점 척도 사용: 매우 그렇다~전혀 그렇지 않다).

  － 하나의 항목으로 두 가지 내용을 질문해서는 안 된다.

  － 설문자가 임의로 응답자들에 대한 가정을 해서는 안 된다.

  － 단어들의 뜻을 명확히 설면하여야 한다.

  － 응답자들에게 지나치게 자세한 응답을 요구해서는 안 된다.

  － 응답자가 대답하기 곤란한 질문에 대해서는 직접적인 질문을 피하도록 한다.

  － 대답을 유도한 질문을 해서는 안 된다.

  － 응답자들이 정확한 대답을 모르는 경우에는 중간 값을 선택하는 경향이 있음을 알아야 한다.

- **질문순서의 결정** : 응답자에게 질문을 제시하는 순서를 결정하며, 다음과 같은 요소들을 고려하여야 함.

  － 첫 번째 질문은 가능한 한 쉽게 응답할 수 있고, 흥미를 유발할 수 있는 것이어야 한다.

  － 응답자와 관련된 인적사항에 대한 질문은 가능한 한 뒤에 하여야 한다.

  － 질문항목 간의 관계를 고려하여야 한다.

  － 응답자가 심각하게 고려하여 응답해야 하는 성질의 질문은 위치선정에 주의하여야 한다.

- **설문지의 외형결정** : 응답자에게 배부될 완전한 형태의 설문지를 작성함.

- **설문지의 사전조사** : 설문지 초안이 완성되면, 가상적인 응답자들을 대상으로 사전조사를 실시하며, 이를 통하여 오류를 수정함.

- **설문지의 완성** : 최종 완성된 설문지를 인쇄하거나 복사함.

- **설문지의 코딩** : 설문조사가 수행된 이후 효율적인 자료 처리와 분석을 위하여 코딩(항목별로 각 응답에 해당하는 숫자나 기호를 부여하는 과정)을 함.

또한 설문항목을 개발하는 과정에서 어떤 척도(scale)를 사용할 것인가에 대하여 결정하여야 한다. 대표적인 척도를 간략히 요약하면 다음과 같다.

- **명목척도** (nominal scale) : 속성을 분류하며, 수치나 서열을 비교할 수 없는 척도(예, 성별, 종교별, 학력별)
- **서열척도** (ordinal scale) : 순서 관계 또는 서열을 구분해주지만, 간격 간의 +, - 계산은 불가능한 척도(예, 학점, 사회계층, 직위 등)
- **등간척도** (interval scale) : 순서 사이의 간격이 균등하며, +, - 계산도 가능하고 절대 값 0이 없는 척도(예, 온도, 시각, 5점 척도 등)
- **비율척도** (ratio scale) : 순서 사이의 간격이 균등하며, 절대 값 0이 있는 척도(예, 나이, 몸무게, 자녀수 등)

4.2.3 관찰법

관찰법(observation method)은 조사 대상자에게 직접 질문하지 않고 조사자의 관찰에 따라 필요한 정보를 수집하는 조사 방법이다. 예를 들면, 판매점의 재고량, 판매가격 및 점포 방문자의 수 등과 같은 자료, 특정 직무수행자의 직무관련 정보자료 및 조사 대상자의 행동 또는 행동패턴 등은 관찰에 의해 수집될 수 있다. 관찰법은 다음과 같이 분류될 수 있다.[20] 〈표 4-6〉은 관찰법과 분류기준을 보여준다.

- 자연적 관찰과 인위적 관찰
  - 자연적 관찰 : 일상적인 환경에서 일어나는 행동을 관찰함(예, 슈퍼마켓에서의 불특정 소비자 관찰).

---

20 전게서, p. 164 이하.

- 인위적 관찰 : 인위적인 행동을 유발시켜서 관찰함(예, 슈퍼마켓과 비슷한 매장을 만들어 표본으로 선발된 소비자 관찰).

● 공개적 관찰과 비공개적 관찰
 - 공개적 관찰 : 피관찰자 자신이 관찰된다는 사실을 아는 상태에서 관찰함.
 - 비공개적 관찰 : 피관찰자 자신이 관찰된다는 사실을 모르는 상태에서 관찰함.

● 체계적 관찰과 비체계적 관찰
 - 체계적 관찰 : 관찰하기 전에 미리 관찰할 행동과 기록양식을 결정하여 관찰함. 가설검증 및 결론도출에 유용함.
 - 비체계적 관찰 : 관찰할 행동과 기록양식을 결정하지 않고 관찰함. 전체적인 이해를 돕는 데 유용함.

● 직접 관찰과 간접 관찰
 - 직접 관찰 : 행동이 실제로 일어난 시점에 관찰함(예, 소비자가 음료수를 선택하는 순간에서의 관찰).
 - 간접 관찰 : 과거 행동의 결과로 나타난 물리적 흔적을 관찰함(예, 소비자들이 집에서 버리는 음료수 병 조사, 슈퍼마켓에서 남은 재고 조사).

● 인간의 관찰과 기계의 관찰
 - 인간의 관찰 : 인간이 직접 관찰함.
 - 기계의 관찰 : 기계를 통하여 관찰함. 예를 들면, 구매자의 구매행동을 직접 촬영하는 모션 픽쳐 카메라(motion picture camera), 라디오, TV 등의 청취 또는 시청 프로그램 및 시간을 자동으로 기록하는 오디메터(audimeter), 특정 제품, 문장, 사진 등을 보여주고 그에 대한 자극을 땀을 흘리는 정도로 측정하는 싸이코갈바노메터(psychogalvanometer), 동공의 움직임을 측정하는 동공 카메라(eye camera) 및 동공의 크기를 측정하는 퓨필로메터(pupilometer) 등이 있음.

표 4-6	관찰법과 분류기준
관 찰 법	분류기준
자연적 · 인위적	관찰 상황이 자연적인가 또는 인공적인가 여부
공개적 · 비공개적	피관찰자가 관찰사실을 아는가 여부
체계적 · 비체계적	의사결정문제의 확정 여부
직접 · 간접	관찰시기가 행동발생과 일치하는가 여부
인간 · 기계	관찰을 인간이 하는가 또는 기계가 하는가 여부

자료원: 채서일(2003), p. 165.

4.2.4 2차 자료

경영컨설팅 프로젝트를 수행하기 위해서 경영컨설턴트는 무엇보다도 먼저 기존의 자료를 수집하여 분석할 필요가 있다. 이러한 자료는 이미 발표되거나 출판된 자료를 말하며, 2차 자료(secondary data)라고 한다. 2차 자료수집의 원천을 살펴보면 다음과 같다.[21]

- 고 객 : 개인 소비자 또는 사용자, 기업 고객으로부터 수집되는 정보
- 경쟁기업 : 경쟁기업이 발간한 자료 및 보고서, 경쟁기업의 직원으로부터 수집되는 정보
- 해외회사 : 해외 자회사 및 해외에서 활동하는 다른 기업으로부터 수집되는 정보
- 개별적 보고서 : 시장조사 기업 및 컨설팅 기업에게 비용을 지불하여 수행한 보고서
- 전문적 연구보고서 : 산업협회 및 연구기관이 발간한 연구보고서(예를 들면, 제품별 또는 산업별 연구보고서)
- 서비스 기업 : 은행, 회계법인 등과 같은 서비스 기업이 발간한 자료 또는 보고서

---

21 박주홍(2009), p. 163 재인용; Daniels, J. D. et al.(2004), p. 394 이하; Perlitz, M.(2004), p. 170 이하.

- **정부기관** : 각 정부부처에서 발간하는 보고서 및 각종 연감
- **국제조직 및 기구** : UN, WTO, IMF 등과 같은 국제조직 및 기구에서 발간하는 보고서 및 각종 연감
- **상공회의소 및 무역협회** : 이들이 발간하는 자료, 보고서 및 각종 연감
- **정보서비스 기업** : 각종 정보에 대하여 체계적으로 데이터베이스를 구축한 기업으로부터 관련된 정보를 유료로 구입
- **인터넷** : 인터넷 검색을 통한 정보수집
- **박람회 및 전시회** : 참가 기업, 구매자(바이어), 주최 기관 및 방문객 등을 통한 정보수집

특히, 경영컨설팅을 의뢰한 기업으로부터 수집해야 하는 2차 자료는 의뢰 기업의 협조가 없이는 그 수집이 어려울 수 있다. 이러한 의뢰 기업의 내부 자료를 수집하고 분석하기 위하여 경영컨설턴트는 다음과 같은 사항을 고려하여야 한다.

- 경영컨설팅 프로젝트 시작되는 초기 단계에 관련된 자료의 리스트를 작성하고, 제출 시점을 정하여 의뢰 기업에게 요청함.
- 의뢰 기업이 제출하는 자료 중에서 기밀이 요구되는 서류 또는 문서가 있는 경우, 경영컨설턴트는 이에 대한 관리를 철저히 하여야 함.
- 의뢰 기업 제출하는 자료 중에서 수치 또는 계량적 자료가 있는 경우, 자료의 성격에 맞는 분석 방법을 찾아야 함.

PART 3

경영환경, 시장 및 경쟁환경의 변경

제3부에서는 경영환경, 시장 및 경쟁환경의 분석에 대하여 살펴본다. 제5장에서는 경영환경의 분석에 대하여 검토한다. 여기에서는 기업 내부적 및 외부적 경영환경뿐만 아니라 글로벌 경영환경의 분석에 대하여 설명한다. 제6장에서는 시장의 분석에 대하여 논의한다. 아울러 제7장에서는 경쟁환경의 분석에 대하여 구체적으로 다룬다.

경영환경의 분석

CHAPTER 05

경영환경의 분석

5.1 기업 내부적 경영환경의 분석

5.1.1 재무분석과 핵심역량분석

재무분석

재무분석(financial analysis)은 기업 내부적 경영환경의 분석을 위하여 가장 먼저 고려해야 할 사항이다. 재무분석은 재무제표분석이라고도 한다. 이와 같은 재무분석에 의해 제공되는 정보에 기초하여 관리자는 재무계획을 수립하고 효과적으로 재무통제를 함으로써 경영능률을 향상시킬 수 있게 된다. 다음과 같은 4개 주요 평가요소의 관점에서 재무분석이 이루어진다.[1] 〈표 5-1〉은 재무분석의 4개 주요 평가요소를 제시한다.

- 안정성 : 기업의 단기 지급능력을 의미하는 유동성과 경기변화에 대한 대응 능력 측정

---

[1] 주성종 외 3인(2010), p. 50 이하.

- 수익성 : 기업의 경영성과 측정
- 성장성 : 기업의 매출액이나 재산 등이 전년도보다 얼마만큼 증가 또는 감소했는지를 측정
- 활동성 : 자산운영의 효율성 또는 자산회전율을 측정

표 5-1 재무분석의 4개 주요 평가요소

구 분		정 의	분석기준
안정성	유동비율	유동자산 대비 유동부채 비율	유동비율 100% 이상을 양호한 수준으로 판단
	부채비율	총부채 대비 총자본 비율	부채비율 100% 이하를 건전한 수준으로 판단
	차입금의존도	총차입금 대비 총자산 비율	차입금의존도가 적을수록 건전한 수준으로 판단
	자기자본비율	총자본 대비 총자산 비율	자기자본비율이 증가할수록 건전한 수준으로 판단
	고정비율	고정자산 대비 총자본 비율	고정비율 100% 이하이면 안정적 수준으로 판단
수익성	매출액 경상이익률	경상이익 대비 매출액 비율	비율이 높을수록 수익성이 높음
	매출액 순이익률	당기 순이익 대비 매출액 비율	비율이 높을수록 수익성이 높음
	총자산 순이익률	당기 순이익 대비 총자산 비율	비율이 높을수록 수익성이 높음
	자기자본 순이익률	당기 순이익 대비 총자본 비율	비율이 높을수록 수익성이 높음
성장성	매출액 성장률	당기 대비 전기 매출액 비율	비율이 높을수록 성장성이 높음
	영업이익 증가율	당기 대비 전기 영업이익 비율	비율이 높을수록 성장성이 높음
	당기 순이익 증가율	당기 대비 전기 순이익 비율	비율이 높을수록 성장성이 높음
	유동자산 증가율	당기 대비 전기 유동자산 비율	비율이 높을수록 성장성이 높음
활동성	자산 회전율	매출액 대비 총자산 비율	회전율이 높을수록 활동성이 높음
	재고자산 회전율	매출액 대비 재고자산 비율	회전율이 높을수록 활동성이 높음
	자기자본 회전율	매출액 대비 총자본 비율	회전율이 높을수록 활동성이 높음
	이자보상비율	영업이익 대비 이자비용 비율	100%보다 클 경우 이자지급능력 충분

자료원: 주성종 외 3인(2010), p. 51.

핵심역량분석

핵심역량분석(core competency analysis)은 어떠한 업무를 수행함에 있어서 갖추고 있어야 할 능력 또는 역량을 분석하는 것을 의미한다. 핵심역량(core competency)은 어떤 기업이 속한 산업에서 성공하기 위한 주요 자원, 조직체계, 업무기능 및 기술력 수준 등을 의미하며, 경영컨설턴트는 이를 분석하여 현재 개선해야 할 부분이 무엇인가를 찾아야 한다. 다음과 같은 4개 주요 평가요소의 관점에서 핵심역량분석이 이루어진다.[2] 〈표 5-2〉는 핵심역량분석의 4개 주요 평가요소를 제시한다.

- 경영성과 : 의뢰 기업의 재무적인 성과 및 시장에서의 현재 위치
- 기업경쟁력 : 시장에서 인식하고 있는 의뢰 기업의 경쟁력 수준
- 기업효율성 : 시장에서의 요구사항에 대한 의뢰 기업의 효율성 수준
- 기능별 역량 : 의뢰 기업의 기능별 성과 수준

표 5-2 핵심역량분석의 4개 주요 평가요소

구 분		측정지표
경영 성과	재무회수 및 주 가치	총자본 투자효율, 차입금 평균 이자율, 부가가치율
	고객만족	주요 구매고객 비율, 주문 독촉률, 고객 반품률
	시장만족	시장점유율, 브랜드 인지도
기업 경쟁력	품 질	품질 인지도, 품질 향상률, 품질경영 수준
	원 가	목표원가 달성수준, 가격경쟁력, 매출원가율
	스피드	제품개발 사이클 타임, 납기 사이클 타임
	서비스 수준	주문 충족률, 납기준수율
	혁신 기술성	제품개발기간 단축률, 주력제품 기술수준, 핵심기술 확보
	생산성	노동생산성

---

2 전게서, p. 52 이하.

기업 효율성	효율성	생산효율성
	가동률	설비 가동률
	프로세스 시간	생산계획 수립주기, 마감 소요시간
기능별 역량	연구개발	신제품 개발비, 신제품 개발 방법론 활용수준
	구매/자재	수입검사 불량률, 구매품 납기준수율
	생 산	생산 적합성, 재공재고 정확도
	영업 및 마케팅	완제품 재고회전수, 완제품 불량재고 비율, 매출채권 회전률
	인 사	이직률, 교육훈련 시간
	회 계	결산소요시간
	경영자 능력	경영자 자질, 경영자 리더십, 경영자 기술이해도
	경영자 신뢰도	경영투명성, 법적침해 사실 여부

자료원: 주성종 외 3인(2010), p. 52 이하; 저자에 의해 일부 수정됨.

5.1.2 전략적 사업분석[3]

Better-Cheaper 매트릭스

Better-Cheaper 매트릭스(Better-Cheaper matrix)는 어떤 기업의 특정 제품의 품질수준(better quality, Y축)과 가격(cheaper price, X축)을 경쟁자의 그것들과 비교하여 전략수립의 방향을 제시하는 방법이다. 아래에서는 이러한 두 가지 축을 바탕으로 8개의 전략적 대안들을 제시하기로 한다.[4] 〈그림 5-1〉은 Better- Cheaper 매트릭스를 제시한다.

- 품질선도자전략 (quality leader strategy) : 고가/고품질
- 가격대비 우수품질전략 (best price/outcome ratio strategy) : 동일가격/고품질
- 세계챔피언전략 (world champion strategy) : 저가/고품질

---

3 박주홍(2012b), p. 234 이하 재인용.
4 Perlitz Strategy Group(2009b), p. 17.

- 소망과 기도자전략 (hope and prayer strategy) : 고가/동일품질 또는 동일가격/저품질
- 교착전략 (stalemate strategy) : 동일가격/동일품질
- 저가 동일가치전략 (same value for less money strategy) : 저가/동일품질
- 패배자전략 (loser strategy) : 고가/저품질
- 싸구려전략 (bargain-basement strategy) : 저가/저품질

그림 5-1 Better-Cheaper 매트릭스

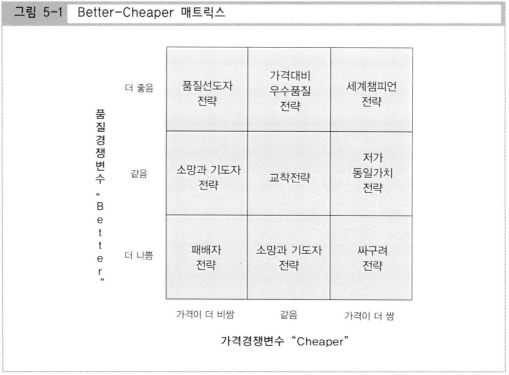

자료원: Perlitz Strategy Group(2009b), p. 17.

〈그림 5-2〉는 Better-Cheaper 매트릭스의 활용사례를 보여준다. 이 그림에 나타나 있는 X축은 경쟁자와 비교한 가격(%)이며, Y축은 품질수준이다. 이 매트릭스에는 A기업과 경쟁업체인 B기업의 위치가 각각 표시되어 있으며, 원의 크기는 매출액의 규모를 의미한다. 이 활용사례에 의하면, A기업의 가격, 품질수준 및 매출액은 경쟁업체인 B기업보다 상대적으로 불리하다.

그림 5-2 | Better-Cheaper 매트릭스의 활용사례

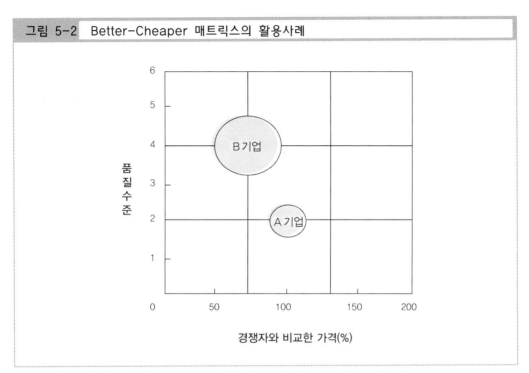

자료원: Perlitz Strategy Group(2009a), Data Analysis by StrategyPilot, Demo Version.

Better-Cheaper 매트릭스는 어떤 특정 제품의 품질 및 가격을 경쟁자의 그것들과 비교함으로써 다양한 전략적 대안을 도출할 수 장점을 갖고 있다. 또한 이 매트릭스에서는 경쟁력을 파악할 수 있는 가장 중요한 척도인 매출액을 동시에 고려할 수 있는 장점이 있다. 그러나 이 매트릭스는 품질, 가격 및 매출액의 관점에서 단순히 현재의 경쟁상황을 보여줄 뿐이며, 미래의 전략수립에 대한 구체적 방안을 제시할 수 없는 한계점을 갖고 있다.

BCG 매트릭스

기업은 사업영역계획을 위한 전략을 개발하기 위하여 사업영역포트폴리오를 이용하여 특정 사업영역상에서의 자사의 시장위치를 분석할 수 있다.[5] 가장 널리

---

5 박주홍(2007), p. 117 이하 재인용; Litke, H.-D.(1993), p. 50; 사업영역은 '경쟁의 상황에서 어떤 기업의 전략적 사업단위의 위치를 정하려는 영역 또는 공간'을 의미한다(Specht, G./Michel, K.(1988), p. 503).

알려진 사업영역포트폴리오는 보스턴컨설팅그룹(Boston Consulting Group)이 개발한 시장성장-시장점유율 매트릭스이며, 이것은 GE의 다각화 사업평가를 위해 처음으로 사용되었다. BCG 매트릭스(BCG matrix)에서는 두 가지 기준, 즉 시장성장(또는 현금유출)과 상대적 시장점유율(또는 현금유입)이 고려된다. 〈그림 5-3〉은 BCG 매트릭스를 보여준다. 이 매트릭스는 다음과 같은 네 가지 서로 다른 전략적 사업영역을 갖고 있다.[6] 괄호 속에 표시된 수치는 각 사업영역의 바람직한 매출액비율이다.

- Question Marks (Babies) : 이 사업영역에서는 제품수명주기의 도입기에 있고, 상대적 시장점유율이 1보다 작은 사업영역과 관련되어 있다(최소 10%). 상황에 따라 증대전략(build), 수확전략(harvest)과 철수전략(divest) 또는 청산전략(liquidate)을 선택적으로 추구할 수 있다.
- Stars : 이 사업영역은 제품수명주기의 성장기에 있다. 또한 높은 시장성장과 1보다 큰 상대적 시장점유율을 갖고 있다(30% 내외). 유지전략(hold)과 증대전략(build)을 사용한다.
- Cash Cows : 이 사업영역은 제품수명주기의 성숙기에 있고, 1보다 큰 상대적 시장점유율을 갖고 있다(40~50%). 유지전략(hold)을 선택한다.
- Dogs : 이 사업영역은 제품수명주기의 쇠퇴기에 있고, 1보다 작은 상대적 시장점유율을 갖고 있다(10~20%). 수확전략(harvest)과 철수전략(divest) 또는 청산전략(liquidate)을 추구한다.

---

6 Perlitz, M.(2004), p. 45; Nieschlag, R./Dichtl, E./Hörschgen, H.(1988), p. 875 이하; 상대적 시장점유율은 일반적으로 어떤 한 기업의 시장점유율과 그 기업의 가장 강력한 3개의 경쟁기업과의 시장점유율을 비교한 값으로 결정된다.

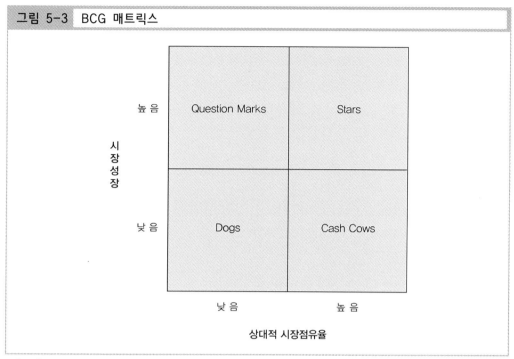

그림 5-3   BCG 매트릭스

자료원: Boston Consulting Group

 전략적 관점에서 볼 때, BCG 매트릭스상의 네 가지 사업영역은 다음과 같은 서로 다른 의미를 갖는다.

 'Question Marks(Babies)'의 사업영역에 있어서 일반적으로 기업은 성공적인 신제품을 시장에 도입하기 위하여 막대한 연구개발자금을 필요로 한다. 'Stars'의 사업영역에 있어서는 생산원가를 계속적으로 낮추는 것이 필요하다. 이러한 관점에서 생산계획과 공정혁신이 중요한 의미를 갖는다. 'Cash Cows'에 해당되는 사업영역을 위해서 기업은 마케팅활동에 자금을 투자하는 것이 바람직하다. 또한 이 사업영역에서 획득된 이윤은 신제품개발을 위한 자금으로 활용되어야 한다.[7] 'Dogs'의 사업영역은 낮은 시장성장과 낮은 상대적 시장점유율을 나타내기 때문에 장기적 관점에서 볼 때, 포트폴리오로부터 제거하는 것이 의미가 있다. 즉, 이 사업영역의 투자회수가 필요하다.[8]

---

7 Perlitz, M. et al.(1995), p. 26.

8 Nieschlag, R./Dichtl, E./Hörschgen, H.(1988), p. 879.

BCG 매트릭스의 본질적인 장점은 단순한 기본구조와 처리가능성 및 편리한 이해가능성 등이다.[9] 이러한 장점에도 불구하고, 이 방법은 다음과 같은 비판을 받고 있다.[10] 두 개의 기준, 즉 시장성장과 시장점유율에 기초하여 전략적 사업영역이 평가되기 때문에 실제의 상황을 있는 그대로 반영했다고 볼 수 없다. 실제에 있어서는 사업영역의 성공에 영향을 미칠 수 있는 제품품질, 마케팅활동 및 투자강도 등과 같은 수많은 다른 요인들이 있다.

GE 매트릭스

GE 매트릭스(General Electric matrix)는 사업부강점(business unit strength)을 X축으로, 산업매력도(industry attractiveness)를 Y축으로 설정하여 기업의 전략적 사업영역을 분석하는 도구이다. 이것은 GE의 다각화사업을 전략적으로 평가하기 위하여 *맥킨지*(*McKinsey*)에 의하여 개발되었기 때문에 GE/맥킨지 매트릭스라고도 한다.[11] GE 매트릭스의 두 가지 축을 각각 살펴보면 다음과 같다.

- 사업부강점(또는 기업경쟁력): 시장점유율, 시장점유율의 성장, 브랜드 강점, 수익성, 유통경로의 접근가능성, 생산용량 등
- 산업매력도(또는 시장매력도): 시장규모, 시장성장률, 수요가변성, 시장수익성, 산업라이벌관계, 글로벌 기회, 거시적 환경요인(PEST) 등

〈그림 5-4〉는 GE 매트릭스를 제시한다. 이 매트릭스에 나타나 있는 9개의 전략을 구체적으로 설명하면 다음과 같다.

- 투자/성장전략(invest/growth): 성장, 선도적 위치구축 및 투자극대화
- 선택적 성장전략(selective growth)(1): 세분시장별 시장선도자의 잠재성평가, 자사의 약점파악 및 강점추구
- 선택적 성장전략(2): 성장 가능한 세분시장 확인, 투자증대 및 유지전략

---

9 Macharzina, K.(1993), p. 279.
10 Nieschlag, R./Dichtl, E./Hörschgen, H.(1988), p. 879.
11 Collins, D. J./Montgomery, C. A.(1999), p. 1 이하.

- **선택전략** (selection) (1) : 사업부특화, 틈새시장공략 및 인수전략
- **선택전략** (2) : 성장 가능한 세분시장의 확인, 사업부특화 및 선택적 투자
- **선택전략** (3) : 유지전략, 현금흐름관리 및 유지전략을 위한 투자
- **수확/철수전략** (harvest/divest) (1) : 사업부특화, 틈새시장공략 및 시장철수
- **수확/철수전략** (2) : 제품라인의 강화, 투자최소화 및 청산조직의 구성
- **수확/철수전략** (3) : 시장철수 또는 청산시점의 결정

그림 5-4 GE 매트릭스

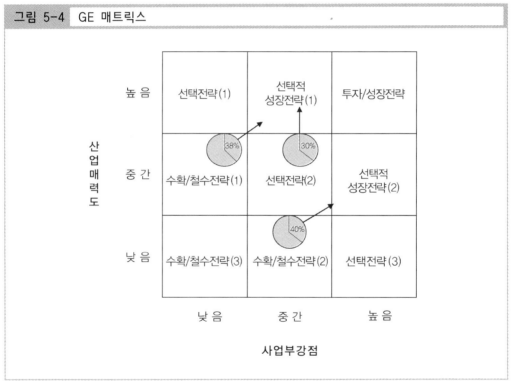

- 원의 크기: 시장규모.
- 파이의 크기: 전략적 사업단위의 시장점유율(%).
- 화살표: 전략적 사업부(사업단위 또는 사업영역)의 방향.
자료원: McKinsey; Collins, D. J./Montgomery, C. A.(1999).

GE 매트릭스롤 활용하여 기업은 사업부 또는 사업영역의 전략적 위치를 비교
적 간편하게 파악할 수 있다. 이 매트릭스는 4개의 셀(cell)로 이루어진 BCG 매트
릭스와는 달리 9개의 셀로 구성되어 있기 때문에 보다 정교한 사업부평가가 가능

하다. 즉, 사업부강점과 산업매력도를 파악하면 매우 간편하게 전략을 수립할 수 있는 장점이 있다. 그러나 사업부에 대한 성공적인 포트폴리오분석을 위해서는 제품 또는 제품계열 등을 종합적으로 분석하여야 하기 때문에 시간이 많이 걸리는 단점이 있다.

5.2 기업 외부적 경영환경의 분석

5.2.1 PEST 분석

PEST 분석(PEST analysis)은 기업 외부적 경영환경의 분석하기 위하여 기업이 직면하고 있는 정치적·법적(political-legal), 경제적(economic), 사회문화적(sociocultural) 및 기술적(technological) 환경요인을 파악하는 것을 말한다. 이러한 분석은 국내뿐만 아니라 해외국가를 대상으로 수행될 수 있다(PEST는 4개의 환경요인의 영문 앞글자만을 따서 만든 용어임).

PEST 분석은 무엇보다도 기업이 통제 불가능한 네 가지 환경요인의 분석에 초점을 두고 있다. 분석의 결과는 기업의 전략 수립과 관련하여 위협 또는 기회요인으로 고려되어야 한다. 이 분석에서는 각각의 PEST 환경요인들의 하위요소 또는 항목들이 평가의 대상이 된다. 그러므로 평가자는 기업의 전략과 목표 등을 고려하여 평가항목을 선정하여야 한다. PEST 환경요인과 관련된 다양한 평가항목들이 있지만, 최소한 다음과 같은 평가항목들은 가능한 한 우선적으로 분석되어야 한다.[12]

- 정치적·법적 환경요인 : 정치적 안정성, 무역정책 및 규제, 경쟁관련법, 무역관련법, 노동 및 고용관련법, 조세법 등
- 경제적 환경요인 : 경제성장률, 국민 총생산, 1인당 국민소득, 환율, 인플레이션, 금리 및 통화정책 등

---

12 박주홍(2012b), p. 226 이하 재인용; 설증웅/조민호(2006), p. 58 이하.

- 사회문화적 환경요인 : 인구통계적 변수, 소득분포, 교육수준, 생활양식, 가치관 등
- 기술적 환경요인 : 정부의 연구개발 지원정책 및 지원투자, 과학기술정책, 기술이전, 새로운 발명 및 개발, 국내외 특허보유건수, 산업클러스터의 존재 등

PEST 분석은 거시적 환경분석을 통하여 어떤 국가의 위협 및 기회요인을 비교적 간편하게 파악할 수 있는 장점이 있다. 그러나 각 요인별 주요 평가항목이 잘못 선정되는 경우에는 정확한 환경분석이 어려우며, 각 요인 간의 구체적인 관련성을 파악하기 힘든 단점이 있다. 또한 각 요인별 주요 평가항목들은 정성적 항목과 정량적 항목을 공통적으로 포함하고 있기 때문에 자료의 수집과 분석에 있어서 일관성이 떨어지고 복잡성이 증대되는 단점이 있다.

5.2.2 시나리오 분석

시나리오 분석(scenario analysis)은 현재의 기업상황에 영향을 미칠 수 있는 대안적인 미래의 시나리오를 작성하여 의사결정에 이용하는 방법이다.[13] 글로벌화 전략 수립의 관점에서 볼 때, 먼저 어떤 전략적 계획에 영향을 미칠 수 있는 기업 내부적이고 기업 외부적인 정보가 수집되며, 수집된 정보는 시나리오에 요약된다. 아울러 시나리오는 지금까지 알려지지 않은 전략적 대안들을 발견하는 데 도움이 되어야 한다. 시나리오 분석은 다음과 같은 8단계로 구성되어 있다.[14]

- 조사분야의 정의와 분류
- 조사분야에 영향을 미치는 가장 중요한 요인(또는 영역)의 확인 및 구조화
- 조사영역의 상황전개 및 결정적 요인의 확인
- 대안적인 영역별 시나리오의 작성 및 선택

13 박주홍(2007), p. 116 이하 재인용; Macharzina, K.(1993), p. 629; Welge, M. K./Al−Laham, A. (1992), p. 139; Nieschlag, R./Dichtl, E./Hörschgen, H.(1988), p. 868.
14 Nieschlag, R./Dichtl, E./Hörschgen, H.(1988), p. 807; von Reibnitz, U.(1981), p. 38.

- 선택된 영역별 시나리오의 해석
- 주요 방해요인의 작용에 대한 분석
- 조사분야에 대한 시나리오의 완성 및 결과의 도출
- 기업을 위한 수단의 강구 및 계획의 수립

시나리오 분석은 미래의 상황들을 분석하기 위한 방법이다. 또한 각 시나리오는 전략적 대안과 결합될 수 있다. 이 기법은 서로 다른 미래의 전개상황이 검토될 수 있고, 각 상황별로 대안이 제시될 수 있는 장점을 갖고 있다. 그러나 시나리오 변수들의 미래의 전개상황은 주관적 평가에 달려 있기 때문에 시나리오는 단지 예측모델로서의 의미를 갖는 단점이 있다.[15] 그러므로 시나리오는 발생 가능한 기회잠재성 및 위험잠재성을 제시하는 데만 도움을 줄 뿐이다.

5.3 기업 내부적 및 외부적 경영환경의 통합적 분석

SWOT 분석(SWOT analysis)은 기업의 내부요인을 대변하는 강점(Strengths)과 약점(Weaknesses), 그리고 기업의 외부요인을 반영하는 기회(Opportunities)와 위협(Threats)을 동시에 통합적으로 분석하여 전략적 계획을 수립하는 방법이다. 이 분석방법은 TOWS 매트릭스라고도 하며, WOTS-UP 분석을 더욱 체계적으로 발전시킨 것이다.[16]

SWOT 분석에서는 내부분석에서 도출한 강점과 약점, 외부분석에서 파악한 기회와 위협을 하나의 매트릭스에 결합하여 기업의 총체적 환경상황을 평가하고, 이를 기초로 하여 전략적 계획을 수립하게 된다. 〈표 5-3〉은 SWOT 매트릭스를 보여준다. 이 표에는 SO 전략, WO 전략, ST 전략 및 WT 전략 등과 같은 4개의 전략적 대안들이 제시되어 있다.

---

15 Brockhoff, K.(1994), p. 133.
16 박주홍(2012b), p. 242 이하 재인용; David, F. R.(1989), p. 209 이하.

표 5-3	SWOT 매트릭스	
외부요인　　내부요인	강 점 (S)	약 점 (W)
기 회 (O)	강점사용－기회활용 SO 전략	약점극복－기회활용 WO 전략
위 협 (T)	강점사용－위협회피 ST 전략	약점극복－위협회피 WT 전략

자료원: Weihrich, H.(1982), p. 60.

SWOT 분석에서는 다음과 같은 전략적 차원(strategic dimensions) 또는 전략적 기준(strategic criteria)들을 고려하여 내부요인과 외부요인을 분석한 후 전략적 계획을 수립하는 것이 바람직하다.

- 발전방향 및 자원활용 : 성장전략(투자), 안정전략(유지) 및 축소전략(철수)
- 제품 및 시장의 결합 : 시장침투, 시장개발, 제품개발 및 다각화
- 부가가치사슬 : 전방 및 후방통합, 다각화의 형태 및 가치사슬의 다양한 결합
- 시장범위 : 틈새시장, 전체시장 및 글로벌화
- 경쟁전략 : 비용(원가)선도자, 차별화전략 및 하이브리드(혼합)전략
- 혁신전략 : 선도자 또는 추종자전략
- 기능영역전략 : 마케팅, 생산, 연구개발, 재무, 인적자원 및 투자 등과 같은 기능영역전략
- 조 직 : 조직과 전략의 효율적 결합

〈표 5-4〉는 유럽연합(EU)에 있는 어떤 식품기업의 SWOT 분석의 사례를 제시한다. 이 표에 나타나 있는 바와 같이, 내부요인(강점과 약점)과 외부요인(기회와 위협)에 대한 분석결과를 바탕으로 모두 8개의 전략적 대안들이 제시되었다. 각 전략적 대안들은 괄호 속에 표시된 관련요인 간의 결합(예를 들면, S2/S3/O2)을 통하여 도출되었다.

표 5-4	SWOT 분석의 사례	
내부요인 외부요인	강 점 (S) 1. 풍부한 자금보유 2. 연구개발 3. 종업원의 동기부여	약 점 (W) 1. 남태평양지역에서의 높은 인건비와 약한 마케팅 2. 남유럽지역의 고장가동률이 65%로 저조
기 회 (O) 1. 남태평양지역의 개인소득 연 12% 증가 2. 세계적인 건강에 대한 관심고조 3. 중국과의 무역협정	SO 전략 • 새로운 건강제품의 개발(S2/S3/O2) • 중국에서 강력한 경쟁력을 보유한 홍콩의 식품업체의 인수(S1/O3)	WO 전략 • 일본기업과의 합작투자(W2/O1) • 중국으로의 공장이전(W1/O2/O3)
위 협 (T) 1. 유럽연합(EU)에서의 법적 규제의 증가 2. 새로운 해외경쟁자 3. 식품산업에서의 이윤감소	ST 전략 • 광고비의 대폭적 증가(S1/T2) • 전통적 식품분야를 위한 새롭고 혁신적인 제품의 개발(S2/S3/T3)	WT 전략 • 남유럽지역의 이윤이 저조한 공장 폐쇄(W2/T1) • 비식품분야의 다각화(W1/T3)

자료원: Lombriser, R./Abplanalp, p. A.(1998), p. 188.

SWOT 분석은 기업의 내부요인과 외부요인을 종합적으로 평가하여 전략적 계획을 수립하기 때문에 보다 현실적이고 실행가능성이 높은 대안을 제시할 수 있을 뿐만 아니라, 수많은 기업의 환경요인들을 4개의 개념으로 단순화하여 전략을 명료하게 제시할 수 있는 장점도 갖고 있다. 하지만 이 분석방법은 평가자의 주관적인 판단에 근거하여 환경을 분석하고, 전략을 도출하기 때문에 객관성이 다소 떨어질 수 있는 문제점을 내포하고 있다. 또한 국내외 경영전반에 대한 평가자의 지식 또는 실무능력이 부족한 경우, 이 분석방법은 환경상황을 정확하게 평가하기 어려운 단점을 지니고 있다.

5.4 글로벌 경영환경의 분석[17]

5.4.1 국가포트폴리오 매트릭스

글로벌 경영환경의 분석은 글로벌 기업의 해외진출뿐만 아니라 마케팅 및 생산 등과 같은 다양한 분야의 의사결정을 위해서도 중요한 의미를 갖는다. 또한 어떤 글로벌 기업이 외국기업과의 전략적 제휴와 합작투자를 하려는 경우에도 현지국에 대한 글로벌 경영환경의 분석이 요구된다. 특히, 현지국에 대한 정보수집과 분석은 해외시장의 개척과 해외직접투자를 위한 가장 중요한 전제조건이다.[18]

BCG 매트릭스와 유사한 원리로 *펠리츠 (Perlitz)*는 국가포트폴리오 매트릭스 분석방법(country-portfolio matrix analysis)을 개발하였다.[19] 이 매트릭스는 국가별 환경분석을 통하여 국가별 경쟁력 또는 안정성을 쉽게 파악할 수 있도록 하였으며, 여기에서는 이윤기회지수와 위험지수를 두 가지 축으로 하여 여러 국가들을 분류하였다.

*펠리츠*는 그의 국가포트폴리오 매트릭스에서 46개의 국가를 Baby, Star, Cash Cow 및 Dog 등과 같은 4개의 범주로 분류하였다. 그는 이러한 분류를 위하여 인구구조, 정치적 안정성 및 제품패턴 등과 같은 3개의 요인을 사용하였다. 논리적으로 100% 일치하지는 않지만, BCG 매트릭스의 두 가지 축인 시장성장률(현금유출)과 상대적 시장점유율(현금유입)은 국가포트폴리오 매트릭스의 이윤기회지수와 위험지수로 각각 비교될 수 있다.

〈그림 5-5〉는 국가포트폴리오 매트릭스를 제시한다. 이 표에 나타나 있는 바와 같이, 글로벌 기업은 어떤 국가의 이윤기회지수와 위험지수를 고려한 매트릭스에서 환경분석 대상국가의 위치를 파악할 수 있다. 이 매트릭스에서 분류한 4개의 범주는 다음과 같이 분류될 수 있다.

---

17 박주홍(2012b), p. 205 이하 재인용.
18 Park, J.−H.(1999), p. 273 이하; Segler, K.(1986), p. 55 이하; Perlitz, M.(1985), p. 11 이하; Perlitz, M.(1978), p. 175 이하.
19 Perlitz, M.(1985), p. 25.

그림 5-5   국가포트폴리오 매트릭스(country-portfolio matrix)

위험지수 / 이윤기회지수	1	2	3	4
4				아르헨티나 볼리비아 에콰도르 멕시코 페루 이란 모로코 파키스탄 케냐 자이레
3		한국	프랑스 그리스 아일랜드 이탈리아 포르투갈 스페인 콜롬비아 태국 이스라엘 터키 아이보리코스트	브라질 칠레 베네수엘라 홍콩 필리핀 이집트 인도 나이지리아
2	서독 네덜란드 영국 캐나다 타이완	벨기에 덴마크 스웨덴 호주 말레이시아 사우디아라비아	남아공	
1	스위스 미국 일본 싱가포르			

이윤기회지수

─ 지수: 1(매우 유리함), 2(유리함), 3(불리함), 4(매우 불리함).
─ 국가명은 연구 당시의 것임.
자료원: Perlitz, M.(1985), p. 25.

- Star 국가 : 이윤기회지수(1, 2), 위험지수(1, 2)
- Cash Cow 국가 : 이윤기회지수(1, 2), 위험지수(3, 4)
- Baby 국가 : 이윤기회지수(3, 4), 위험지수(1, 2)
- Dog 국가 : 이윤기회지수(3, 4), 위험지수(3, 4)

국가포트폴리오 매트릭스의 장점은 어떤 글로벌 기업이 진출하려는 국가에 대한 평가를 4개의 범주로 나누어 매우 간편하게 할 수 있다는 것이다. 그러나 이 매트릭스에 제시되어 있는 이윤기회지수와 위험지수가 구체적으로 어떤 세부적인 환경요인들을 포함시키고 있는지에 대한 정확한 설명이 부족한 것이 단점으로 지적될 수 있다.

5.4.2 사업환경 위험지수

사업환경 위험지수(Business Environment Risk Index, BERI)는 4.1.1에서 설명한 그리드를 활용하여 지수를 산출한 후, 이를 기초로 하여 국가별 글로벌 경영환경을 분석하는 방법이다. 이것은 운영 위험지수(Operations Risk Index, ORI)와 정치적 위험지수(Political Risk Index, PRI) 등과 같은 부분지수를 포함하고 있다.[20]
〈표 5-5〉는 터키의 운영 위험지수의 산출사례(2003년 8월 기준)를 보여준다. 이 표에 제시되어 있는 바와 같이, 운영 위험지수는 총 15개의 기준으로 평가되었으며, 평가점수는 0점부터 4점까지의 척도로 부여되었다. 아울러 15개의 평가기준에 각각 가중치가 부여되었으며, 가중치의 합은 총 25점이다. 터키의 운영 위험지수는 100점 만점에 총 38.10점으로 나타났다.

---

20 Perlitz, M.(2004), p. 177.

표 5-5	터키의 운영 위험지수의 산출사례		
평가기준	평가점수	가중치	점수
1. 정치적 안정성	1.1	3.0	3.30
2. 해외투자자와 이윤에 대한 태도	2.1	1.5	3.15
3. 국유화	2.1	1.5	3.15
4. 인플레이션	1.1	1.5	1.65
5. 국제수지	1.8	1.5	2.70
6. 관료주의장벽	1.8	1.0	1.80
7. 경제성장	1.6	2.5	4.00
8. 통화태환성	1.1	2.5	2.75
9. 계약의 실행가능성	2.0	1.5	3.00
10. 인건비/생산성	2.2	2.0	4.40
11. 현지의 전문가 및 협력업체의 이용가능성	2.2	0.5	1.10
12. 통신/수송	2.0	1.0	2.00
13. 현지의 경영자 및 파트너	2.1	1.0	2.10
14. 단기적 금융의 이용가능성	0.8	2.0	1.60
15. 장기적 금융의 이용가능성 및 자기자본	0.7	2.0	1.40
최고 점수: $4 \times 25 = 100$점		25.0	총 38.10점

- 척도: 0(매우 나쁨), 1(나쁨), 2(보통), 3(좋음), 4(매우 좋음).
자료원: Perlitz, M. (2004), p. 179.

운영 위험지수(Operations Risk Index, ORI)는 다음과 같은 4개의 평가등급에 의해 최종적으로 평가될 수 있다. 이 평가등급에 의하면, 터키의 운영 위험지수는 38.10점으로 4등급에 해당되기 때문에 투자가 불가능한 국가로 평가된다.

- 1등급 : 71점 이상(안정된 국가)
- 2등급 : 56~70점(약간의 위험이 있는 국가)
- 3등급 : 41~55점(높은 위험이 있는 국가)
- 4등급 : 40점 이하(투자가 불가능한 국가)

운영 위험지수는 의사결정 보조수단으로서 환경분석 대상국가와 관련된 중요한 요인들을 거의 대부분 고려할 수 있는 장점이 있다. 그러나 이 방법은 일부 평가기준들이 독립적이지 않기 때문(예를 들면, 인플레이션, 국제수지 및 경제성장 등은 밀접한 관련이 있으므로 상호 종속적임)에 평가점수 또는 가중치를 중복적으로 부여할 수 있는 가능성이 있을 뿐만 아니라, 총점이 극단적인 부분점수(최대 또는 최소)를 무시할 수도 있는 단점이 있다. 예를 들면, 어떤 국가의 운영 위험지수가 총 85점으로 나타났다면 '안정된 국가'로 평가된다. 그러나 평가기준의 하나인 '정치적 안정성'이 0점으로 극단적으로 낮게 나타났다면, 이 국가의 사업환경은 매우 나쁜 것으로 판단하여야 한다.

정치적 위험지수(Political Risk Index, PRI)는 어떤 국가의 사회 및 정치적 안정성 등과 관련된 10개의 평가기준들을 포함하고 있다. 평가방법은 운영 위험지수와 비슷하지만, 여기에서는 0부터 7까지의 척도(0 = 문제점이 전혀 없음, 7 = 문제점이 매우 많음)가 사용된다. 이 방법의 장점과 단점은 앞서 살펴본 운영 위험지수의 그것과 유사하다. 정치적 위험지수와 관련된 10개의 평가기준들은 다음과 같다.

- 정당의 상태
- 언어 및 종교
- 탄압수단
- 국민의 성향
- 사회적 상황
- 좌경화의 정도
- 권력에 대한 종속성
- 지역적 정치력의 영향
- 사회적 갈등
- 정치적 불안정

5.4.3 Manager Magazin(MM) 국가테스트

독일의 저명한 경제잡지인 《Manager Magazin》과 함부르크의 ITE연구소 (Ingenieurgesell schaft Torsten Erdmann mbH)가 1982년에 공동으로 개발한 국가테스트는 방법적으로 사업환경 위험지수와 비슷하며, 약 250명의 전문가들에 의하여

평가기준들이 국가별로 평가되었다.[21]

MM 국가테스트는 총 30개의 평가기준들을 포함하고 있으며, 정치경제적 상황 (8개), 국내경제(11개), 대외경제(11개) 등과 같은 3개의 주요 변수로 구성되어 있다. 이 방법에서 3개의 주요 변수는 각각 100점 만점이며, 총점은 300점이다. 그리고 각 평가기준에 최소점수와 최대점수가 부여되는데, 이러한 점수 부여방식은 가중치 부여의 효과를 갖는다. 이 평가방법에서는 높은 점수를 받을수록 안정된 국가로 평가된다. 〈표 5-6〉은 MM 국가테스트의 평가기준을 제시한다.

표 5-6 | MM 국가테스트의 평가기준

정치경제적 상황 (100점)	국내경제 (100점)	대외경제 (100점)
정치체제의 안정성 내부적 위협요소 외부적 위협요소 경제질서 경제파트너로서의 국가 법적 안정성 행정력 노동환경/사회적 만족	인구상황 구매력 경제발전정도 성장전망 인플레이션 국내자본시장 노동력 잠재성 외국인의 취업가능성 에너지 이용가능성 환경보호부과금 교통/통신시스템	수입정책 수출가능성 외국투자자의 제한 상표 및 제품보호 투자참여 부과금 자본유통 통화정책 국제수지 에너지수입의 종속성 국제적 지불능력 통화태환성

이 방법은 정치경제적 상황, 국내경제 및 대외경제를 포괄하는 다양한 평가기준들이 수많은 전문가들에 의해 평가되었기 때문에 비교적 신뢰성이 높은 장점을 갖고 있다. 그러나 국가환경분석에서 가장 중요한 평가기준에 속하는 인건비와 생산성이 평가에 포함되지 않은 것과 주요 변수 간 또는 주요 변수 내에 중복적인 성격을 가진 평가기준이 포함된 것(예를 들면, 인플레이션, 자본유통, 통화정책 및 국제수지 등과 같은 평가기준)은 단점으로 지적될 수 있다.

21 Manager Magazin(1982).

CHAPTER 06

시장의 분석

시장의 분석

6.1 마케팅조사의 과정[1]

마케팅조사의 과정은 〈그림 6-1〉에 제시되어 있는 바와 같이 5단계로 구성되어 있다. 이론적으로 볼 때, 국내 마케팅조사의 과정은 조사의 대상만 다를 뿐이며 글로벌 마케팅조사와 동일하다. 또한 마케팅조사는 기업의 마케팅 관리자가 수행할 수 있을 뿐만 아니라, 의뢰 기업의 요구에 따라 경영컨설턴트가 수행할 수도 있다. 이러한 5단계를 거침으로써 마케팅조사가 체계적으로 수행될 수 있다.

---

1 박주홍(2013), p. 101 수정 재인용.

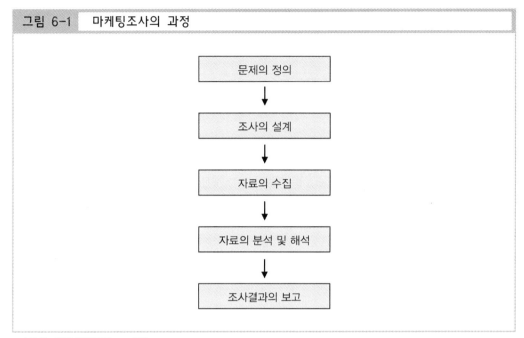

그림 6-1 | 마케팅조사의 과정

자료원: 박주홍(2013), p. 102.

6.1.1 문제의 정의

문제의 정의(problem definition)는 마케팅과 관련하여 해결되어야 할 문제를 명확히 규정하는 것이다. 즉, 마케팅과 관련된 문제를 파악한 후에 구체적인 조사과정이 시작된다. 문제의 정의는 향후의 조사과정에서 요구되는 시간과 비용에 직접적으로 영향을 미치기 때문에 매우 구체적으로 이루어져야 한다.

보다 효과적인 문제의 정의를 위하여 다음과 같은 측면들이 고려되어야 한다.

- 문제의 범위설정 : 문제를 정의할 때 그 범위가 광범위하면 조사시간이 오래 걸리고 비용이 많이 들 수 있으며, 반면에 그 범위가 너무 좁으면 필요한 조사결과가 획득되지 않을 수도 있다.
- 의사결정자의 직위 : 마케팅조사가 기업에 의해 수행되는 경우에 있어서 최고경영층 또는 상위경영층은 전략적인 문제를 고려하며, 중하위경영층은 운영적인 문제에 집중하는 경향이 있다.

- 문화적 차이 : 마케팅조사가 글로벌 관점에서 수행되는 경우에 있어서 국가
  별 또는 지역별 문화적 차이에 따라 문제를 보는 시각이 다를 수 있다.

6.1.2 조사의 설계

조사의 설계(research design)는 조사프로젝트를 수행하고 통제하기 위한 구체적
인 방안을 제시하는 것이다. 조사의 설계에 있어서 가장 중요한 것은 시간과 비
용을 절감하고, 조사의 효율성을 증대시키는 것이다. 조사의 설계는 다음과 같은
네 가지 주요 활동과제를 포함한다.[2]

- 규정된 문제에 대한 종합적인 검토 : 조사목적, 연구문제 및 연구가설 등에 대
  한 검토
- 조사골격 (research framework)의 설정 : 조사방법, 자료수집의 절차 및 기법 등
  에 대한 결정
- 예산편성과 조사일정의 확정 : 인원, 시간 및 비용을 고려한 예산편성 및 조사
  일정의 확정
- 조사설계의 평가 : 신뢰성, 타당성 및 결과의 일반화 가능성 등을 기준으로
  평가

특히, 글로벌 마케팅조사는 여러 국가 또는 지역을 대상으로 이루어지기 때문
에 수집하여야 할 자료의 유형을 결정하는 것이 중요하다. 자료는 앞에서 살펴본
바와 같이 1차 자료와 2차 자료로 구분되며, 이러한 자료의 유형에 따라 조사의
설계가 이루어진다(제3장 3.2.3 및 제4장 4.2 참고). 2차 자료는 신속하게 수집될 수
있고 1차 자료에 비해 시간과 비용이 적게 소요되는 반면, 1차 자료는 자료의 정
확성, 적합성 및 시의적절성 등의 측면에서 볼 때 2차 자료보다 우수하지만 자료
의 수집 비용 및 시간이 많이 드는 단점이 있다. 또한 1차 자료의 수집은 2차 자
료의 수집보다 조사의 설계가 더욱 복잡하다. 왜냐하면 1차 자료의 수집에서는

---

2 채서일(2003), p. 47.

조사방법, 응답자 접촉방법, 표본추출 및 측정도구 등이 결정되어야 하기 때문이다.[3]

6.1.3 자료의 수집

자료의 수집(data collection)은 앞서 논의한 조사의 설계에 기초하여 이루어진다. 아래에서는 글로벌 마케팅조사에서 발생할 수 있는 2차 자료수집과 1차 자료수집의 문제점을 중심으로 살펴보기로 한다.

글로벌 시장의 관점에서 볼 때, 2차 자료는 경제발전의 정도와 문화적 배경이 서로 다른 국가와 지역으로부터 수집되기 때문에 다음과 같은 문제점을 내포하고 있다.[4]

- 자료의 이용가능성 (availability of data) : 국가 및 지역에 따라 필요로 하는 2차 자료가 없는 경우가 있다. 예를 들면, 세부적인 통계자료를 수집하는 정부기관이 없는 국가가 있을 수 있고, 통계조사를 하더라도 필요한 자료의 활용이 불가능한 경우도 있다. 이러한 현상은 주로 후진국 및 개발도상국에서 발견된다. 만일 필요로 하는 자료를 어떤 현지 국가에서 수집할 수 없는 경우에는 글로벌 기업 또는 경영컨설턴트는 직접 또는 조사대행 기관을 통하여 자료를 수집하여야 한다.
- 자료의 발생시기 (age of data) : 글로벌 기업이 요구하는 자료가 현지 국가에서 이용가능할지라도 자료의 발생시기가 다를 수 있다. 즉, 국가에 따라 조사의 시점과 횟수가 일치하지 않기 때문에 자료의 발생시기가 달라지는 상황이 초래될 수 있다.
- 자료의 정확성 (accuracy of data) : 자료의 정확성은 자료의 신뢰성과 관련되어 있다. 국가에 따라 통계수치가 조작되거나 자국에 유리하게 과장되어 발표되기도 한다. 일반적으로 선진국에서의 통계조사는 국가의 예산지원과 체계

---

3 문병준 외(2007), p. 90.
4 Kotabe, M./Helsen, K.(2008), p. 202 이하; Gillespie, K./Jeannet, J.−P./Hennessey, H. D.(2004), p. 175 이하.

적인 과정을 거쳐서 수행되기 때문에 그 결과를 신뢰할 수 있지만, 후진국 또는 개발도상국에서의 통계조사는 전문가와 예산의 부족으로 인하여 그 정확성이 떨어질 가능성이 매우 높다.

- 자료의 비교가능성 (comparability of data) : 글로벌 기업이 서로 다른 여러 국가의 2차 자료를 비교하는 경우에 있어서 각 국가의 자료수집의 방식 및 표시방법 등에 따라 국가 간 직접 비교가 어려울 수 있다. UN, IMF, WTO 등과 같은 국제기구에서 직접 수집하여 제공하는 2차 자료는 이러한 문제점을 거의 발생시키지 않지만, 각 국가의 정부기관에서 발표한 2차 자료는 가끔 국가 간 직접 비교를 어렵게 만들기도 한다.

1차 자료의 수집과 관련하여 글로벌 마케팅조사자 또는 경영컨설턴트는 다음과 같은 문제에 직면할 수 있다.[5]

- 응답의 비협조성 (unwillingness to respond) : 국가에 따라 설문조사 또는 인터뷰에 비협조적인 응답자가 있을 수 있다. 특히, 현지인이 어떤 특정 국가 또는 외국인 조사자에 대하여 반감이나 적대감을 갖고 있는 경우에는 설문조사 또는 인터뷰가 불가능한 상황이 나타날 수 있다. 또한 응답에 있어서 남성과 여성 간의 차이가 있을 수 있다. 예를 들면, 이슬람 문화권에서는 여성이 남성보다 응답을 더 꺼리는 경향이 있다. 이와 같은 문제점이 발생하는 경우에는 현지인 조사자 또는 여성 조사자를 활용하여 조사를 수행하여야 한다.

- 실증조사에서의 표본추출 (sampling in field surveys) : 조사방법이 정해지고, 설문지가 완성되고 나면 구체적인 조사대상자를 선정하여야 한다. 조사대상자의 선정방법은 조사대상자들이 속해 있는 집단 전체를 조사하는 전수조사와 그 중에서 일부분을 대상으로 조사하는 표본조사가 있다. 표본추출은 여러 가지 표본추출방법을 사용하여 조사대상 집단 전체에서 조사대상자를 선정하는 것이다. 실증조사에서의 표본추출의 문제는 글로벌 기업이 조사하려는

5 Cateora, p. R.(1993), p. 348 이하.

국가에 따라 표본의 대표성이 현저하게 차이가 나는 경우에 발생한다.

- **문화 간 연구** (cross-cultural studies) : 글로벌 마케팅활동은 서로 다른 문화적 배경을 가진 국가 또는 지역에서 수행되기 때문에 1차 자료의 수집에 있어서 조사자는 조사대상국 간의 문화의 차이를 이해하는 것이 중요하다. 즉, 설문조사 또는 인터뷰가 여러 국가의 조사대상자를 상대로 이루어진다면 문화의 차이 때문에 나타나는 국가 간 응답의 차이를 고려하여야 한다.

- **언어와 이해** (language and comprehension) : 언어는 국가 또는 지역 간의 차이점을 명확히 구분하게 하는 가장 대표적인 문화적 변수이다. 글로벌 마케팅 조사자 또는 경영컨설턴트가 여러 국가를 대상으로 설문조사 또는 인터뷰를 할 경우에 있어서 통역, 번역 및 의사소통 등의 문제가 나타날 뿐만 아니라, 이와 관련된 추가적인 비용도 발생한다.

6.1.4 자료의 분석 및 해석

자료의 분석 및 해석(data analysis and interpretation)의 단계에서는 먼저 수집된 자료를 조사목적에 따라 분석한 후, 조사결과에 대하여 해석하는 절차를 거친다. 자료의 분석은 수집된 자료의 편집, 코딩 및 통계분석 등을 통하여 이루어진다.[6] 편집, 코딩 및 통계분석 등에 대한 구체적인 내용을 살펴보면 다음과 같다.

- **편 집** (editing) : 조사설계의 목적에 따라 분석이 수행될 수 있도록 자료를 정정, 보완, 삭제하여 완전하고 일관성 있는 자료를 확보하는 업무

- **코 딩** (coding) : 조사된 내용에 일정한 숫자를 부여하여 자료분석을 용이하게 하는 과정

- **통계분석** (statistical analysis) : 조사설계의 단계에서 계획한 통계기법을 사용하여 결과를 도출하는 행위

---

6 채서일(2003), p. 49.

수집된 자료에 대한 분석이 이루어지면, 그 다음 단계로 분석결과에 대한 해석의 과정을 거쳐야 한다. 특히, 글로벌 마케팅조사자 또는 경영컨설턴트는 조사결과에 근거하여 의미있는 해석을 하여야 하며, 이 과정에서는 조사대상 국가 또는 지역에 대한 환경적인 이해가 선행되어야 한다. 즉, 분석자에 따라 동일한 분석결과에 대한 서로 다른 해석이 가능하므로 주의가 요구된다.

6.1.5 조사결과의 보고

조사결과의 보고(presenting the results)는 기업의 의사결정에 도움을 주기 위하여 조사자가 조사결과를 최종적으로 정리하여 보고하는 것을 말한다. 조사결과의 보고는 서면보고와 구두보고로 구분할 수 있다.[7]

- 서면보고 (written report) : 서면보고는 조사자보다 상위의 직위에 있는 의사결정자에게 문건의 형태로 전달되며, 표지, 목차, 요약 및 본문 등으로 구성된다.
- 구두보고 (oral report) : 구두보고는 서면보고에 추가하여 시청각적으로 이루어지는 경향이 있으며, 조사자 중에서 발표자를 선정하여 의사결정자에게 브리핑(briefing) 또는 프레젠테이션(presentation)을 하도록 한다.

6.2 시장세분화를 통한 시장의 분석[8]

6.2.1 시장세분화의 의의

시장세분화(market segmentation)는 다양한 욕구를 가진 소비자들을 일정한 기준에 따라 몇 개의 동질적인 소비자 집단으로 나누는 것을 말한다. 글로벌 시장세분화(global market segmentation)의 개념도 이와 동일하며, 이것은 글로벌 시장을

---

7 Kumar, V.(2000), p. 292 이하.
8 박주홍(2013), p. 114 이하 수정 재인용.

일정한 기준에 근거하여 몇 개의 동질적인 세분시장 또는 동질적인 소비자 집단
으로 분류하는 것이다.

글로벌 마케팅관리자 또는 경영컨설턴트는 다음과 같은 두 가지 형태로 현지
국 또는 지역의 시장을 세분화할 수 있다.[9] 〈그림 6-2〉는 이러한 두 가지 형태
의 시장세분화를 제시한다.

- 국가별 또는 국가 집단별 시장세분화 : 이것은 어떤 특정 국가 또는 국가 집단
  을 분석단위로 하여 해당 국가 또는 국가 집단의 내부시장을 세분화를 하
  는 것을 말한다. 예를 들면, 국가 집단은 선진국, 개발도상국 및 후진국 등
  으로 분류될 수 있다.
- 국가 간 또는 지역 간 시장세분화 : 이것은 국경을 초월하여 동일한 특징을 갖
  는 세분시장을 국가 또는 지역에 따라 분류하는 것을 말하며, 국가 간 또는
  지역 간의 동질성이 세분화의 중요한 기준이 된다.

그림 6-2 | 시장세분화의 형태

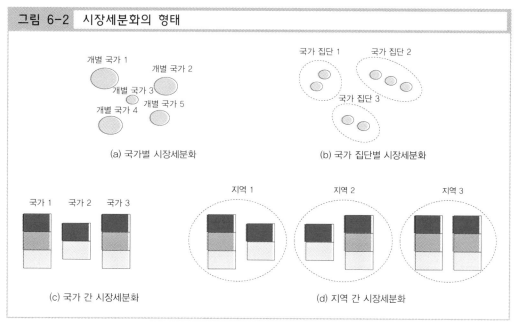

(a) 국가별 시장세분화   (b) 국가 집단별 시장세분화

(c) 국가 간 시장세분화   (d) 지역 간 시장세분화

자료원: 문병준 외(2007), p. 139; 저자에 의해 일부 수정됨.

---

9 문병준 외(2007), p. 139; 김주헌(2004), p. 158.

6.2.2 시장세분화의 전제조건

국내시장보다 더 복잡하고 통제하기 어려운 환경으로 구성된 글로벌 시장에서의 시장세분화는 많은 제약에 노출되어 있다. 글로벌 시장은 수많은 국가와 지역으로 구성되어 있기 때문에 시장세분화를 하는 데 있어서 많은 비용이 발생할 수 있다. 무엇보다도 이러한 비용을 고려한다면, 글로벌 시장세분화는 다음과 같은 전제조건을 충족시켜야 한다.[10]

측정가능성(measurability)

세분시장은 정의하기가 쉽고, 측정이 가능해야 한다. 특히, 국가 또는 지역 등을 기준으로 분류되는 세분시장의 크기와 구매력, 그리고 세분시장과 관련된 사회경제적 변수(예를 들면, 국민총생산, 1인당 국민소득 및 경제성장률 등)는 확인이 가능하여야 한다. 일반적으로 수치 또는 지표에 기초한 세분시장의 크기는 쉽게 측정할 수 있지만, 가치와 라이프스타일 등과 같은 척도에 근거하고 있는 세분시장의 크기는 측정하기 힘든 경향이 있다.

실질성(substantiability)

세분시장은 수익을 발생시킬 수 있을 정도로 충분한 시장규모를 가지고 있어야 한다. 여러 가지 기준을 고려하여 글로벌 시장세분화가 잘 이루어졌을지라도 어떤 특정 세분시장의 규모가 너무 작다면 수익이 창출될 수 없다. 또한 규모가 작은 세분시장에서는 규모와 범위의 경제, 표준화의 이점 및 경험곡선의 효과 등이 제대로 달성되기 어렵다.

접근가능성(accessibility)

세분시장에 대한 접근은 일반적으로 마케팅 믹스프로그램(예를 들면, 촉진과 유통활동)의 실행을 통하여 이루어진다. 어떤 특정 세분시장에서 촉진과 유통활동이 불가능하거나 제약을 받는다면, 그 시장에 대한 접근가능성은 매우 낮아질 것이

---

10 Kotabe, M./Helsen, K.(2008), p. 223; 반병길/이인세(2008), p. 111 이하; 문병준 외(2007), p. 142 이하; 박재기(2005), p. 177; Wedel, M./Kamakura, W. A. (1998), p. 1 이하.

다. 또한 어떤 특정 세분시장에 무역장벽이 존재하는 경우에도 그 시장에 대한 접근이 어려울 수 있다.

안정성 (stability)

세분시장 내에서는 동질성을 유지하고, 세분시장 간에는 이질성을 유지해야만 세분시장의 안정성이 높아진다. 즉, 같은 세분시장에 속한 고객의 욕구는 동질적이어야 하며, 서로 다른 세분시장에 속한 고객의 욕구는 이질적이어야 한다. 그리고 장기적 관점에서 볼 때, 어떤 특정 세분시장의 고객욕구 또는 행동이 쉽게 변할 가능성이 높다면 이러한 세분시장의 안정성은 매우 낮을 것이다.

실행가능성 (actionability)

각 세분시장을 목표로 수립된 마케팅 믹스전략은 해당 시장에서 실행될 수 있어야 한다. 즉, 각 세분시장별로 마케팅 믹스전략의 실행가능성이 높을수록, 기업의 글로벌 수익목표를 달성할 수 있는 가능성이 더욱 높아진다. 앞서 언급한 접근가능성은 촉진과 유통활동에만 국한된 전제조건에 속하는 반면, 실행가능성은 제품, 가격, 유통 및 촉진활동 등과 관련된 전제조건에 해당된다.

6.2.3 시장세분화의 방법

지리적 시장세분화

지리적 세분화(geographic segmentation)는 시장을 지리적 기준에 의해 나누는 것을 말하며, 가장 널리 사용되고 있는 시장세분화 방법 중의 하나이다(〈표 6-1〉 참고). 특히, 글로벌 기업이 지리적 기준에 의해 세분화를 하는 가장 중요한 이유는 지리적 인접성을 바탕으로 글로벌 마케팅활동에 대한 관리가 쉽고, 교통이 편리하고, 커뮤니케이션이 원활하기 때문이다.

지리적 세분화의 주요 변수는 지역, 인구밀도 및 기후 등이며, 이러한 변수들은 글로벌 마케팅활동과 관련하여 다음과 같은 시사점을 제공한다.

- 지 역 : 글로벌 마케팅조직(예를 들면, 지역별 마케팅조직)과 지역별 마케팅 믹스의 차별화에 영향을 미침.
- 인구밀도 : 인구밀도가 높은 도시지역과 인구밀도가 낮은 농촌지역 간 제품전략의 차이 또는 인구밀도가 서로 다른 국가 간의 차별적 제품전략과 유통전략의 실행
- 기 후 : 국가별 및 지역별 기후조건의 차이에 따른 제품차별화, 유통 및 병참활동과 관련된 재고 및 창고관리

이 방법의 장점은 지리적 기준에 의해 분류만 하면 되기 때문에 비용이 적게 들고, 매우 간편하게 세분화할 수 있으며, 그리고 동일 지역 내에서 유통과 커뮤니케이션이 원활하게 이루어질 수 있다는 것이다. 그러나 이 방법은 같은 지역에 속해 있을지라도 국가 간 사회문화적(예를 들면, 다양한 종교가 분포되어 있는 아시아지역) 및 경제적 환경의 차이 때문에 세분화가 제대로 이루어질 수 없는 단점을 갖고 있다.

인구통계적 시장세분화

인구통계적 세분화(demographic segmentation)는 〈표 6−1〉에 나타나 있는 바와 같이 연령, 성별, 가족구성, 소득, 직업, 학력, 종교 및 인종 등과 같은 인구통계적 변수를 기초로 글로벌 시장을 분류하는 것이다. 특히, 인구통계적 변수에 대한 2차 자료는 UN에서 발간하는 《통계연감》과 《인구연감》 등을 통하여 쉽게 획득될 수 있다. 일반적으로 2~3개의 변수를 활용하여 인구통계적 세분화를 하는 것이 바람직하다. 또한 이 방법은 산업재보다는 소비재의 시장세분화를 위해 더욱 효과적으로 사용될 수 있다.

인구통계적 변수들은 글로벌 마케팅활동과 관련하여 다음과 같은 측면에 영향을 미친다.

- 연 령 : 연령과 관련된 제품의 개발과 촉진활동(예를 들면, 유아용품과 노인용품의 차이)
- 성 별 : 의류 및 화장품 등과 같은 남녀 차별적 제품의 개발과 촉진활동

- **가족구성** : 제품포장의 크기(예를 들면, 대가족은 대량포장, 핵가족은 소량포장)
- **소 득** : 차별적 가격책정과 구매력의 차이
- **직 업** : 직업과 관련된 제품의 개발과 촉진
- **학 력** : 촉진의 차별화(예를 들면, 문맹률이 높은 국가에서 매력성과 소구가능성이 낮은 신문광고 대신에 라디오 광고를 채택)
- **종 교** : 제품차별화(예를 들면, 종교의 차이에 따른 식품의 재료와 첨가물의 차별화)
- **인 종** : 다민족 국가 또는 이민자가 많은 국가에서의 인종별 제품선택의 차별화(예를 들면, 미국에서의 인종별 선호제품의 차이)

이 방법은 지리적 세분화와 마찬가지로 비용이 적게 들고, 매우 간편하게 사용할 수 있는 장점을 갖고 있다. 하지만 다양한 인구통계적 변수들 때문에 복잡하고 의미없는 수많은 세분시장이 도출될 수 있는 단점이 있다.

심리적 시장세분화

심리적 세분화(psychographic segmentation)는 사회계층, 라이프스타일 및 개성 등과 같은 심리적 변수에 근거하여 글로벌 시장을 분류하는 방법이다(〈표 6-1〉 참고).

글로벌 마케팅의 관점에서 이와 같은 심리적 변수에 대한 의미를 구체적으로 살펴보면 다음과 같다.

- **사회계층** : 동일한 사회계층에 속해 있는 서로 다른 글로벌 소비자들은 비교적 동질적인 구매성향을 보이며, 제품선택과 가격차별화에 영향을 미침.
- **라이프스타일** : 글로벌 소비자들이 갖고 있는 독특한 생활양식(예를 들면, 태도 및 가치관 등)을 말하며, 제품 및 촉진전략에 큰 영향을 미칠 수 있음.
- **개 성** : 글로벌 소비자가 보유하고 있는 독자적이고 개별적인 특성(예를 들면, 취미, 태도 및 사고방식 등)을 의미하며, 일반적으로 제품차별화에 영향을 미침.

심리적 세분화의 장점은 지리적 세분화 및 인구통계적 세분화보다 고객과 관련된 정보를 더욱 구체적으로 제공해 준다는 것이다. 그러나 이 방법은 추상적이

고 애매모호한 기준 또는 변수를 사용하기 때문에 측정이 어려울 수 있으며, 측정이 이루어졌다고 하더라도 특정 세분시장에 접근하기 힘든 단점을 갖고 있다.[11]

행동적 시장세분화

행동적 세분화(behavior segmentation)는 구매·사용 시기, 추구하는 편익, 사용경험, 사용량, 브랜드 충성도 및 구매준비단계 등과 같은 제품 또는 제품속성에 대하여 소비자가 지니고 있는 행동적 변수에 기초하여 시장을 분류하는 것을 의미한다(⟨표 6-1⟩ 참고).

글로벌 마케팅활동과 관련하여 행동적 변수는 다음과 같은 시사점을 제공한다.

- **구매·사용 시기** : 제품생산량 및 촉진시점의 결정
- **추구하는 편익** : 제품차별화 및 촉진차별화에 영향을 미침.
- **사용경험** : 촉진차별화의 결정(예를 들면, 소비자의 사용경험에 따른 광고의 차별화)
- **사용량** : 제품생산량 및 포장규격의 결정
- **브랜드 충성도** : 브랜드전략 또는 촉진전략의 수립
- **구매준비단계** : 판매할 제품결정 및 촉진전략의 수립과 실행

앞서 설명한 지리적, 인구통계적 및 심리적 세분화와 비교해 볼 때, 이 방법은 글로벌 소비자의 행동적 특성을 구체적으로 제시해주는 장점을 갖고 있으며, 이러한 행동적 특성에 근거하여 글로벌 기업은 보다 현실적인 마케팅전략을 수립할 수 있다. 그러나 이 방법은 일반적으로 1차 자료를 필요로 하기 때문에 다른 방법에 비해 조사비용이 많이 드는 단점을 갖고 있다.

⟨표 6-1⟩은 앞서 논의한 시장세분화의 기준별 주요 변수와 분류방법의 예를 요약하여 제시한다.

---

11 반병길/이인세(2008), p. 109 이하.

표 6-1	시장세분화의 기준별 주요 변수와 분류방법의 예	
기준	변수	분류방법의 예
지리적 기준	• 지역 • 인구밀도 • 기후	• 아시아, 유럽, 북미, 남미, 아프리카, 오세아니아 • 도시, 교외, 농촌 • 열대, 온대, 한대
인구통계적 기준	• 연령 • 성별 • 가족구성 • 소득 • 직업 • 학력 • 종교 • 인종	• 유년, 소년, 청년, 장년, 중년, 노년 • 남자, 여자 • 대가족, 핵가족 • 저소득, 중소득, 고소득 • 전문직, 공무원, 사무직, 판매원, 농어민 등 • 무학력, 초졸, 중졸, 고졸, 대졸, 대학원졸 • 개신교, 가톨릭, 불교, 회교, 무교, 기타 • 백인, 흑인, 황인 등
심리적 기준	• 사회계층 • 라이프스타일 • 개성	• 상류, 중상류, 중류, 중하류, 하류 • 보수적, 진보적, 성취적, 합리적 등 • 강제적, 사교적, 권위적, 야심적 등
행동적 기준	• 구매·사용 시기 • 추구하는 편익 • 사용경험 • 사용량 • 브랜드 충성도 • 구매준비단계	• 규칙적, 불규칙적, 특수적 • 기능, 품질, 경제성, 디자인, 서비스 등 • 비사용자, 최초사용자, 잠재적 사용자, 기존사용자 • 소량, 보통, 대량 • 없음, 보통, 강함, 절대적 • 무지, 인지, 관심, 원함, 구매의도

자료원: 문병준 외(2007), p. 141; 김주헌(2004), p. 179; 저자에 의해 일부 수정됨.

6.3 고객의 분석

6.3.1 고객의 의의

고객(customer)은 기업이 생산활동을 통하여 창출된 제품 및 서비스를 구매하는 개인, 가구, 집단(예, 유아, 청소년 등), 기업 및 국가(예, 정부조달)를 말한다. 고객이라는 용어는 소비자(consumer), 사용자(user) 및 클라이언트(client), 구매자(purchaser) 또는 바이어(buyer) 등으로 구분되어 사용되기도 한다. 이러한 용어들에 대한 명확한 정의는 어렵지만, 다음과 같은 구분이 가능하다.

- 고 객 : 제품 또는 서비스를 지속적으로 구매하는 경우
- 소비자 : 제품(예, 소비재) 또는 서비스를 구입하여 소비하는 경우
- 사용자 : 제품(예, 자동차, 가전제품 등과 같은 내구재, 컴퓨터 게임, 컴퓨터 운영 프로 그램 등) 또는 서비스를 구입하여 사용하는 경우
- 클라이언트 : 전문적인 제품 또는 서비스를 구매하는 경우
- 구매자 또는 바이어 : 판매자와 대비되는 관점에서의 고객(예, 산업재 구매자 또는 바이어)

6.3.2 고객니즈 분석의 과정

고객니즈(customer needs)는 고객이 어떤 제품 또는 서비스에 대하여 갖고 있는 욕구이다. 고객니즈 분석(customer needs analysis)은 고객이 누구인지, 그들의 니즈 가 무엇인지, 언제, 왜, 무엇을, 어떻게 구매하는지를 분석하는 것이다. 고객니즈 분석은 다음과 같은 목적을 달성하기 위하여 수행된다.[12]

- 고객의 욕구변화에 대한 이해 : 일반적으로 고객의 욕구는 고정되어 있지 않고 변화하기 때문에 상황에 따라 변화하는 고객의 욕구가 정확하게 파악되어야 한다.
- 기업이 고객에게 제공하는 것이 무엇이고, 경쟁기업이 고객에게 무엇을 제공하는 지에 대한 이해: 자사와 경쟁기업이 제공하는 제품 및 서비스가 고객에게 어떤 의미가 있는지를 비교·분석하는 것이 중요하다.
- 기업의 목표고객 확인: 고객니즈 분석의 가장 중요한 목적 중의 하나는 기업의 목표고객(target audience)을 확인하는 것이다. 목표고객은 기업이 세분된 여러 고객 집단 중에서 욕구를 충족시켜 주고자 하는 특정 집단을 말한다.
- 기존 제품의 포지션 정립 : 고객니즈 분석을 통하여 시장에서 판매되고 있는 기존 제품의 포지션을 정립할 수 있다.
- 경쟁기업과의 차별화: 고객니즈 분석을 통하여 획득되는 정보는 경쟁기업보다 더욱 차별화된 제품 및 서비스를 창출하는 데 활용된다.

---

12 방용성/김용한/주윤황(2012), p. 58.

고객니즈 분석은 시장세분화(고객세분화), 구매동기 분석 및 미충족 고객욕구의
파악 등과 같은 과정을 거쳐 수행된다. 〈표 6−2〉는 고객니즈 분석의 과정을 제
시한다. 또한 〈표 6−3〉은 고객니즈 분석을 위한 요약표(양식)를 제시한다.

- 시장세분화 (고객세분화) : 전체시장을 일정한 기준에 의해 분류하여 기업의 입
  장에서 가장 적합한 세분시장을 정의하고 표적시장을 선정함으로써 실제적
  및 잠재적 고객을 정확하게 파악하는 것이 중요하다.
- 구매동기 분석 : 이 단계에서는 제품 및 서비스의 구매동기, 중요시하는 제품
  의 특성, 고객이 추구하는 목적, 구매동기의 변화가능성 등을 파악하는 것
  이 중요하다.
- 미충족 고객욕구의 파악 : 이 단계에서는 고객의 제품만족도, 제품사용시의
  문제점, 고객이 잠재적으로 지니고 있는 욕구를 파악한다.

표 6-2	고객니즈 분석의 과정
과 정	주요 질문
시장세분화 (고객세분화)	• 우리 기업의 고객은 누구인가? • 가장 수익성이 높은 고객은 누구인가? • 고객의 욕구, 구매동기, 특징 등이 어떤 기준에 의해 분류되는가? • 어떤 세분변수를 기준으로 세분화할 것인가?
구매동기 분석	• 세분시장에서 고객이 가장 중시하는 제품 및 서비스의 요소는 무엇인가? • 고객의 구매목적은 무엇이며, 진정으로 구매하려는 것은 무엇인가? • 세분시장별로 어떤 구매동기가 중요한가? • 구매동기에 어떤 변화가 일어나고 있는가?
미충족 고객욕구의 파악	• 고객이 현재 사용하고 있는 제품 및 서비스에 만족하는가? 불만족한다면 그 이유는 무엇인가? • 불만 발생의 빈도와 그 심각성은 어느 정도인가? • 고객이 알고 있는 미충족 욕구는 무엇인가? 또는 고객이 모르고 있는 미충족 요구는 무엇인가? • 미충족 욕구가 경쟁기업에게 좋은 기회가 될 가능성이 있는가? • 고객욕구는 어떻게 변화하고 있는가?

자료원: 방용성/주윤황(2015) p. 190; 저자에 의해 일부 수정됨.

표 6-3	고객니즈 분석을 위한 요약표(양식)			
세분 고객집단	고객 프로필	고객 특성 및 라이프스타일	고객 구매동기 및 미충족 욕구	고객니즈
A				
B				
C				
D				

― 관련된 내용을 파악하여 요약표에 기록함.

자료원: 방용성/주윤황(2015) p. 190; 저자에 의해 일부 수정됨.

경쟁환경의 분석

경쟁환경의 분석

7.1 산업차원의 경쟁력 분석[1]

7.1.1 다이아몬드 이론

*포터*는 글로벌 경쟁력을 통합적으로 고찰하기 위하여 10개국 110여 개의 산업에 대한 분석을 시도하였다.[2] 그에 의하면, 어떤 국가의 특정 산업의 글로벌 경쟁력은 〈그림 7-1〉에 제시되어 있는 4개의 주요 요소와 2개의 부속 요소(기회 및 정부)에 의하여 결정된다. 이 그림에 나타나 있는 바와 같이, 4개의 주요 요소가 연결된 모양이 다이아몬드를 연상시키기 때문에 다이아몬드 이론(국가경쟁이론이라고도 함)이라고 한다.

---

1 박주홍(2012b), p. 68 이하 재인용.
2 Porter, M. E.(1990).

그림 7-1	*포터*의 다이아몬드 모델

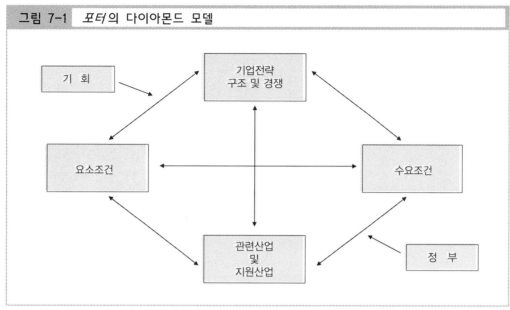

자료원: Porter, M. E.(1990), p. 127.

4개의 주요 요소와 2개의 부속 요소는 다음과 같다.

- 요소조건 (factor conditions) : 인적 및 물적 자원, 지적 자원, 자본 및 사회간접자본 등이 포함된다.
- 수요조건 (demand conditions) : 국내구매자의 구성, 국내시장의 규모와 성장단계, 국제시장수요의 보편성(예를 들면, 국내제품에 대한 해외구매자의 높은 선호도) 등이 포함된다.
- 관련산업 및 지원산업 (related and supporting industries) : 상호 보완적 또는 협력적인 산업, 산업클러스터의 존재 등이 포함된다.
- 기업전략, 구조 및 경쟁 (firm strategy, structure, and rivalry) : 경영자의 행동양식, 의사결정방식, 기업의 조직구조, 국내경쟁상황(예를 들면, 경쟁기업의 수, 경쟁강도 등) 등이 포함된다.
- 기 회 (chance) : 우연적 발견, 원재료 가격과 환율에서의 큰 변동, 특정 제품에 대한 수요의 극단적인 변동, 외국정부의 정치적 의사결정, 전쟁 등이 포함된다.

● 정 부(government) : 정부의 정책(예를 들면, 지원금 및 보조금의 지급, 금융혜택 등), 정부의 경제개발계획 등이 포함된다.

어떤 국가의 특정 산업이 글로벌 경쟁력을 갖기 위해서는 무엇보다도 다이아 몬드 모델을 구성하고 4개의 주요 요소가 상호 유기적으로 작용하여야 한다. 4개 의 주요 요소 중에서 어느 하나의 요소에서 문제가 발생한다면 특정 산업의 글로 벌 경쟁력은 약화될 것이다. 또한 하나 또는 두 개의 주요 요소에 기초하여 특정 산업의 글로벌 경쟁력이 유지되고 있다면, 단기적으로는 글로벌 경쟁력이 약화되 지 않을 수도 있으나 장기적으로는 글로벌 경쟁력이 크게 약화될 수 있다.

*포터*의 다이아몬드 이론은 어떤 국가의 특정 산업에 대한 글로벌 경쟁력의 역 동성을 잘 설명하고 있다. 그러나 이 이론은 특정 산업의 글로벌 경쟁력에 대한 의사결정모델이 아닌 설명모델의 성격을 가지고 있기 때문에, 어떤 국가의 특정 산업에 대한 글로벌 경쟁전략을 수립하는 데 있어서 한계가 따른다. 또한 *포터*는 특정 산업의 글로벌 경쟁력을 강화하기 위하여 주요 요소들 간의 상호 긍정적인 지원의 중요성을 강조하고 있지만, 그의 이론에서는 주요 요소들 간의 관련성이 명확하게 설명되거나 분석되지 않았다.

7.1.2 산업경쟁력 분석모델

어떤 산업 내의 경쟁력을 분석하기 위하여 *포터*는 기존기업 간의 경쟁, 잠재 적 진출기업의 위협, 공급자의 교섭력, 구매자의 교섭력 및 대체품의 위협 등과 같은 5개의 경쟁요인(competitive factors)을 제시하였다.[3] 〈그림 7-2〉에 제시되어 있는 바와 같이, 이들 5개의 경쟁요인 중에서 잠재적 진출기업의 위협, 기존기업 간의 경쟁 및 대체품의 위협 등과 같은 3개의 경쟁요인은 '경쟁(competition)'과 연 관되어 있다. 반면에 공급자의 교섭력과 구매자의 교섭력 등과 같은 2개의 경쟁 요인은 '협력(cooperation)'과 관련되어 있다. 이러한 경쟁요인의 구체적인 의미는 다음과 같이 요약될 수 있다.

---

3 Porter, M. E.(1980).

- **기존기업 간의 경쟁**(rivalry among competitors) : 이것은 어떤 산업 내에서 이루어지고 있는, 그리고 시장에 참여하고 있는 모든 기업 간의 경쟁을 의미한다.

- **잠재적 진출기업의 위협**(threat of potential entrants) : 이것은 미래의 어느 시점에 어떤 새로운 경쟁기업이 시장에 참여하는 경우에 나타날 수 있는 위협을 말한다.

- **공급자의 교섭력**(bargaining power of suppliers) : 이것은 최종조립기업의 제조원가에 영향을 미칠 수 있는 부품 또는 원재료 공급업체의 판매가격(공급가격)에 대한 교섭력을 뜻한다. 예를 들면, 완성차를 제조하는 어떤 최종조립업체(자동차 회사)에 부품 또는 원재료를 납품하는 공급업체(부품업체)의 판매가격에 대한 교섭력이 크다면, 최종조립업체의 경쟁상황은 악화될 수 있다. 반면에 공급업체의 판매가격에 대한 교섭력이 작다면, 최종조립업체의 경쟁상황은 개선될 수 있다.

- **구매자의 교섭력**(bargaining power of buyers) : 이것은 구매자 또는 소비자가 행사하는 최종제품에 대한 가격교섭력을 의미한다. 즉, 어떤 제품에 대한 구매자의 가격교섭력이 크다면, 이것은 제조업체의 경쟁상황에 불리하게 작용할 수 있다. 이와 반대로 구매자의 가격교섭력이 작다면, 이것은 제조업체의 경쟁상황에 유리하게 작용할 수 있다.

- **대체품의 위협**(threat of substitutes) : 이것은 기존의 제품시장에서 구매자 또는 소비자가 다른 대체된 제품을 구매할 때 나타날 수 있는 위협이다. 예를 들면, 가솔린 또는 디젤 자동차의 대체품은 수소, 하이브리드 또는 전기 자동차가 될 수 있다.

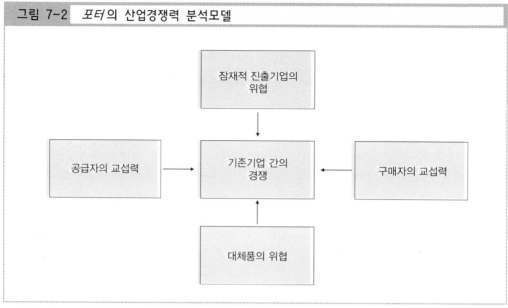

그림 7-2 │ *포터*의 산업경쟁력 분석모델

자료원: Porter, M. E.(1980).

*포터*가 제시한 산업 내의 경쟁을 분석하기 위한 5개의 경쟁요인을 구체적으로 살펴보면 다음과 같다.[4]

- 기존기업 간의 경쟁 : 신제품 개발능력, 초과생산능력, 경기변동에 따른 매출액의 규모, 규모의 경제 또는 대량생산, 가격인하능력, 품질보증의 수준 등
- 잠재적 진출기업의 위협 : 고도의 자본투자, 짧은 제품수명주기, 막대한 연구개발비, 독점적 제품, 산업표준의 변화, 규모의 경제, 광범위한 유통경로 등
- 공급자의 교섭력 : 원재료 및 공급자의 부족, 독점적 공급자, 공급자의 집중정도, 공급자의 전방통합능력(예를 들면, 1차 부품업체에 의한 2차 부품업체의 인수) 등
- 구매자의 교섭력 : 구매자의 후방통합능력(예를 들면, 도매업체에 의한 소매업체의 인수), 구매자 교체비용, 구매자의 집중정도, 구매자의 총 구매가격 등
- 대체품의 위협 : 대안적 및 경쟁적인 제품과 서비스의 가치, 기술의 대안적 사용 또는 다른 기술의 개발 등

---

4 Neuland, E./Hough, J.(Ed., 2007), p. 208 이하; 전게서.

*포터*의 산업경쟁력 분석모델은 어떤 산업의 경쟁력을 '경쟁'과 '협력'의 관점에서 체계적으로 분석한다. 이 모델은 기업이 활동하고 있는 현재와 미래의 경쟁력을 분석하는 데 사용될 수 있을 뿐만 아니라 미래에 진출하려는 산업의 경쟁력을 예측하는 데도 활용될 수 있는 장점을 가지고 있다.[5] 그러나 이 모델은 산업경쟁력을 정태적으로 분석하는 것을 가정하고 있기 때문에 산업경쟁력과 산업구조가 동태적으로 변화하는 상황을 충분하게 고려하지 못하는 단점을 지니고 있다. 또한 이 모델은 어떤 산업에 속해 있는 기업들 간의 구체적인 경쟁전략의 차이점을 명확하게 설명하지 못하는 한계점을 가지고 있다.[6]

7.2 기업차원의 경쟁전략의 분석[7]

*포터*는 어떤 성공적인 기업전략을 수립하기 위하여 어떤 경쟁우위가 관련되어 있는가, 그리고 어떤 시장에서 이러한 경쟁우위가 활용될 수 있는가에 대하여 연구하였다.[8] 그가 제시한 경쟁우위는 차별화우위(differentiation advantage)와 비용우위(cost advantage)이며, 이것들은 기업차원의 글로벌 경쟁전략의 수립을 위한 기본적 요소이다.

〈그림 7-3〉은 경쟁우위(competitive advantage)와 경쟁범위(scope of competition) 등과 같은 두 가지 축으로 구성된 *포터* 매트릭스를 보여준다. 이 그림에 나타나 있는 바와 같이, 경쟁우위는 저비용(lower cost)과 차별화(differentiation)로 구분되는 반면, 경쟁범위는 전체시장(industrywide or wide target)과 부분시장(single segment or narrow target)으로 구분되어 있다. 특히, 부분시장은 집중화(focus)와 관련되어 있다. *포터* 매트릭스가 제시하고 있는 4개의 경쟁전략의 개념과 사례를 살펴보면 다음과 같다.

---

5 조동성(1997), p. 532.
6 장세진(2005), p. 123 이하.
7 박주홍(2012b), p. 74 이하 재인용.
8 Porter, M. E.(1985).

- 전체시장 비용선도자 : 이것은 전체시장에서 비용우위를 추구하는 전략이다. 이러한 전략을 추구하는 기업의 예로는 전 세계 시장을 대상으로 경쟁하는 일본기업(특히, 1990년대의 일본 자동차기업)을 들 수 있다.
- 전체시장 차별화 : 이것은 전체시장에서 차별화우위를 추구하는 전략이다. 이에 대한 기업의 예로는 탁월한 신제품 개발능력을 보유한 IBM, Benz, BMW, Bayer, Sony 등과 같은 글로벌 기업을 들 수 있다.
- 부분시장 비용선도자 : 이것은 어떤 기업이 비용우위를 기초로 부분시장(단일 세분시장)에 집중하는 전략이다. 이에 대한 기업의 예로는 1980년대 한국, 타이완 및 신흥공업국의 기업을 들 수 있다.
- 부분시장 차별화 : 이것은 어떤 기업이 차별화우위를 바탕으로 부분시장(단일 세분시장)에 집중하는 전략이다. 이러한 전략을 추구하는 기업의 예로 Rolex, Hermes, Louis Vuitton, Cartier 등과 같은 기업을 들 수 있다.

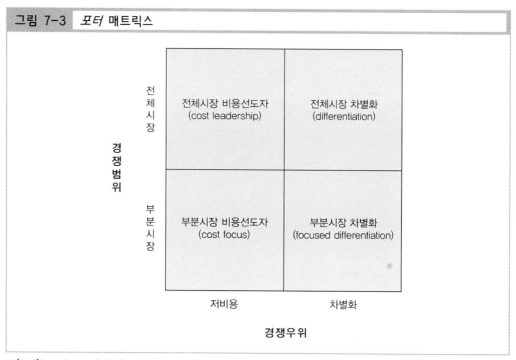

그림 7-3 *포터* 매트릭스

자료원: Perlitz, M.(2004), p. 52; Porter, M. E.(1985).

포터 매트릭스는 어떤 기업의 경쟁우위를 저비용, 차별화 및 집중화 등으로 분류하여 체계적으로 설명하고 있다. 그러나 *포터* 매트릭스는 단순히 저비용과 차별화와 같은 전략적 우위요소, 그리고 집중화와 같은 전략적 목표를 제시하고 있을 뿐이며 이러한 전략의 구체적인 실행방안을 제시하지 못하는 한계점을 지니고 있다.

7.3 경쟁기업의 분석

7.3.1 경쟁수준 분석

경쟁수준 분석(analysis of competition level)은 다양한 경쟁평가의 수준에 기초하여 기업이 판매하는 제품 또는 서비스의 경쟁상황을 확인하는 방법이다. 이 방법은 다양한 차원의 경쟁에 근거하여 경쟁기업을 분석하기 때문에 실질적인 경쟁관계를 파악하는 데 많은 도움을 줄 수 있다. 경쟁수준의 분석의 기초가 되는 경쟁평가의 기준은 다음과 같이 분류되고 설명될 수 있다.[9] 〈표 7-1〉은 경쟁수준 분석의 내용 및 사례를 제시한다.

- **예산 경쟁** : 고객의 예산(예, 구매예산)을 누가 선점할 것인가에 대한 경쟁
- **본원적 경쟁** : 고객의 본원적 욕구충족(예, 기본적인 인간욕구)과 관련된 경쟁
- **상품유형 경쟁** : 구체화된 고객욕구를 충족시키는 제품 또는 서비스 간의 경쟁
- **브랜드 경쟁** : 동일 업종에 속해 있는 각 브랜드 간의 경쟁

---

9 방용성/주윤황(2015), p. 197 이하.

표 7-1	경쟁수준의 분석내용 및 사례	
구 분	**내 용**	**사 례**
예산 경쟁	고객의 예산을 누가 선점할 것인가에 대한 경쟁	포괄적이며, 고객이 구체화되지 않음
본원적 경쟁	고객의 본원적 욕구를 충족시키는 제품 또는 서비스 전체 차원의 경쟁	'마실 것'에서의 경쟁
상품유형 경쟁	구체화된 고객의 동일한 욕구를 충족시키는 제품 또는 서비스 간의 경쟁	청량음료 간 경쟁 (콜라, 사이다, 스포츠 음료 등)
브랜드 경쟁	동일 업종에 속해 있는 각 브랜드 간의 경쟁으로 고객니즈를 충족시켜주는 동일 제품 또는 서비스 차원의 경쟁	콜라 간 경쟁 (코카콜라, 펩시콜라 등)

자료원: 방용성/주윤황(2015) p. 198; 저자에 의해 일부 수정됨.

경쟁수준의 분석에서는 보다 정확한 자사의 경쟁적 위치, 강점 및 약점 등을 확인하기 위해서는 상품유형 경쟁과 브랜드 경쟁을 분석하는 것이 바람직하다. 〈표 7-2〉는 상품유형 경쟁 및 브랜드 경쟁의 분석표(양식)를 보여준다. 이 분석표는 기업의 상황에 따라 다양하게 변형시켜 활용할 수 있다.

표 7-2	상품유형 경쟁 및 브랜드 경쟁의 분석표(양식)					
구 분		**매출액**	**제품 특징**	**강 점**	**약 점**	**경합 정도**
상품유형 경쟁 (유사경쟁)	A제품					
	B제품					
	C제품					
	D제품					
	기 타					
브랜드 경쟁 (직접경쟁)	A제품					
	B제품					
	C제품					
	D제품					
	기 타					

자료원: 방용성/주윤황(2015) p. 198.

7.3.2 경쟁기업 그룹핑 분석

경쟁기업 그룹핑 분석(grouping analysis)은 경쟁기업들과 관련된 정보를 다양한 기준에 따라 수집한 후, 이를 기초로 하여 경쟁기업들을 일목요연하게 분류하여 집단화하는 것을 말한다. 이 방법은 다음과 같은 5단계를 거쳐 경쟁기업들을 분류한다.

- 1단계 : 분석대상이 되는 경쟁기업들을 선정한다.
- 2단계 : 경쟁기업 그룹핑과 관련된 평가기준들(예, 품질과 가격)을 정한다. 예를 들면, 2개의 평가기준을 사용할 경우 평면상에 표시되는 2차원적인 결과를 도출할 수 있다.
- 3단계 : 각 평가기준과 관련된 경쟁기업들의 정보를 수집한다.
- 4단계 : 수집된 각 경쟁기업의 정보를 매트릭스에 시각적으로 표시한다.
- 5단계 : 경쟁기업 그룹핑 분석의 결과를 바탕으로 전략적 시사점(예를 들면, 향후의 경쟁포지션 설정)을 도출한다.

〈그림 7-4〉는 2차원적인 경쟁기업 그룹핑 분석의 사례를 보여준다. 여기에서는 경쟁기업들(예, 자동차 기업)의 품질과 가격 등과 같은 두 가지의 정보를 기초로 하여 매트릭스가 완성되었다. 또한 〈그림 7-5〉는 3차원적인 경쟁기업 그룹핑 분석의 사례를 제시한다. 여기에서는 경쟁기업들(예, 자동차 기업)의 품질, 가격 및 연간 총매출액 등과 같은 세 가지의 정보를 바탕으로 하여 매트릭스가 완성되었다. 이 그림에서 연간 총매출액은 원의 크기로 표시되어 있다.

| 그림 7-4 | 2차원적인 경쟁기업 그룹핑 분석의 사례 |

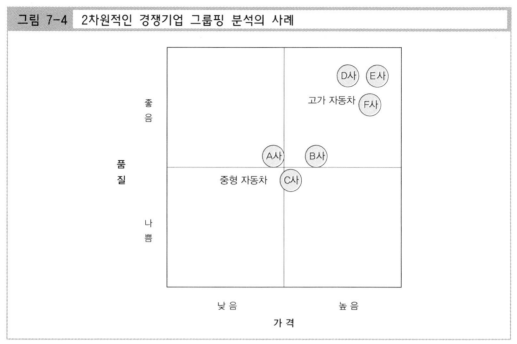

자료원: 방용성/주윤황(2015) p. 201; 저자에 의해 일부 수정됨.

| 그림 7-5 | 3차원적인 경쟁기업 그룹핑 분석의 사례 |

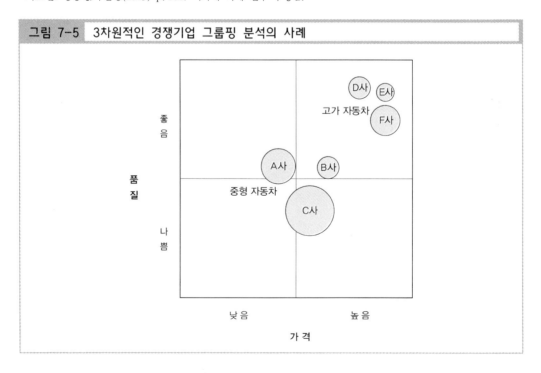

7.3.3 경쟁포지션 분석

경쟁포지션 분석(analysis of competition position)은 시장에서의 경쟁기업의 지위를 분석하고, 자사의 전략적 위치를 확인한 후 이에 대한 대응전략을 수립하는 방법이다. 경쟁포지션 분석에 필요한 기본적인 정보는 시장점유율이다. 기업 간 경쟁구도에서 확인할 수 있는 경쟁포지션은 다음과 같이 분류될 수 있다.[10] 〈표 7-3〉은 경쟁포지션별 전략행동을 제시한다.

- 시장 리더 (market leader) : 이것은 시장에서 지배적 위치를 차지하고, 시장점유율 1위의 위치를 유지하는 기업이다. 이러한 기업은 제품, 가격, 유통 및 촉진 등과 같은 마케팅활동을 선도하며 시장을 지배한다.
- 도전자 (challenger) : 이것은 시장에서 선도적 지위를 갖지 못하지만, 시장점유율 2~3위를 유지하면서 시장 리더에 대항하는 기업들을 말한다. 이들의 주요 관심사항은 시장점유율 확대를 통하여 시장 리더의 지위를 빼앗는 것이다.
- 추종자 (follower) : 이것은 시장 리더의 제품을 모방하여 그와 유사한 제품을 생산하고 판매하는 기업이다. 이들은 시장에서 시장 리더를 위협하는 제품을 공급할 능력이나 의사가 없으며, 일부 시장에서 확고한 위치를 확보하고자 노력한다.
- 니치 플레이어 (niche player) : 이것은 시장 리더, 도전자 및 추종자가 관심을 두고 있지 않은 틈새시장(niche market)에 진출하는 기업을 말한다. 틈새시장은 기존의 대규모 업체가 비교적 관심을 적게 가지거나 미처 관심을 두지 못한 시장으로서 기업의 성장기회가 적고, 이익실현의 규모가 대체로 낮은 특징을 갖고 있다.

10 전게서, p. 202.

표 7-3	경쟁포지션별 전략행동
경쟁포지션	전략행동
시장 리더	시장 장악을 위해 모든 제품과 유통망에 대한 커버리지 확보 전략에 집중 (시장표준 장악, 가격경쟁, 시장 확대)
도전자	시장 리더에 대항하는 신제품을 꾸준히 출시하고, 시장 리더와의 차별성 부각에 집중(리더 공격, 추종자 및 경쟁기업 공격)
추종자	시장 리더의 제품을 모방하며, 시장 리더보다 훨씬 좁은 커버리지에서 기능과 가격 면에서 사소한 차별화로 매출을 획득(도전자 공격, 모방전략)
니치 플레이어	극히 제한적인 제품 및 유통 커버리지를 갖고 있으며, 시장 전체의 흐름에서 벗어나 시장 리더나 도전자가 제공하지 않는 제품을 판매(틈새시장에서의 리더)

자료원: 방용성/주윤황(2015) p. 203.

7.3.4 경쟁기업 벤치마킹

경쟁기업 벤치마킹(benchmarking)은 동일한 고객집단을 대상으로 제품 또는 서비스를 판매하는 경쟁기업의 강점을 분석하여 자사의 경영과 생산에 합법적으로 응용하는 것을 의미한다. 벤치마킹은 원래 토목분야에서 사용되던 용어이다. 강물 등의 높낮이를 측정하기 위해 설치된 기준점을 벤치마크(benchmark)라 하는데, 그것을 세우거나 활용하는 일을 벤치마킹이라고 불렀다. 경영분야에서 이 용어가 처음 사용된 것은 1982년 미국의 뉴욕주 로체스터에서 열린 제록스사의 교육 및 조직 개발 전문가 모임에서부터이다.[11] 경쟁기업 벤치마킹은 다음과 같은 5단계를 거쳐 수행될 수 있다.[12]

- 1 단계 (벤치마킹 대상 결정의 단계) : 이 단계에서는 벤치마킹해야 할 대상(예, 경쟁기업 또는 시장 리더 등) 및 관련된 주제가 결정된다.
- 2 단계 (벤치마킹 팀 구성) : 이 단계에서는 벤치마킹을 실행할 팀이 구성되며, 각 팀원들에게 벤치마킹과 관련된 업무가 배정된다.

---

11 http://100.daum.net/encyclopedia/view/49XXX9201035.
12 방용성/주윤황(2015), p. 204 이하.

- 3단계 (벤치마킹에 필요한 정보의 원천 확인) : 이 단계에서는 벤치마킹에 필요한 정보를 수집하는 데 활용되는 정보의 원천이 확인되어야 한다. 경쟁기업의 직원, 컨설턴트, 분석가, 정부 관계자, 경영 및 무역관련 서적, 업계 보고서 등이 정보의 원천이 될 수 있다.

- 4단계 (벤치마킹 데이터의 수집과 분석) : 이 단계에서는 벤치마킹 정보가 수집되고, 이에 대한 분석이 이루어진다. 즉, 이 단계에서는 벤치마킹의 대상이 되는 경쟁기업의 강점들이 구체적으로 확인된다.

- 5단계 (벤치마킹의 실행과 보고) : 이 단계에서는 경쟁기업의 강점들이 벤치마킹을 실행한 기업의 다양한 경영활동을 위해 적용된다. 또한 벤치마킹의 실행 결과는 보고 라인을 통하여 의사결정자에게 전달되며, 피드백 과정을 거치며 효율적인 벤치마킹이 이루어지게 된다.

PART 4

기능영역별
경영컨설팅의 수행

제 4 부에서는 기능영역별 경영컨설팅 수행에 대하여 구체적으로 살펴본다. 여기에서는 기업의 기능영역별(부서별 또는 부문별) 관점에서, 제 8 장 경영전략 컨설팅, 제 9 장 생산운영 컨설팅, 제10장 마케팅 컨설팅, 제11장 재무 컨설팅, 제12장 인사 및 조직운영 컨설팅, 제13장 글로벌경영 컨설팅 그리고 제14장 혁신경영 컨설팅 등이 각각 논의된다.

경영전략 컨설팅

경영전략 컨설팅

8.1 전략적 격차의 분석[1]

　경영컨설턴트는 시간의 흐름에 따라 기업목표의 달성정도를 분석하는 전략적 격차의 분석을 통하여 경영전략 수립의 중요성을 제시할 수 있다. 전략적 격차의 분석(analysis of strategic gap)은 경영전략의 수립이 궁극적으로 기업목표에 어느 정도의 영향을 미치는가를 보여준다.[2] 〈그림 8-1〉은 전략적 격차를 제시한다. 이 그림을 구체적으로 설명하면 다음과 같다.

- X축은 시간, Y축은 기업목표를 의미한다. 기업목표는 매출액 또는 수익 및 시장점유율 등이 될 수 있다.
- 실제적 능력(G_a)은 운영적 계획과 전략적 계획(국내 및 외국)을 수립하기 이전의 기업목표의 달성정도를 의미한다.
- 잠재적 능력은(G_p)은 국내에서 운영적 계획을 수립하여 실행한 경우의 기업목표의 달성정도를 말한다.

1　박주홍(2012b), p. 223 이하 수정 재인용.
2　Perlitz, M.(2004), p. 63 이하; Ansoff, I. H.(1965).

- 국내에서의 한계(G_d)는 국내에서 전략적 계획을 수립하여 실행한 경우의 기업목표의 달성정도를 뜻한다.
- 외국에서의 한계(G_i)는 외국에서 전략적 계획을 수립하여 실행한 경우의 기업목표의 달성정도를 의미한다. 여기에서 외국에서의 전략적 계획은 글로벌화 전략의 중요한 구성요소로서의 성격을 갖는다.

그림 8-1　전략적 격차

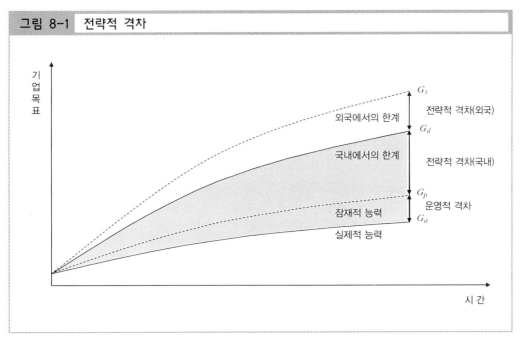

자료원: Perlitz, M.(2004), p. 63; 저자에 의해 일부 수정됨.

이 그림에 나타나 있는 바와 같이, 운영적 격차(operational gap)는 어떤 기업의 현재의 사업(current business)이 국내에서의 운영적 계획(예를 들면, 마케팅 및 생산계획 등)과 실행에 의해 개선될 수 있는 정도를 의미한다. 또한 국내에서의 전략적 격차는 어떤 기업이 새로운 사업영역(new business areas)에 진출하는 경우에 나타날 수 있으며, 외국에서의 전략적 격차는 글로벌화 전략의 실행에 의해 발생할 수 있다. 그러므로 글로벌 기업이 보다 높은 기업목표를 달성하기 위해서는 국내뿐만 아니라, 외국에서의 전략적 계획의 수립과 실행도 요구된다. 물론 이 그림에 표시되어 있지는 않지만, 외국에서의 운영적 계획의 수립과 실행도 글로벌 기업

의 기업목표의 달성에 긍정적인 영향을 미칠 것이다.

전략적 격차의 분석은 기업에 있어서 경영전략의 수립과 실행이 얼마나 중요한가를 그래프를 통해 간편하게 보여주는 장점이 있는 반면, 경영전략이 구체적으로 어떻게 개발되는가에 대한 정보를 제공하지 못하는 단점을 갖고 있다.

8.2 경쟁우위의 의의와 전략적 방향의 설정

8.2.1 경쟁우위의 의의

경쟁(competition)은 적대적인 행동을 취하는 최소한 두 개의 공급자 또는 수요자를 갖는 시장의 존재를 전제로 한다.[3] 경쟁은 '보다 많은 성과 또는 이윤을 획득하기 위하여 동종 제품 또는 서비스를 생산하는 둘 이상의 기업이 시장에서 서로 겨루는 행동 또는 행위'로 정의할 수 있다.[4]

경쟁정도(degree of competition)는 어떤 특정 시장에서의 경쟁에서 이길 수 있거나 견딜 수 있는 힘을 의미한다. 어떤 기업의 경쟁정도 또는 힘이 경쟁기업보다 약한 경우에는 경쟁열위(competitive disadvantage)라고 하며, 경쟁기업보다 강한 경우에는 경쟁우위(competitive advantage)라고 한다.[5] 특히, 경쟁우위는 다른 경쟁기업과 비교한 어떤 기업의 상대적인 우위를 뜻한다.

경쟁우위는 기업 외부환경의 변화와 기업 내부의 혁신으로부터 창출된다. 이러한 기업 외부 및 내부로부터의 경쟁우위의 창출은 다음과 같이 요약될 수 있다.

- 기업 외부환경의 변화 : 정부규제의 완화 및 환율변동 등과 같은 환경적 변화는 기업의 경쟁우위에 긍정적 또는 부정적인 영향을 미칠 수 있다. 일반적으로 기업 외부환경의 변화에 따른 기업의 경쟁우위의 창출은 환경 종속적인 측면이 강하다.

---

3 Schmidt, I.(1981), p. 2.
4 박주홍(2007), p. 35 이하; 박주홍(1997), p. 256.
5 박주홍(2012b), p. 50.

- 정부규제의 완화 : 기업활동을 제한하는 각종 규제가 해제될 경우, 특정 기업에 경쟁우위가 발생할 수 있다.
- 환율변동 : 환율변동은 물가 또는 가격에 영향을 미치는 대표적인 변수이다. 환율변동에 따라 특정 기업의 경쟁우위(예를 들면, 가격에서의 경쟁우위)가 강화될 수 있다.

- 기업 내부의 혁신 : 경쟁우위는 기업 내부의 혁신으로부터 창출될 수 있으며, 이러한 혁신은 다음과 같이 분류될 수 있다[6]
  - 전략혁신 : 어떤 기업이 속한 산업의 새로운 전략수립 및 그 기업 자체의 새로운 전략수립 등을 포함함.
  - 사회적 혁신 : 기업의 조직과 인적 자원영역에서의 변화 또는 변경, 종업원의 능력개발 및 인적 상호관계의 개선 등과 관련되어 있음.
  - 제품혁신 : 신제품의 창출 또는 기존제품의 개선을 의미하며, 제품의 개념에 서비스를 포함시킬 수 있음.
  - 공정혁신 : 새로운 생산방식의 창출 또는 개선을 의미하며, 기업의 다양한 업무 또는 운영방법의 개선을 추구하는 과정혁신이 포함됨.

8.2.2 비용선도자전략

비용(원가)선도자전략(cost leader strategy)은 경쟁기업보다 더욱 낮은 비용(원가)에 기초하여 비용우위를 추구하는 전략이다.[7] 이러한 전략을 통하여 기업은 자사가 속한 산업부문 내에서 비용을 가장 저렴하게 생산하려고 한다. *핵스와 마지러프* (*Hax & Majluf*)에 의하면 이러한 전략의 실행을 위한 전제조건들은 다음과 같다.[8]

- 세계적 규모의 생산시설의 공격적 구축
- 공정합리화를 위한 계속적인 공정혁신의 추구

---

6 박주홍(2016b), p. 74 이하.

7 전게서, p. 128 이하 재인용. Porter, M. E.(1986), p. 32 이하.

8 Macharzina, K.(1993), p. 212; Hax, A. C./Majluf, N. S.(1988), p. 50.

- 공동비용-가치분석(common cost-value analysis)의 실시
- 공정의 표준화
- 고도의 분업화
- 제품의 단순화
- 대규모 고객에 대한 집중 또는 한계적 고객의 회피

목표원가법

비용(원가)을 절감시키기 위한 방법으로서 목표원가법(target costing)은 많은 기업의 관심의 대상이 되고 있다. 특히, 이 방법은 1965년 토요타(Toyota)사에 의해 개발되었고 1970년대 이후부터 지금까지 많은 일본기업들이 원가절감을 위해 사용하고 있는 방법이다.[9]

사쿠라이(*Sakurai*)는 목표원가법을 '어떤 제품의 총원가를 제품수명주기 전체에 걸쳐 생산, 조립, 연구개발, 마케팅 및 컨트롤링 등의 기능영역에 관련시킴으로써 원가절감을 하려는 원가관리의 도구'로 정의하였다.[10] 목표원가법의 주요 목표를 살펴보면 다음과 같다.[11]

- 기업 전체 및 원가관리의 시장지향
- 시장 및 목표 지향적인 연구개발을 통한 전략지향
- 초기 개발단계에 있어서의 원가관리의 도입
- 원가목표의 지속적인 시장관련성의 검토를 통한 원가관리의 역동화
- 동기부여의 강화(행동의 조정이 추상적인 기업목표를 통하여 이루어지는 것이 아니라 구체적인 시장요구를 통하여 이루어짐)

일반적으로 목표원가법은 다음과 같은 절차로 구성되어 있다.[12]

---

9 Horváth, P./Niemand, S./Wolbold, M.(1993), p. 3.
10 Sakurai, M.(1989), p. 41.
11 Horváth, P./Niemand, S./Wolbold, M.(1993), p. 4.
12 Kotler, P./Bliemel, F.(1992), p. 759.

- 먼저 시장요구가 확인되어야 한다. 특히, 어떤 신제품에 대하여 요구되는 기능들이 정의되어야 한다.
- 미래에 생산되어야 하는 어떤 신제품의 가격을 확정한 후 목표원가를 확인하기 위해 요구되는 이윤의 폭을 뺀다(목표원가 = 신제품의 가격 − 이윤의 폭).
- 모든 원가그룹(예를 들면, 디자인, 개발, 조립 및 판매 등)은 각 요소의 분할을 통하여 원가절감의 잠재성을 찾는다.
- 마지막으로 목표원가를 통하여 주어진 범위 내에서 계획원가(plan cost)가 제시된다.

목표원가법의 성공적인 실행을 통하여 기업은 더욱 저렴한 비용(원가)으로 생산할 수 있으며, 경쟁자에 대항하여 시장에서 가격경쟁우위를 확보할 수 있는 가능성을 갖게 된다. 원가절감은 기업 전체에 걸친 과제이기 때문에 원가절감을 위해서 기업의 모든 기능영역들이 협력하여야 한다.

8.2.3 시장선도자전략

시장선도자전략(market leader strategy)은 기업이 어떤 제품시장에서 높은 시장점유율을 추구하는 전략이다.[13] 어떤 기업의 시장선도는 경쟁자에 비해 보다 높은 시장점유율의 유지, 가격변경에 있어서의 선도적 지위, 신제품, 탁월한 유통구조 및 판매촉진 등에 기초한다.[14] 혁신의 관점에서 이 전략은 제품혁신을 통한 전체 시장의 확대 및 원가절감적인 생산을 통한 시장점유율의 확대 및 경쟁자보다 우수한 제품의 품질유지 등을 통하여 추구될 수 있다.[15]

시장선도자전략을 성공적으로 실행하기 위해서 기업은 어떤 혁신적이고 원가가 저렴한 제품을 생산해야만 한다. 경쟁자에 대항하여 어떤 지속적인 경쟁우위를 확보하고 유지하기 위해서는 품질선도자전략과 비용(원가)선도자전략을 시장선도자전략과 병행하여 실행할 수도 있다. 품질선도자전략과 비용(원가)선도자전략

---

13 박주홍(2016b), p. 130 재인용.
14 Kotler, P./Bliemel, F.(1992), p. 598.
15 전게서, p. 598 이하.

은 시장선도자전략의 한 구성요소로 파악될 수 있기 때문에 제품의 품질을 개선하고 원가를 절감하기 위하여 기업의 모든 기능영역(예를 들면, 핵심적 기능영역으로 연구개발, 마케팅 및 생산)은 협력하는 것이 바람직하다. 나아가 이러한 협력과 병행하여 마케팅부서는 시장선도자의 지위를 확보하기 위해 어떤 적절한 마케팅 믹스 전략(marketing mix strategy)을 개발해야만 한다.

8.2.4 품질선도자전략

품질선도자전략(quality leader strategy)은 제품의 품질을 가장 중요한 전략적 성공요인의 하나로 설정하는 전략을 의미한다.[16] 즉, 품질선도자전략은 제품의 품질에 기초한 어떤 기업의 전략을 의미하며, 이러한 전략을 통하여 이 기업은 다른 경쟁자들에 비하여 품질에 대한 고객의 요구를 보다 잘 충족시킬 수 있다.

104개의 독일 대기업을 대상으로 설문조사를 실시한 *딜러*와 *뤼킹*(*Diller & Lücking*)의 실증적 연구에서는 제품의 품질이 기업성공의 가장 중요한 핵심요인으로 밝혀졌다.[17] 즉, 이 연구에서는 제품의 품질, 원가관리, 시장점유율, 혁신 및 근로자의 질 등의 순서로 기업성공의 핵심요인들이 확인되었다.

제품의 품질을 개선하기 위해서 기업은 제안제도, 품질관리 분임조, 전사적 품질관리(total quality management, TQM) 및 개선(Kaizen) 등의 방법을 활용할 수 있다. 이러한 방법의 활용을 통하여 기업은 제품의 품질을 개선할 수 있을 뿐만 아니라, 생산원가도 절감할 수 있다. 아래에서는 전사적 품질관리와 개선에 대하여 간략히 살펴보기로 한다.

전사적 품질관리와 *데밍*의 사이클

전사적 품질관리는 1950년대 미국의 *데밍*과 *주란*(*Deming & Juran*)에 의해 기본적인 아이디어가 제시되었다. 비록 이러한 아이디어가 제시된 지 반세기가 넘었지만 아직도 중요한 의미를 갖고 있다. 특히, *데밍*(*Deming*)은 1950년 '열네 가지

---

16 박주홍(2016b), p. 125 이하 재인용; Diller, H./Lücking, J.(1993), p. 1235 이하.
17 전게논문.

품질철학'을 요약하여 제시하였는데, 이것을 살펴보면 다음과 같다.[18]

- '지속적인 개선의 원칙'을 기업목표로 설정하라.
- 새로운 사고방식을 채택하라.
- 일상적인 검사를 감소시켜라.
- 오직 가격과 관련된 어떤 사업만을 중요시하는 관행에서 벗어나라.
- 문제점을 찾아라.
- '직장 내 교육훈련(training on the job)'을 위해 현대적인 방법을 도입하라.
- 제조에 대한 통제를 위해 현대적인 방법을 도입하라.
- 기업에서 발생하는 고민사항을 제거하라.
- 부문 간의 장벽을 허물어라.
- 별다른 해결방안이 없다면, 생산성향상을 추구하기 위하여 수치로 표시된 목표, 플래카드 및 표어를 없애라.
- 수치로 표시된 조건이 붙는 작업규범 및 규정을 없애라.
- 자신의 작업에 긍지를 갖도록 하기 위하여 성과제(performance base) 작업과 권한 사이의 장벽을 제거하라.
- 계속적인 교육훈련을 위한 엄선된 프로그램을 기구화하라.
- 앞서 언급한 점들을 매일 실천할 수 있는 분위기를 조성하라.

---

18 Schneider, W.(1994), p. 23.

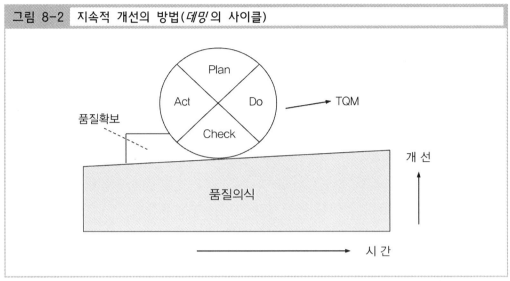

그림 8-2 지속적 개선의 방법(*데밍*의 사이클)

자료원: Timischl, W.(1995), p. 4; Augustin, S.(1992), p. 167.

　　*데밍*의 '열네 가지 품질철학(quality philosophy)'에 나타나 있는 것처럼, 이러한 품질철학은 품질에 대한 최고경영층의 지속적인 책임 및 어떤 공정의 지속적인 개선에 대한 요구에 그 기초를 두고 있다.[19] 아울러 이것은 〈그림 8-2〉에 나타나 있는 '*데밍*의 사이클(*Deming's* cycle)'에 대한 요구를 반영하고 있다. 즉, 이 사이클에서는 어떤 공정의 개선 또는 제품의 품질개선을 위해서 지속적이고 단계적인 계획-실행-검토-행동 사이클(plan-do-check-act-cycle)에 근거를 둔 연속적인 개선이 이루어진다. 그러나 지속적인 개선을 통하여 품질향상을 추구할 수 있는 이러한 훌륭한 아이디어는 미국기업에서는 관심의 대상에서 벗어나 있었던 반면, 일본기업은 이러한 아이디어를 '개선(改善; Kaizen)'이라는 독특한 방법으로 발전시켰다. 개선을 통하여 일본기업들은 다른 국가의 기업에 비해 제품의 품질 및 공정의 개선과 관련된 목표 및 생산성향상의 목표를 더욱 잘 달성할 수 있었다. 품질선도자전략의 관점에서 볼 때 '개선'은 품질향상을 위한 성공적인 방법으로 평가되고 있다. 그러므로 현시점에서 선진국의 기업뿐만 아니라, 개발도상국의 기업에서도 이 방법을 도입하여 품질에서의 경쟁우위를 확보하기 위해 노력하고 있다.

---

19 Timischl, W.(1995), p. 3 이하.

8.3 경쟁력 강화를 위한 경쟁전략

기업의 경쟁력 강화를 위한 경쟁전략은 실행전략에 해당되며, 이것은 기업전략, 사업전략 및 기능영역전략 등으로 구분될 수 있다.[20] 이러한 경쟁전략은 효율(efficiency)의 증대를 목표로 한다. 아래에서는 기업전략, 사업전략 및 기능영역전략에 대하여 살펴보기로 한다.

8.3.1 기업전략

기업전략(corporate strategy)은 경영컨설팅의 주요 대상으로 인식되고 있으며, 이것은 전략적 차원의 사업전략(예를 들면, 단일의 사업전략, 다각화전략 등), 전략적 분석, 전략적 계획 및 전략적 구조조정 등과 같은 문제를 다룬다.[21] 아래에서는 이들 중에서 전략적 계획, 그리고 전략적 차원의 사업전략에 대하여 중점적으로 논의하기로 한다.

전략적 계획

전략적 계획(strategic plan)은 미션, 목표, 전략 및 인적·물적 자원의 배분에 대한 의사결정을 하는 과정이다. 기업의 전략적 계획의 목적은 기업이 활동하는 어떤 국가의 외부적 경영환경의 기회와 위협요소를 파악하고, 기업의 내부적 환경의 분석을 통하여 강점과 약점을 파악하여 경쟁력을 강화시키기 위한 방안을 수립하는 것이다.[22] 전략적 계획은 기업의 최고경영층 또는 상위경영층에 의해 수립되고 실행되며, 운영적 계획의 방향을 설정해주는 역할을 담당한다.

기업에 따라 전략적 계획을 수립하는 과정이 다를지라도 대체로 〈그림 8-3〉 같은 6단계의 과정을 거쳐서 최고경영층 또는 상위경영층은 전략적 계획을 수립하고 실행한다. 그러나 이러한 과정은 반드시 순서적으로 이루어지는 것은 아니다. 아래에서는 전략적 계획의 수립과정에 대하여 살펴보기로 한다.

20 Griffin, R. W./Pustay, M. W.(2007), p. 316 이하.
21 Kubr, M.(Ed., 2002), p. 265.
22 박주홍(2012b), p. 394 이하 수정 재인용.

- 기업목표 : 기업의 수익성, 시장점유율, 시장성장 및 장기적 발전 등과 같은 목표가 가장 먼저 제시되어야 한다.
- 기업전략 : 이것은 단일의 사업전략, 관련사업 및 비관련사업의 다각화전략 등과 같은 기업전략뿐만 아니라, 차별화, 저비용 및 집중화전략 등과 같은 사업전략을 포괄한다.
- 환경분석 : 기업은 외부적 환경분석을 통하여 기회 및 위협요소를 파악하여 기업목표, 기업전략 및 전략적 계획의 수립을 위해 활용한다.
- 기업분석 : 기업은 내부적 환경분석을 통하여 강점 및 약점을 파악하여 기업목표, 기업전략 및 전략적 계획의 수립을 위해 적용한다.
- 전략적 계획의 수립 : 위와 같은 과정을 거쳐서 다양한 형태의 전략적 계획이 수립된다. 또한 전략적 계획은 운영적 계획(8.3.3 참고)의 수립에 영향을 미친다.
- 전략적 계획의 실행 : 이 단계에서는 기업목표를 달성하기 위하여 수립된 전략적 계획이 실행된다.

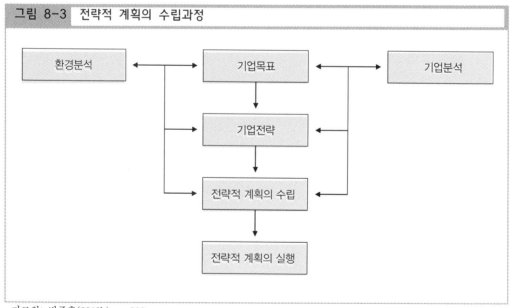

그림 8-3 전략적 계획의 수립과정

자료원: 박주홍(2012b), p. 398.

전략적 차원의 사업전략

전략적 차원의 사업전략은 단일의 사업전략, 관련사업 및 비관련사업의 다각화전략으로 구분하여 설명할 수 있다.

(1) 단일의 사업전략

단일의 사업전략(single business strategy)은 주력사업 내에서 매출의 95% 이상을 획득하는 기업의 전략과 관련되어 있다. 따라서 이것은 주력사업 이외의 다른 사업에 전략적으로 투자하는 다각화와는 다른 관점에서 고찰되어야 한다. 단일의 사업전략을 수립하는 경우, 다음과 같은 측면들이 중요하게 고려되어야 한다.

- 동일 산업 내에서의 전략적 제휴 : 단일의 사업전략을 추구하는 기업이 경쟁우위를 확보하지 못한다면 시장에서 선도적 지위를 확보하기 어렵다. 단일의 사업전략을 추구하는 기업은 유사한 사업단위를 갖고 있는 다른 기업과의 전략적 제휴를 통하여 추가적인 경쟁우위를 확보할 수 있다.
- 지리적 커버리지의 범위 : 단일의 사업전략을 추구하는 기업은 경쟁상황에 따라서 지리적 커버리지를 확대하거나 축소하는 전략을 선택할 수 있다.
- 경쟁우위의 구축 : 단일의 사업전략을 추구하는 기업은 경쟁기업에 비해 낮은 비용(원가)을 달성하고, 더 우수한 제품을 제공함으로써 경쟁우위를 구축할 필요가 있다.
- 거시경제, 산업 및 경쟁상황의 변화에 대응 : 단일의 사업전략은 환경변화에 민감하게 반응하기 때문에 이에 대한 적극적인 대응이 필요하다.
- 고객의 유인 : 제품디자인과 품질의 개선, 다양한 선택이 가능한 제품생산 및 저렴한 가격 등을 통하여 고객을 유인하는 것이 중요하다.

단일의 사업전략은 다음과 같은 위험에 노출될 가능성이 높기 때문에 주의하여야 한다.

- 급격한 고객욕구의 변화에 따른 제품 또는 품목의 수요 감소
- 경쟁기업의 기술혁신을 통한 신제품 및 대체품의 등장으로 인하여 기존제품의 의존도가 저하하는 제품진부화(product obsolescence)의 가능성 증대

(2) 관련사업 및 비관련사업의 다각화전략

다각화전략(diversification strategy)은 한 기업이 다른 여러 사업 또는 산업에 투자하는 전략을 말하며, 이것은 관련사업과 비관련사업의 다각화로 각각 구분될 수 있다.[23] 관련사업에서 70% 이상의 매출이 획득되는 경우 관련사업 다각화(related diversification)로 볼 수 있으며, 반면에 관련사업에서 70% 미만의 매출이 달성되는 경우 비관련사업 다각화(unrelated diversification)로 볼 수 있다. 다각화전략의 목적은 다음과 같다.[24]

- **성장추구** : 기업은 다양한 사업에 투자하여 지속적으로 성장하기를 원한다. 또한 기업의 최고경영자 또는 임직원들은 그들의 경영능력을 증명하거나 과시하기 위하여 다각화를 통한 성장을 추구하는 경향이 있다.
- **위험분산** : 다각화를 통하여 단일(개별) 사업부문들의 경기순환에서 오는 위험이 감소될 수 있다.
- **범위의 경제성** : 다각화를 통하여 유형자원(예, 투입요소의 중복 회피, 소주회사가 맥주를 생산하는 관련사업 다각화), 무형자원(예, 기술, 특허, 브랜드, 기업이미지 등을 공유) 및 조직상의 능력(기능영역별 또는 사업부의 조직적 강점을 활용)에서 발생하는 범위의 경제효과가 발생할 수 있다.
- **시장지배력** : 다각화를 하는 경우 다양한 산업에서의 시장지배력이 커지게 된다. 일반적으로 이러한 시장지배력 강화의 사례는 대기업 또는 재벌기업의 다각화에서 발견된다.
- **내부시장의 활용** : 다각화를 통하여 기업의 내부거래가 활성화되고, 내부적 자본 및 인력의 조달 능력이 증대될 수 있다.

---

23 장세진(2014), p. 282 이하.
24 전게서, p. 285 이하.

다각화전략은 다음과 같은 문제점을 갖고 있다.

- **과도한 금융비용의 발생** : 다각화를 추구하기 위하여 기업 외부에서 자본을 조달할 경우, 금융비용이 증대될 수 있다. 이러한 과도한 금융비용은 장기적으로 기업 전체의 존립에 부정적인 영향을 미칠 수 있다.
- **기업가치의 하락 가능성** : 기업의 핵심사업과 관련이 없는 사업에 투자할 경우, 비효율적 투자로 인하여 기업의 가치가 하락할 수 있다.
- **기업이미지 훼손 가능성** : 대기업 또는 재벌기업이 비관련사업 다각화를 하는 경우, 기업이미지가 훼손될 가능성이 높다.

8.3.2 사업전략

아래에서 설명할 사업전략은 *포터*의 기업차원의 경쟁전략에서 제시한 전략들과 동일하기 때문에 간략히 살펴보기로 한다(제7장 7.2 참고). 이러한 전략들은 차별화전략, 저비용전략 및 집중화전략 등으로 구분된다.

차별화전략

차별화전략(differentiation advantage)은 차별화된 제품 또는 서비스의 제공을 통해 기업이 산업 전반에서 특별하다고 인식될 수 있는 역량을 창출함으로써 경쟁우위를 달성하고자 하는 전략이다. 즉, 이러한 전략은 차별화우위(differentiation advantage)를 바탕으로 실현될 수 있다. 차별화우위는 다음과 같은 의미를 갖는다.[25]

- **차별화우위 (differentiation advantage)** : 좁은 의미에서 볼 때, 이것은 어떤 기업이 경쟁기업에 비해 뛰어난 신제품개발 또는 제품차별화능력을 보유하고 있을 때 발생하는 우위이다. 그러나 넓은 의미에서 볼 때, 차별화우위는 신제품개발뿐만 아니라 기업의 여러 가지 기능영역에서의 우위도 포함될 수

---

25 박주홍(2012a), p. 28.

있다(예를 들면, 제품 이미지, 상표, 광고 등에서의 차별화능력 등과 같은 마케팅 영역에서의 우위).

경영컨설턴트는 차별화전략의 원천이 되는 차별화우위를 가치사슬(value chain)을 적용하여 분석할 수 있다. 가치사슬 분석은 다음과 같은 의미를 갖는다.[26] 〈그림 8-4〉는 가치사슬을 보여준다.

- 가치사슬(value chain) 분석 : *포터*가 제시한 가치사슬은 기업의 가치창출 활동을 주요활동(입하병참, 생산, 마케팅 및 판매, 출하병참, 고객서비스 등)과 지원활동(기업의 기간구조, 인적자원관리, 기술개발 및 자원조달 등)으로 구분하고 있다. 경영컨설턴트는 그들의 가치사슬을 분석함으로써 각 활동들에 대한 강점과 약점을 파악할 수 있다.

그림 8-4 **가치사슬**

자료원: Porter, M. E.(1985), p. 37.

---

26 전게서, p. 159.

〈그림 8-4〉에 나타나 있는 주요활동 및 지원활동에서의 차별화전략의 분석 결과는 다음과 같은 애플(Apple)의 사례로 설명할 수 있다.[27]

- 주요활동의 분석
  - 입하병참 (구매 물류) : 높은 품질의 부품 구매 또는 많은 경우에 직접 생산
  - 생 산 : 자체공장 또는 애플사의 통제하에 있는 하청공장에서 직접 생산하므로 품질관리 철저
  - 마케팅 및 판매 (유통) : 대리점을 통한 마진율 보장
  - 출하병참 : 전 세계적인 출하 네트워크의 구축
  - 고객서비스 (애프터서비스) : 철저한 애프터서비스, 고객에게 기술적인 훈련 및 기술정보 제공
- 지원활동의 분석
  - 기업의 기간구조 (기업하부구조) : 종업원의 창의력을 높이기 위한 대학 캠퍼스와 같은 환경조성
  - 인적자원관리 (인사관리) : 기술혁신을 유인하도록 종업원에게 동기부여
  - 기술개발 (연구개발 및 디자인) : 매출액의 10%를 연구개발에 투자(IBM 호환기종은 평균 2%), 뛰어난 성능 및 미려한 디자인
  - 자원조달 : 글로벌 금융시장을 통한 효과적인 자원조달

저비용전략

저비용전략(lower cost strategy)은 저원가전략이라고도 하며, 이것은 비용상의 우위를 달성하기 위하여 비용(원가)절감의 방법을 추구한다. 즉, 이러한 전략을 추구하는 기업은 경쟁기업에 비해 상대적으로 저렴한 비용(원가)을 달성하고자 노력한다. 저비용을 달성한 기업은 경쟁기업에 비해 더욱 유리한 가격경쟁력을 유지할 수 있다. 이러한 전략은 비용우위(cost advantage)를 기초로 실현될 수 있다. 비용우위는 다음과 같은 의미를 갖는다.[28]

---

27 장세진(2014), p. 252 수정 재인용.
28 박주홍(2012a), p. 28.

- 비용우위 (cost advantage) : 어떤 기업이 경쟁기업보다 더욱 낮은 비용(원가)으로 생산함으로써 나타나는 우위를 말하며, 이러한 우위는 규모의 경제효과, 학습곡선효과, 제안제도, 품질관리 및 개선(Kaizen) 등에 의해 달성될 수 있다. 특히, 규모의 경제효과는 대량생산을 통한 원가절감의 효과를 의미하며, 반면에 학습곡선효과는 누적적 생산량이 많아질수록 원가가 낮아지는 효과를 말한다.

〈그림 8-4〉에서 설명한 가치사슬을 통해 비용이 분석될 수 있으며, 다음과 같은 단계를 거쳐 비용분석이 이루어진다.[29]

- 기업활동을 가치사슬 분석방법에 따라 세분한다.
- 분리된 세부활동이 총비용에서 차지하는 중요성을 파악한다.
- 각 활동별 비용의 결정요인을 분석한다.
- 각 단계 간의 비용의 연관성을 확인한다.
- 구체적으로 어떻게 비용을 줄일 것인가를 파악한다.

〈그림 8-4〉에 제시된 주요활동 및 지원활동에서의 저비용전략의 분석결과는 다음과 같은 월마트(Wal-Mart)의 사례로 설명할 수 있다.[30] 유통업의 관점에서 주요활동과 지원활동을 다음과 같이 분석될 수 있다.

- 주요활동의 분석
  - 구매 물류 : 효과적인 물류시스템, 지역물류센터
  - 생 산 : 창고형의 매장운영, 재고의 최소화, 비도심지역의 싼 임대료, 인터넷을 통한 온라인 쇼핑몰 운영
  - 배송 물류 : 신속하고 정확한 배송 물류시스템
  - 마케팅 및 영업 : 'Everyday low price', 마케팅 비용과 세일 비용의 최소화
  - 서비스 : 셀프서비스, 배달서비스의 최소화

---

29 장세진(2014), p. 225.
30 전게서, p. 227 수정 재인용.

- 지원활동의 분석
  - 기업구조 : 검소한 기업문화, 소규모의 본사
  - 인사관리 : 낮은 임금, 권한이양, 가격정책의 재량권, 성과급 지급
  - 기술개발 : 첨단 POS 시스템(point of sales system, 상품이 팔린 시점에 해당 상품에 대한 정보를 즉시 기록하는 시스템) 구축, 인공위성을 통한 즉각적인 정보전달, 소비자 정보의 효과적인 활용
  - 구 매 : 대량구매를 통한 구매가격 인하, 매장면적당 매출을 극대화하는 상품선정

집중화전략

집중화전략(focus strategy)은 특정 고객, 제품 및 지역 등 특정 세분시장(부분시장)에 집중하여 기업의 자원을 투입하는 전략을 말한다. 일반적으로 차별화전략과 저비용전략은 전체시장(industrywide or wide target)을 대상으로 경쟁을 하지만, 집중화전략은 부분시장(single segment or narrow target)만을 대상으로 경쟁을 한다. 앞서 논의한 바와 같이, 부분시장 비용선도자전략(저비용전략)과 부분시장 차별화전략은 집중화전략에 해당된다(제7장 7.3.3 참고).

집중화전략은 경쟁기업에 비해 경쟁력이 떨어지거나 인적 및 물적 자원이 부족한 기업에게 적합하다. 특히, 부분시장 차별화전략(니치전략 또는 집중화된 차별화라고도 함)은 어떤 특정 우위(advantage)가 아니라 초점(focus)이 관련되어 있기 때문에 틈새시장의 공략이 중요한 과제가 될 수 있다. 부분시장 비용선도자전략 및 부분시장 차별화전략 등과 같은 집중화전략이 성공적으로 수행되기 위해서는 다음과 같은 측면들이 중요하게 고려되어야 한다.

- **틈새시장의 확인** : 비용 및 차별화의 관점에서 볼 때, 이 전략을 추구하는 기업은 경쟁기업에 비해 낮은 경쟁력을 갖고 있지만 목표로 하는 틈새시장을 정확하게 확인한 후 진입할 필요가 있다.
- **틈새시장의 선점** : 틈새시장에 대하여 다른 경쟁기업이 관심을 갖기 전에 그 시장에 먼저 진입하는 것이 중요하다.

- 틈새시장의 세분화 : 일반적으로 틈새시장은 소규모로 형성되어 있지만, 효율적인 접근을 위하여 틈새시장을 세분화할 필요가 있다.
- 틈새시장에서의 기업, 제품 및 브랜드 이미지의 구축 : 틈새시장에서 기업, 제품 및 브랜드 이미지를 잘 구축한 기업은 장기간에 걸쳐 그 시장에서 성장·발전할 수 있다.
- 틈새시장에서의 경쟁우위의 개발 : 틈새시장에서 경쟁하는 비슷한 수준의 기업이 갖지 못하는 경쟁우위(예를 들면, 품질, 고객서비스 등에서의 우위)를 개발할 필요가 있다.

8.3.3 기능영역전략

기업의 기능영역전략은 각 기능영역의 운영적 계획의 관점에서 수립될 수 있다. 운영적 계획(operational plan)은 앞서 논의한 전략적 계획에 기초하여 중·하위경영층이 관련부서의 업무, 업무수행방법, 자원투입계획 및 계획완료기간 등을 구체적으로 제시한 대안을 말하며, 이것은 방법계획 또는 전술적 계획 같은 동의어로 사용되기도 한다.[31] 운영적 계획은 마케팅, 생산, 재무, 인적자원, 연구개발 및 자원조달 등과 같은 기능영역에 따라 분류할 수 있으며, 구체적인 계획의 내용을 간략히 살펴보면 다음과 같다.

- 마케팅계획 : 제품, 가격, 유통 및 촉진 등과 같은 마케팅 믹스에 대한 계획
- 생산계획 : 생산일정, 재고관리, 창고보관, 품질관리 및 납품 등과 관련된 기업의 생산계획
- 재무계획 : 투자, 외환관리 및 자금조달 등과 같은 재무계획
- 인적자원계획 : 인력채용, 인력파견, 동기부여 및 보상 등과 같은 기업의 인적자원계획
- 연구개발계획 : 연구개발의 글로벌화, 신제품 및 신공정개발 등과 관련된 연구개발계획
- 자원조달계획 : 원재료 및 부품 등에 대한 조달계획, 글로벌 소싱계획

---

31 박주홍(2012b), p. 399 이하.

CHAPTER 09

생산운영 컨설팅

생산운영 컨설팅

9.1 생산운영의 의의와 생산시스템의 선택

9.1.1 생산운영의 의의

생산운영(production and operation)은 생산요소를 투입하여 생산공정 또는 운영과정을 거쳐 최종제품 또는 최종서비스를 산출하는 것을 말한다. 생산운영의 중요성을 살펴보면 다음과 같다.

- 생산운영은 기업의 기본적 활동이다.
- 생산운영은 생산 및 운영시스템을 통해 이루어진다.
- 생산시스템은 다른 기능영역과 밀접하게 연결되어 있다.
- 생산시스템은 다양하다.

〈그림 9-1〉은 생산과정을 보여준다.[1] 특히, 이 그림에서는 혁신아이디어들이

---

[1] 박주홍(2016b), p. 236 이하 재인용.

투입요소(생산요소)와 마찬가지로 생산에 얼마나 효과적이고 효율적으로 영향을 미치고 있는가를 알 수 있다. 투입요소가 생산과정을 거치면서 산출요소로 변환되는 것처럼, 제안제도, 품질관리 분임조 및 창조성 기법 등을 통하여 창출되고 채택된 혁신아이디어들은 생산원가의 절감 및 제품품질의 개선 등과 같은 공정혁신(과정혁신)에 이바지한다.

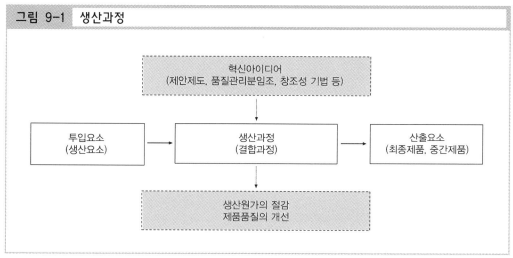

그림 9-1 생산과정

자료원: Park, J.−H.(1996), p. 146.

9.1.2 생산시스템의 선택

생산공정을 개선하기 위하여 적시관리(just-in-time), 유연적 생산시스템(flexible manufacturing system), 컴퓨터에 의한 공정관리(computer integrated manufacturing) 및 린 생산(lean production) 등과 같은 다양한 개선프로그램들이 개발되었다. 다음에서 논의할 생산시스템과 관련된 여러 가지 방법들은 일반적으로 매우 성공적인 것으로 인식되고 있다.[2]

---

2 전게서, p. 237 이하 수정 재인용.

적시관리

완성차 제조업체와 부품업체 간의 관계가 매우 밀접한 일본의 자동차산업에서 1970년대 말에 개발된 적시관리는 현재 전 세계적으로 널리 알려져 있으며, 이 방법을 채택하는 기업의 수가 늘어나고 있는 추세에 있다. 적시관리를 개발한 일본 토요타자동차의 엔지니어인 *오노 (Ohno)*는 적시관리를 다음과 같이 정의하였다.[3]

"적시관리는 조립에 필요한 해당 부품이 적시에 필요한 양만큼 조립라인으로 공급되는 관리방법을 의미한다. 이러한 부품공급방식을 실행하는 기업은 부품재고가 거의 없는 생산을 할 수 있다."

일본에서 '간판시스템(Kanban system)'으로 명명된 적시관리는 재고비용을 최소화하기 위하여 최소의 재고량을 추구한다. 적시관리에 의한 생산을 하는 주된 이유는 시장에 대한 유연적 적응 또는 수요에 대한 생산적응을 할 수 있기 때문이다.[4] 이러한 적응은 낮은 재고비용과 최소의 재고량을 통하여 더욱 잘 이루어질 수 있다. 일본의 간판시스템이 성공을 할 수 있었던 이면에는 '집단주의'로 특징지워질 수 있는 일본적 전통이 존재한다. 일본적 가치관에서 발견되는 집단주의적인 성향은 최종 조립업체와 부품업체 간의 강력한 결속관계를 가능하게 한다. 이러한 결속관계는 매우 안정적이기 때문에 적시관리에 참여한 모든 기업들이 서로 신뢰할 수 있다.

일본에서의 최종 조립업체와 부품업체 간의 관계의 특징은 다음과 같이 요약될 수 있다.[5]

- 납품업체의 최소화(2~3개의 최종 납품업체)
- 개별 부품의 납품보다는 모듈(module)의 납품

---

3 Traeger, D. H.(1994), p. 31.
4 Hoitsch, H.−J.(1993), p. 147; Urban, C.(1993), p. 53; Urabe, K.(1988), p. 20 이하.
5 Lang, K./Ohl, K.(1993), p. 31.

- 부품업체의 부품개발참여
- 부품업체에 대한 최종 조립업체의 품질표준 및 품질통제기준의 설정
- 최종 조립업체와 부품업체의 지속적 원가절감
- 부품업체에 대한 최종 조립업체의 자본참여
- 납품량과 납품기간에 대한 적시관리원칙의 확립
- 납품업체의 최종 조립참여
- 최종 조립업체와 부품업체 간의 장기간 계약 또는 거래관계의 유지

간판시스템의 성공적인 도입을 위해서는 종업원들이 개선을 위하여 가능한 한 많은 제안을 하여야 하며, 최종 조립업체와 부품업체 간의 협력적인 관계가 구축되어야 한다. 아울러 간판시스템의 효과적인 실행을 위해서는 종업원들에게 작업이 균등하게 배분되어야 하며, 종업원들이 유연하게 작업할 수 있어야 한다.

유연적 생산시스템

유연적 생산시스템(flexible manufacturing system)은 공동적인 통제 및 수송시스템을 서로 결합하는 일련의 조립설비를 의미하며, 이 시스템에서는 자동조립이 이루어질 뿐만 아니라, 서로 다른 제품에 대한 서로 다른 조립(예를 들면, 다품종 소량생산)도 한 작업영역에서 이루어질 수도 있다.[6] 이러한 생산시스템은 변화된 요구사항에 잘 적응하는 생산을 가능하게 한다.

유연적 생산시스템은 다음과 같은 목표를 추구한다.[7]

- 신제품 도입시간의 단축(또는 제품수명주기의 단축)
- 제품변경과 고객욕구의 효과적 실현
- 제품믹스와 제품의 양에 대한 신속한 적응
- 납품시간의 단축
- 제조비용의 감소
- 제품관련 비용의 감소

---

6 Nieß, p. S.(1979). p. 596.
7 Ingersoll Ingenieur GmbH(Ed., 1985), p. 11 이하.

전체 조립공정의 자동화는 유연적 기계개념의 개발을 위한 전제조건이다.[8] 유연적 조립설비는 컴퓨터에 의해 조정되는 기계설비들로 구성된다. 컴퓨터에 의해 조정되는 기계설비는 다음과 같은 세 가지의 발전단계로 구분된다.[9]

(1) 수치제어 (Numerical Control, NC)

수치제어기계는 조립의 자동화에 기초한 유연적 생산시스템을 위한 첫 단계이다. 수치제어 프로그램은 모든 필요한 기하학적인 데이터(예를 들면, 제작제품의 측정)와 기술적 데이터(예를 들면, 절삭 깊이, 회전수 및 재료공급 등) 등을 포함한다.

(2) 컴퓨터에 의한 수치제어 (Computerized Numerical Control, CNC)

컴퓨터에 의한 수치제어기계는 보다 큰 유연성을 달성할 수 있도록 하는 프로그램화된 마이크로프로세스를 내장하고 있다.

(3) 직접 수치제어 (Direct Numerical Control, DNC)

직접 수치제어기계는 중앙 컴퓨터에 의해 직접 프로그래밍, 측정, 조정 및 감시 등을 가능하게 하는 최첨단 발전단계에 속한다.

유연적 생산시스템을 도입하기 위해서는 기업(관리, 생산 및 조직)에 있어서 몇 가지 중대한 변화가 수반되어야 한다. 이 생산시스템의 성공적인 도입은 설치된 기계의 수, 종업원의 기술적 능력 및 경영자의 능력 등에 달려있다. 경우에 따라서 이 생산시스템의 성공적인 실행을 위한 보다 나은 해결방안을 찾기 위하여 단기간 유연적으로 구성된 '태스크포스'를 투입할 수 있다.

컴퓨터에 의한 공정관리

컴퓨터에 의한 공정관리(또는 컴퓨터 통합 생산방식, computer integrated manufacturing, CIM)는 어떤 산업부문의 기술적 및 경영적 과제에 대한 정보가공을 통합하는 것을 의미한다. CIM은 CAD(computer aided design, 컴퓨터 지원 설계), CAM(computer

---

8 Adam, D.(1993), p. 18.
9 전게논문, p. 18 이하; Hoitsch, H.‒J.(1993), p. 168 이하.

aided manufacturing, 컴퓨터 지원 제조), CAPP(computer aided process planning, 컴퓨터 지원 공정계획), CAQ(computer aided quality control, 컴퓨터 지원 품질통제) 및 PPS (Produktionsplanung und-steuerungssystem, 생산계획 및 조정시스템의 독일어 약자) 등을 포괄한다.[10] 날로 발전하는 정보가공시스템은 CIM을 가능하게 만든 원동력이다. 기업의 기술적 및 경영적 영역에 있어서 CIM의 도입은 제품수명주기의 단축, 다양한 제품변경, 주문량의 감소(소량주문) 및 납품시간의 단축 등을 가능하게 하는 기업의 혁신능력을 향상시켰다.

〈그림 9-2〉는 CIM의 구성에 대하여 보여준다. 이 그림에 제시되어 있는 것처럼 제품생산을 위하여 경영적 및 기술적 기능의 통합이 이루어져야 한다. 경영적인 문제는 PPS에 의하여 해결되며, 기술적인 문제는 CAD, CAM, CAPP 및 CAQ 등에 의하여 해결된다.[11]

그림 9-2 CIM의 구성

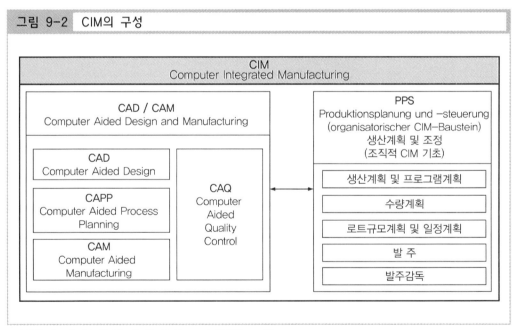

자료원: Rembold, U./Nnaji, B. O./Storr, A.(1994), p. 11.

---

10 Hoitsch, H.−J.(1993), p. 162 이하.

11 Czap, H.(1991), p. 487.

CIM의 도입에 있어서 가장 큰 문제점의 하나는 기술적인 측면과 경영적인 측면을 전체 시스템에 통합하는 것이다.[12] 또한 CIM의 도입에 있어서 기업은 최적적 통합(optimal integration)을 추구하는 것이 바람직하다. 그 이유는 많은 기업에 있어서 완전한 통합이 의미가 없을 수도 있고, 막대한 투자를 필요로 하기 때문이다.[13]

린 생산

'린 생산(lean production)'의 개념은 1988년 크래프칙(Krafcik)의 논문인 '린 생산 시스템의 승리(Triumph of the Lean Production System)'에서 처음으로 언급되었다.[14] 1990년 워맥, 존스와 루스(Womack, Jones & Roos) 등이 출간한 《세계를 바꾼 기계 (The Machine that changed World)》라는 베스트셀러에 힘입어 린 생산의 개념은 세계적으로 확산되었다.[15] 이 책은 MIT에서 수행한 일본과 서구 자동차기업의 비교 연구에 근거를 두고 있다.[16]

린 생산은 자원조달, 연구개발, 마케팅, 생산 또는 조립 등과 같은 기업의 모든 기능영역들이 관련된 포괄적인 생산개념이다. 종업원들이 컨베이어 벨트에서 홀로 작업해야 했던 고전적 대량생산과는 반대로, 린 생산에서는 집단토의를 통하여 문제점들을 해결할 수 있는 작업집단이 구성된다.

린 생산을 통하여 다음과 같은 목표들이 달성될 수 있다.

- 높은 제품품질
- 낮은 비용으로 지속적인 제품개선
- 모든 자원의 효율적인 배분
- 짧은 의사결정경로
- 높은 정보수준
- 시장에 대한 유연적 적응
- 최종 조립업체와 납품업체 간의 좋은 관계

---

12 Rembold, U./Nnaji, B. O./Storr, A.(1994), p. 52.
13 Hässig, K.(1988), p. 344.
14 Krafcik, J. F.(1988), p. 41.
15 Womack, J. P./Jones, D. T./Roos, D.(1992).
16 Groth, U./Kammel, A.(1994), p. 23; Gottschall, D./Hirn, W.(1992), p. 203.

   린 생산의 성공은 모든 관련된 기능영역들이 얼마나 잘 협력하는가에 달려 있다. 린 생산은 포괄적인 생산개념이기 때문에 오늘날 널리 사용되고 있는 적시관리(JIT), 유연적 생산시스템 및 CIM 등과 같은 생산개념의 지원을 받을 수 있다. 즉, 이러한 생산시스템들의 지원이 없이는 린 생산의 성공을 보장할 수 없다. 또한 린 생산을 성공시키기 위해서는 적은 계층, 팀 작업, 동시공학, 전사적 품질경영, 협력업체 통합, 고객근접, 통합적 정보관리 및 커뮤니케이션 문화 등이 관련된 린 생산의 핵심요소들이 검토되어야 한다.

9.2 공급사슬관리

9.2.1 공급사슬의 의의

   공급사슬(supply chain)은 기업이 생산을 위하여 원재료를 조달한 후 중간재 또는 최종재로 변환하고, 이러한 최종제품을 고객에게 유통시키기 위한 조직 및 비즈니스 프로세스 등을 포괄하는 하나의 네트워크로 이해할 수 있다. 공급사슬은 제품 또는 서비스를 생산의 원천에서 소비에 이르도록 공급하기 위해 공급업체, 제조업체, 유통센터, 소매할인점, 고객 등을 연결한다. 공급사슬은 제품(상품)의 흐름에 따라 다음과 같은 4단계로 분류할 수 있다.[17]

- 매 입 : 공급업체로부터 원재료 구매(조달)
- 생 산 : 제조업체에서의 제품생산
- 배 송 : 생산된 제품의 보관 및 유통
- 판 매 : 고객에게 판매되는 단계

---

17 에이빔 컨설팅(주) 저/케이알 컨설팅(주) 역(2002), p. 143 이하.

9.2.2 공급사슬관리

공급사슬관리(supply chain management, SCM)는 고객이 원하는 제품을 사용하고자 하는 시점에 필요한 수량만큼 공급함으로써 고객에게 가치를 제공하는 관리기법을 의미한다. 즉, 공급사슬관리는 제품계획, 원재료 구매, 제조, 배달 등 공급사슬에 관련된 구성요소를 유기적으로 통합하여, 제품을 신속하고 저렴하게 고객에게 공급하는 데 그 목적이 있다. 공급사슬관리는 다음과 같은 두 가지 관점에서 접근할 수 있다.

- 공급사슬계획 (supply chain planning, SCP) 시스템 : 이것은 기업이 제품에 대한 수요를 예측하고, 그 제품에 대한 조달계획 및 생산계획을 수립할 수 있도록 해준다.
  - 수요계획 : 제품 또는 서비스에 대한 수요분석을 통하여 계획 수립
  - 제조계획 : 고객에게 공급될 제품 또는 서비스에 대한 일정관리
  - 유통계획 : 일정관리, 운송계획, 및 수요계획 등을 종합하여 유통계획 수립
  - 운송계획 : 원재료 조달과 관련된 운송 및 완성된 제품의 고객전달과 관련된 운송계획
  - 재고계획 : 재고를 보관하는 장소별(공장, 보관창고, 물류센터, 판매점 등) 최적의 재고를 유지하기 위한 제품별 재고계획 수립
- 공급사슬실행 (supply chain execution, SCE) 시스템 : 이것은 제품이 지정된 장소에 가장 효율적으로 전달될 수 있도록 유통센터 및 유통창고를 거치는 제품의 흐름을 관리한다.
  - 주문관리 : 주문의 이행, 확인 및 처리
  - 생산관리 : 제품 및 서비스의 생산과정에 대한 관리
  - 유통관리 : 완성된 제품 또는 서비스가 효율적으로 고객에게 전달될 수 있도록 관리
  - 역물류관리 : 제품에 문제가 생길 경우, 고객으로부터 제품 또는 서비스를 회수하는 부분의 관리

특히, 공급사슬관리에 있어서 수요와 공급을 연결시키는 시기와 관련되어 있을 뿐만 아니라 비용 상승요인으로 작용할 수 있는 재고는 매우 중요한 관리대상에 속한다. 재고는 다음과 같은 네 가지로 분류할 수 있다.[18]

- 사이클 재고 : 이것은 생산공정의 자본투입 차원에서의 재고를 말한다. 주문량만큼 생산하여 재고를 유지하며, 주문량 이상의 재고는 낭비라고 판단한다.
- 안전재고 : 이것은 불확실한 수요에 대비하기 위하여 예측된 수요 이상으로 확보하는 재고를 의미한다.
- 계획재고 : 이것은 설비의 유지관리 및 연휴 등에 대비하여 준비하는 재고를 말한다. 이것은 가동일의 변동에 따라 그 영향이 다르므로 파업 등과 같은 생산단절이 일어나지 않도록 하는 것이 중요하다.
- 전략재고 : 이것은 가격상승이 예상될 때 추가적으로 확보하는 재고를 의미한다. 이러한 재고는 품목에 따라 장기 보관이 가능하기도 하지만, 경우에 따라서 제품진부화의 위험을 발생시킬 수도 있다.

9.3 품질관리와 생산성

9.3.1 품질관리의 의의

생산운영관리의 목적은 고객이 원하는 양질의 제품 또는 서비스를 신속하고 저렴하게 생산하는 데 있다. 신속한 생산은 공정관리에 의해, 저렴한 생산은 원가관리에 의해, 양질의 생산은 품질관리(quality control) 또는 품질경영(quality management)에 의해 달성될 수 있다. 그러므로 품질관리는 고객이 원하는 제품 또는 서비스의 품질수준을 유지하거나 향상시키기 위한 관리로 정의할 수 있다.[19] 품질관리는 다음과 같은 두 가지 관점에서 수행될 수 있다.

---

18 전게서, p. 144 이하.
19 이건희(1997), p. 483.

- **통계적 품질관리** (statistical quality control, SQC) : 이것은 고객이 요구하는 제품 및 서비스를 가장 경제적으로 생산하기 위해 생산시스템의 모든 과정에 추리통계학과 확률이론을 이용하는 품질관리기법을 말한다. 즉, 이것은 통계학을 응용하여 올바른 규준이나 표준을 결정하며, 이를 통해 제품의 품질을 유지하고, 제품의 품질을 향상시키려고 시도한다.
- **전사적 품질관리** (total quality management, TQM) : 이것은 기업 전체의 관점에서 조직구성원 모두가 참여하여 품질유지 및 품질향상을 위해 노력하는 전사적 운동을 의미한다(제8장 8.2.4 참고). 즉, 이것은 설계, 제조, 판매 등의 부문뿐만 아니라 총무와 인사 등과 같은 제품에 직접 관계하지 않는 부문까지 포함하여 품질관리를 수행한다.

특히, 경영컨설턴트는 다음과 같은 의뢰 기업의 품질관리와 관련된 문제를 확인한 후 품질향상을 위한 대안을 제시하여야 한다.[20]

- **품질방침** : 품질방침을 숙지하고 품질목표를 세우고 있는가?
- **품질관리체계** : 품질관리체계의 확립을 위한 제도가 시행되고 있는가?
- **품질관리 분임조 활동** : 품질관리 분임조 활동이 이루어지고 있는가?
- **품질검사기법** : 품질검사기준이 명확한가? 그리고 품질검사의 결과를 기록하고 활용하는가?
- **불량처리** : 불량발생 예방활동이 체계적으로 수행되는가?
- **고객불만의 관리** : 고객의 불만정보가 관리되고 피드백 되는가?

9.3.2 품질관리 분임조의 운영

품질관리 분임조(quality control circle)는 전사적 품질관리를 효과적이고 효율적으로 수행하는 데 많은 도움을 줄 수 있다. 아래에서는 품질관리 분임조에 대하여 자세히 설명하기로 한다.[21]

---

20 주성종 외 3인(2010), p. 117 이하.
21 박주홍(2016b), p. 209 이하 수정 재인용.

　품질관리 분임조는 1960년대 초에 일본에서 개발된 품질향상의 방법으로써 혁신을 위한 가장 중요한 아이디어원천의 하나이다.[22] 품질관리 분임조에서는 주로 소규모의 개선이 이루어지는 점진적 혁신이 추구된다. 이것은 품질문제를 토의하고, 문제해결방안을 추천하고, 개선을 추구하기 위하여 작업시간 동안 또는 작업시간 이후에 자발적이고 규칙적인 모임을 갖는 동일 작업영역 소속의 종업원들로 구성된 소규모 작업집단이다.[23] 무엇보다도 품질관리 분임조에서는 종업원들의 품질의식이 확보되어야만 성공적인 개선이 이루어질 수 있다.

　품질관리 분임조의 주요 목표는 다음과 같다.

- 원가절감
- 생산성향상
- 품질유지 및 품질개선
- 원재료 및 에너지절약
- 공정안정성의 확보

　효과적인 품질관리 분임조 활동이 이루어지기 위해서는 다음과 같은 조건들이 충족되어야 한다.[24]

- **자유로운 참여** : 기업의 모든 종업원들은 품질관리 분임조에 자유롭게 참여할 수 있다. 그러나 부정적인 영향을 줄이기 위하여 품질관리 분임조의 참여가 상위 계층에 의하여 강요되어서는 안 된다.
- **규칙적인 모임** : 품질관리 분임조는 규칙적으로 모임을 가져야 한다. 특정 작업영역의 문제점들을 적시에 토의하고 제거하기 위하여 일반적으로 최소한 한 달에 한 번, 한 시간 동안의 모임을 가져야 한다.

22　Brommer, U.(1990), p. 40.

23　Urban, C.(1993), p. 54; Buntenbeck, D. F.(1991), p. 77; Nütten, I./Sauermann, P.(1988), p. 174 이하; Deppe, J.(1986), p. 15 이하; Domsch, M.(1985), p. 428.

24　Engelhardt, H. D.(1991), p. 177 이하; Brommer, U.(1990), p. 40 이하; Griepenkerl, H.(1990), p. 16; Kim, K.−S.(1990), p. 6 이하.

- 긍정적 분위기의 조성 : 노동조합과 경영자들은 품질관리 분임조의 활동을 촉진하고, 소규모 작업집단의 분위기를 긍정적으로 이끌어 가야 한다.
- 구성원의 동질성 : 일반적으로 품질관리 분임조는 동일한 작업영역의 종업원들로 구성되어야 한다. 이를 통하여 특정 작업영역의 문제점들이 현장에서 보다 잘 확인되고, 제거될 수 있기 때문이다.
- 조장 (group leader)의 지명 : 품질관리 분임조의 활동을 목표 지향적이고 효율적으로 수행하고, 조원들에게 동기를 부여하기 위하여 조장이 필요하다. 조장은 품질관리 분임조의 활동을 효과적이고 효율적으로 수행하는 조정자의 역할을 담당한다.

품질관리 분임조는 조정위원회, 진행자, 조장(조정자) 및 참여자 등으로 구성되어 운영되어야 한다. 품질관리 분임조의 활동을 성공적으로 수행하기 위해서는 이러한 조직구성원 또는 조직체 간의 협력이 필수적이다. 품질관리 분임조와 관련된 각 조직구성원 또는 조직체를 간략히 살펴보면 다음과 같다.[25]

조정위원회

조정위원회는 품질관리 분임조와 관련된 조직체 중에서 최상위에 존재하며, 품질관리 분임조의 계획, 실행 및 통제에 대한 책임이 있을 뿐만 아니라, 품질관리 분임조의 활동에 필요한 재정 및 공간의 준비에도 책임이 있다. 또한 이 위원회는 전사적인 품질관리 분임조 활동의 촉진 및 해결방안의 실행과 관련된 의사결정에도 책임이 있다.

진행자

진행자는 조정위원회와 품질관리 분임조 간의 연결자 역할을 담당한다. 진행자의 주요 과제는 품질관리 분임조와 접촉을 하며, 조장들을 연결시키고, 개별 품질관리 분임조를 위한 자문을 하는 것이다. 아울러 진행자는 조정위원회, 관련된 품질관리 분임조 및 기업의 다른 영역 간의 정보교환을 촉진시키는 역할을 한

---

25 Buntenbeck, D. F.(1991), p. 78 이하; Breisig, T.(1990), p. 82 이하; Brommer, U.(1990), p. 41; Kim, K.－S.(1990), p. 21 이하; Simon, W./Heß, M.(1988), p. 58 이하.

다.[26] 진행자는 일반적으로 5개 내외의 품질관리 분임조를 자문하는데, 이는 관련된 품질관리 분임조들을 보다 효율적으로 통제할 수 있기 때문이다.[27]

조 장(조정자)

품질관리 분임조의 조장(조정자)은 어떤 품질관리 분임조의 대표자가 아니라 '동등한 조원들 중의 일인자' 역할을 수행하며, 해당 품질관리 분임조에서 선출된다.[28] 따라서 조장은 동료들에 의하여 인간적인 측면 및 전문적인 측면에서 받아들여져야 한다. 품질관리 분임조의 성공 여부는 소집단의 문제점들을 해결하는 조장의 능력에 달려 있다.[29] 조장의 주요 과제는 품질관리 분임조 활동에 필요한 다양한 작업기법(예를 들면, 창조성 기법)들을 조원들에게 주지시키고, 생산적인 집단분위기를 창출하는 것이다. 나아가 조장은 조정기법 및 문제해결기법에 대한 교육을 받아야 하는데, 이러한 교육을 통하여 조장은 조원들에게 성공적인 품질관리 분임조 활동과 관련된 지식 및 능력을 전수할 수 있다.

참여자

원칙적으로 기업의 모든 종업원들이 품질관리 분임조에 자유롭게 참여할 수 있다. 실무적으로 볼 때 품질관리 분임조는 동일한 작업영역의 참여자로 구성되는 것이 바람직하다. 경우에 따라서 서로 다른 작업영역의 참여자로 구성된 품질관리 분임조를 만들어 기업의 특수한 문제를 처리할 수도 있다.

문제를 확인하고, 해결방안을 제시하고, 최적적으로 개선하기 위하여 품질관리 분임조의 참여자들은 문제해결기법 또는 창조성 기법을 활용할 수 있다. 이러한 기법들을 활용할 경우 모든 품질관리 분임조의 참여자들로부터 문제점과 주제들이 제안될 수 있을 뿐만 아니라, 계속적인 토의가 이루어진다.[30] 참여자들의 적극적인 활동을 통하여 제품, 노동, 종업원 및 기업의 질이 개선될 수 있을 뿐만 아니라, 경쟁자들에게 대항할 수 있는 경쟁우위도 확보할 수 있다. 아울러 이를 통

---

26 Deppe, J.(1986), p. 48.
27 Simon, W./Heß, M.(1988), p. 58.
28 Breisig, T.(1990), p. 85.
29 Kim, K.‒S.(1990), p. 27.
30 Brommer, U.(1990), p. 42.

하여 기업은 모든 작업영역에서의 높은 품질수준과 시장에서의 강력한 경쟁력을 유지하게 된다.

기업에서 품질관리 분임조가 도입되어 실행이 되고 있다면, 그 효과를 측정해야만 한다. 품질관리 분임조의 활동 효과는 수치로 측정할 수 있는 양적인 효과 및 수치로 측정할 수 없는 질적인 효과 등으로 구분할 수 있다.[31] 양적인 효과는 생산성, 총매출액, 이윤 및 품질관리 분임조의 가치효용분석 등을 통하여 측정될 수 있다. 특히, 품질관리 분임조의 가치효용분석은 품질관리 분임조 활동의 효율을 측정하는 데 있어서 중요한 의미를 갖는다.[32] 질적인 효과는 작업만족도의 개선, 갈등의 감소 및 작업과 기업 간의 강화된 정체성 확인 등으로 측정될 수 있지만, 질적인 결과의 신뢰성과 측정가능성이 문제점으로 지적될 수 있다. 하지만, 이러한 문제점들은 품질관리 분임조의 도입 전과 도입 후의 효과를 설문지를 통하여 분석함으로써 어느 정도 제거될 수 있다.[33] 이 경우에 있어서 품질관리 분임조에 참여한 집단과 품질관리 분임조에 참여하지 않은 집단으로 구분하여 도입 전후의 효과를 분석하는 것이 바람직하다.

성공적인 품질관리 분임조의 활동과 제안에 대한 보상은 물질적 보상과 비물질적 보상으로 구분되어 실행될 수 있다. 물질적 보상은 임금인상 및 보상금지급 등으로 이루어지는 반면, 비물질적 보상은 승진, 칭찬 및 인정, 계속적 교육실시, 해외견학여행 및 해외연수 등으로 이루어진다. 또한 이러한 보상은 개인과 집단에 대한 보상으로 구분되어 실행될 수 있다. 일반적으로 집단에 대한 보상이 주로 이루어지는데, 그 이유는 개인에 대한 보상이 품질관리 분임조의 팀워크를 저해할 수 있기 때문이다.

9.3.3 생산성

생산성(productivity)은 생산성은 생산의 효율성을 나타내는 지표이다. 이것은 생산에 사용된 노동, 자본, 토지 등의 생산요소의 투입량과 그 결과 생산된 생산

---

31 Kim, K.-S.(1990), p. 55.
32 Kunzmann, E. M.(1991), p. 75 이하.
33 Kim, K.-S.(1990), p. 55.

물의 양(산출량)의 비율을 말하며, 투입과 산출은 양 대신에 화폐로 환산한 금액을
단위로 사용할 수도 있다. 생산성은 생산에 투입되는 생산요소에 따라 노동 생산
성, 자본 생산성, 토지 생산성 등이 있으며, 가장 많이 사용되는 것은 노동 생산
성과 자본 생산성이다. 〈표 9-1〉은 노동 생산성과 자본 생산성을 보여준다.

표 9-1	노동 생산성과 자본 생산성		
지표 (비율명)		공 식	비율의 의미
노동 생산성	종업원 1인당 연간 생산량	생산량/ 종업원 수	종업원 1인당 생산량 측정
	종업원 1인당 연간 생산액	생산액/ 종업원 수	종업원 1인당 생산액 측정
	종업원 1인당 부가가치	부가가치/ 종업원 수	종업원 1인당 부가가치 측정
자본 생산성	종업원 1인당 기계장비	기계장비/ 종업원 수	설비자산 중 기계장비의 종업원 1인당 보유수준
	설비투자효율	부가가치/ 설비자산	기업에서 실제로 사용되고 있는 설비자산(유형자산 - 건설 중인 자산)이 어느 정도 부가가치를 창출하였는가를 나타내는 지표

9.4 글로벌 소싱과 글로벌 로지스틱스[34]

9.4.1 글로벌 소싱

글로벌 소싱의 의의

글로벌 소싱(global sourcing)은 지리적 입지와 관계없이 필요한 자원 및 산출물
을 가장 효과적으로 제공할 수 있는 공급업체를 전 세계적으로 활용하는 것을 의
미한다.[35] 즉, 글로벌 소싱은 제품생산에 필요한 원재료 및 부품을 전 세계적 관
점에서 조달하는 기업활동으로 정의할 수 있다. 이러한 기업활동은 원재료 및 부

---

34 박주홍(2012a), p. 293 이하; 박주홍(2004), p. 157 이하 수정 재인용.
35 Hodgetts, R. M./Luthans, F.(2000), p. 64.

품을 필요한 시점에 유리한 가격으로 전 세계에 있는 공급업체로부터 합리적으로 구매하기 위한 관리활동에 기초를 두고 있다.[36]

글로벌 소싱은 다음과 같은 측면에서 전략적으로 중요한 의미를 갖는다.

- 글로벌 소싱은 기업전략의 중요한 구성요소이며, 기업의 글로벌 경쟁력 및 성과를 향상시키기 위한 핵심적인 수단이다
- 글로벌 소싱을 통하여 최종 제품의 생산에 필요한 원재료 및 부품을 기업이 얼마나 효과적이고 효율적으로 조달하는가에 따라 그 기업의 가격, 품질 및 제품경쟁력이 결정될 수 있다.

글로벌 소싱의 원천

글로벌 소싱의 원천에 대한 의사결정은 기업이 어떤 국가(예를 들면, 본국 및 현지국)에서 생산활동을 하는가에 따라 다르게 이루어질 수 있다. 본국에서 생산활동을 하는 기업이 원재료 및 부품을 조달하는 경우에는 국내구매, 국외구매, 국제구매 및 글로벌 소싱 등과 같은 대안이 있을 수 있다. 현지국에서 생산활동을 하는 기업의 관점에서 글로벌 소싱의 원천은 현지국 시장에서의 구매, 생산공장을 보유하지 않은 제3국으로부터의 구매 및 그룹내부로부터의 구매 등으로 분류될 수 있다.[37]

일반적으로 현지국 시장에서의 구매는 수입통제, 외환규제 및 현지부품 사용률 등과 같은 규제적 환경의 극복을 위하여 이루어진다. 본국과 현지국에서 생산에 필요한 원재료 및 부품을 구매할 수 없는 경우에는 제3국으로부터의 구매가 대안으로 채택될 수 있다. 그룹내부로부터의 구매는 내부거래를 통하여 본사와 자회사, 자회사와 자회사 간에 거래가 이루어지는 것을 말한다. 이러한 내부거래를 통하여 기업은 납품의 안정성을 증대시킬 수 있다.

또한 기업차원에서 볼 때, 글로벌 소싱의 원천은 기업외부에서의 구매(inter-firm sourcing)와 기업내부에서의 구매(intra-firm sourcing) 등으로 분류될 수 있다.[38]

---

36 조동성(1997), p. 685.
37 Grochla, E./Fieten, R.(1989), p. 206 이하.
38 이상식/박병권(1999), p. 157 이하.

- 기업외부에서의 **구매** : 이것은 원재료 및 부품을 개발하는데 있어서 막대한 투자비용이 소요되고, 높은 위험이 존재하는 경우에 대안으로 채택될 수 있다. 일반적으로 이러한 구매방식은 기업외부에 다수의 공급업체들이 존재하기 때문에 안정적인 공급원을 확보할 수 있는 장점을 갖고 있는 반면, 기업외부로부터의 과도한 구매가 기업의 핵심기술력을 약화시킬 수 있는 단점을 갖고 있다. 이러한 단점은 IBM의 사례에서 발견된다.[39] 1981년 IBM이 최초로 PC를 개발하여 판매하였을 때, 이 기업은 운영시스템은 Microsoft에, 마이크로프로세서는 Intel에 외주를 주었기 때문에 이들 두 분야의 핵심기술을 보유할 수 있었던 기회를 완전히 상실하는 결과를 초래하였다.

- 기업내부에서의 **구매** : 이것은 내부화이론(기업의 해외직접투자가 내부거래를 위해 이루어진다는 이론)에 이론적 근거를 두고 있으며, 그룹내부로부터의 구매가 이루어진다. 이러한 내부거래를 통하여 규모의 경제, 학습효과 및 그룹내부의 시너지효과를 증대시킬 수 있을 뿐만 아니라, 확실하고 안정적인 공급원을 확보할 수 있는 장점이 있다. 그러나 그룹내부에서 원재료 및 부품을 전적으로 조달하는 경우에 있어서 연구개발비용, 관리비용 등이 증대되기 때문에 그룹전체의 성과가 떨어질 수 있는 가능성이 단점으로 지적될 수 있다.

글로벌 소싱과 협력관계

글로벌 소싱에 있어서 협력관계는 무엇보다도 제조업체와 협력업체(공급업체)의 기술적인 공동협력에 중점을 두어야 한다. 왜냐하면 협력업체가 납품하는 원재료 및 부품은 최종 제품의 품질에 결정적인 영향을 미칠 수 있기 때문이다. 이러한 기술적 공동협력은 일반적으로 제조업체가 원재료 및 부품의 생산에 필요한 기술을 협력업체에게 제공함으로써 잘 이루어질 수 있다. 경우에 따라서 제조업체와 협력업체가 공동으로 기술개발을 개발하며, 이를 통하여 최종 제품의 기술적 표준을 충족시킬 수 있다. 또한 협력업체는 제조업체가 필요로 하는 원재료 및 부품을 독자적으로 개발하여 납품할 수 있다. 이 경우에는 기술개발에 필요한 인적 및 물적 자원을 협력업체가 전적으로 부담하여야 한다.

---

39 장세진(1999), p. 431.

현지국에서 생산시설을 보유하고 있는 글로벌 기업의 현지 자회사는 생산 초기부터 현지국의 협력업체와의 협력관계를 잘 유지해야만 요구되는 품질 및 납품시기 등과 관련된 문제점들을 극복할 수 있다.[40] 현지국의 협력업체는 원재료 및 부품의 생산에 필요한 기술을 제조업체로부터 제공받을 수도 있고, 독자적으로 기술을 개발할 수도 있다. 현지 자회사(제조업체)는 우수한 품질의 원재료 및 부품을 조달받기 위하여 현지국의 협력업체에게 기술적인 노하우 및 지식의 제공, 엔지니어 또는 기술인력의 교육, 재정적인 지원을 할 필요가 있다. 이러한 공동협력과 지원을 통하여 현지 자회사는 품질이 우수한 원재료 및 부품을 안정적으로 조달할 수 있으며, 이를 통하여 최종 제품의 글로벌 경쟁력을 향상시킬 수 있다.

9.4.2 글로벌 로지스틱스

글로벌 로지스틱스의 의의

글로벌 로지스틱스(global logistics)는 생산에 필요한 원재료, 부품 조달 등과 같은 원재료 관리(material management) 및 운송, 보관 및 재고관리 등과 같은 물적유통(physical distribution)과 같은 두 가지 활동으로 구성되어 있다.[41] 글로벌 기업의 원재료 관리는 원재료의 조달과 관련되어 있으며, 이 내용은 글로벌 소싱에서 이미 설명하였기 때문에 여기에서는 논의하지 않기로 한다(9.4.1 참고).

글로벌 로지스틱스의 주요 구성요소의 하나인 글로벌 물적 유통(global physical distribution)은 제조업체가 생산한 특정 제품이 해외고객에게 이동되는 과정에서 요구되는 운송, 보관 및 재고관리 등과 같은 활동을 포괄한다. 이러한 활동의 주요 목표는 다음과 같다.

- 유통비용의 절감
- 운송시간의 단축
- 납기의 준수
- 안전한 보관

---

40 Grochla, E./Fieten, R.(1989), p. 211.
41 Kotabe, M./Helsen, K.(2008), p. 508.

아래에서는 글로벌 로지스틱스의 두 가지 활동 중에서 운송관리, 보관 및 재고관리 등과 같은 글로벌 물적 유통의 주요 활동에 대해서만 살펴보기로 한다.[42]

운송관리

운송(transportation)은 운송수단을 활용하여 해외고객에게 특정 제품을 전달하는 활동을 말하며, 이것은 물리적 이동과 관련되어 있다. 운송수단은 비용, 시간, 안전성, 운송물품의 중량과 가치, 운송수량 및 운송수단의 이용가능성 등을 고려하여 선택되어야 한다. 일반적으로 기업의 상황과 운송되는 물품의 종류에 따라 운송수단이 다르게 결합될 수 있다. 대표적인 운송방법을 살펴보면 다음과 같다.[43]

- 육 로: 철도, 트럭, 자동차 등을 통한 운송
- 수 로: 강과 운하에서의 선박 운송
- 해 로: 바다에서의 선박 운송
- 항공로: 항공기 운송
- 파이프라인: 파이프라인을 통한 석유 및 천연가스 등의 운송

운송수단의 결합에 따라 다음과 같은 방식들이 제시될 수 있다.[44]

- 피기백 (piggy-back): 트럭과 철도를 결합하여 육로로 운송하는 방식
- 버디백 (birdy-back): 육로와 항공로를 결합하여 운송하는 방식
- 피시백 (fish-back): 육로와 수로, 해로 등을 결합하여 운송하는 방식

보관 및 재고관리

(1) 보 관

보관(storage)은 중간상 또는 보관업체가 특정 제품을 해외고객에게 판매하기 전까지 창고(예를 들면, 일반 창고 또는 냉동 창고) 또는 특수 보관시설(예를 들면, 유류,

---

42 박주홍(2010), p. 249 이하 재인용.
43 Keegan, W. J.(2002), p. 346 이하.
44 반병길/이인세(2008), p. 351 이하.

가스 및 화학물질 보관 탱크) 등에서 일정 기간 동안 물품을 맡아서 관리하는 활동을
의미하며, 이것은 창고보관(warehousing)과 동의어로 사용되기도 한다. 보관의 주
요 목표를 살펴보면 다음과 같다.

- 재고비용의 최소화
- 창고보관을 통한 손실, 파손, 도난 및 부패방지(예를 들면, 냉동 보관이 요구되
  는 식품)
- 납품시간의 최소화
- 납품준비의 극대화
- 기회비용 발생가능성의 최소화
- 재포장 및 재선적 등과 같은 재가공을 위한 장소제공

(2) 재고관리

재고관리(inventory management)는 글로벌 기업 또는 중간상이 해외고객에게 특
정 제품을 판매하기 전까지 제품의 적절한 보유량을 계획하고 통제하는 일을 말
한다. 재고관리의 목적은 대 고객 납품서비스를 방해하지 않는 범위 내에서 특정
제품의 보유량을 가능한 한 적게 유지하는데 있다. 재고비용은 다음과 같이 구성
되어 있다.[45]

- 재고유지비 : 일정기간 동안 상품의 재고를 유지하는데 필요한 비용
- 주문비 : 재고량을 확보하기 위해 요구되는 주문처리비, 발송비 및 화물취급
  비 등과 관련된 비용
- 재고부족비 : 주문량에 비해 재고량이 적은 경우에 발생하는 기회비용

---

45 전게서, p. 352.

마케팅 컨설팅

CHAPTER 10

마케팅 컨설팅

10.1 마케팅의 개념과 발전단계

10.1.1 마케팅의 개념

2013년 미국 마케팅협회(American Marketing Association, AMA)는 마케팅(marketing)을 '고객, 클라이언트, 파트너, 그리고 사회 전반을 위해 제공물(offerings; 제품 및 서비스)을 창출, 커뮤니케이션, 전달 및 교환할 수 있도록 하는 활동, 조직구성 및 과정'으로 정의하였다.[1] 즉, 마케팅은 '고객의 욕구를 충족시키기 위하여 수행되는 교환활동'으로 요약될 수 있다. 이 정의에 포함된 용어를 구체적으로 살펴보면 다음과 같다.

- 고 객 (customer) : 제품 또는 서비스를 최종적으로 소비하는 사용자 또는 소비자(개인, 기업, 국가, 기관 및 비영리단체 등을 포괄함)
- 욕 구 (needs or wants) : 제품 또는 서비스를 취득하기를 원하는 잠재적 또는

---

1 https://www.ama.org/AboutAMA/Pages/Definition-of-Marketing.aspx.

실제적 고객의 심리적 상태

- **충 족** (satisfaction) : 고객이 원하는 제품 또는 서비스를 구매함으로써 느끼는 심리적 만족감
- **교환활동** (exchanges) : 제품 또는 서비스를 고객에게 판매하고, 그 가격만큼 다른 제품 또는 서비스를 얻거나(예를 들면, 물물교환) 또는 화폐(예를 들면, 외환획득)를 얻는 활동

또한 마케팅은 기업이 통제 불가능한 국내 및 글로벌 환경의 제약조건 내에서, 제품(product), 가격(price), 유통(place) 및 촉진(promotion) 등과 같은 통제 가능한 마케팅 4P 요소들을 활용하여 이윤을 추구하는 기업활동이다.[2] 〈그림 10-1〉은 국내 및 글로벌 마케팅의 환경과 마케팅 4P 믹스를 보여준다. 이 그림에 나타나 있는 바와 같이 마케팅을 성공적으로 수행하기 위해서는 국내환경과 글로벌 기업이 활동하고 있거나 활동하려는 국가들(1, 2,…, N)의 환경을 분석하여 마케팅 4P 믹스전략을 수립하여야 한다.

그림 10-1 국내 및 글로벌 마케팅의 환경과 마케팅 4P 믹스

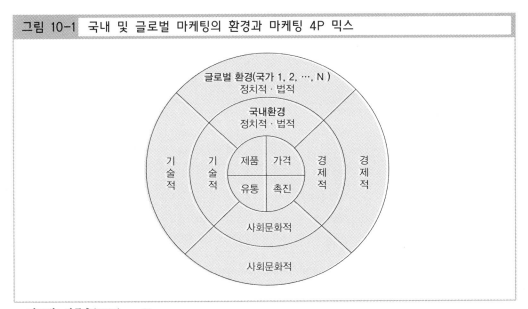

자료원: 박주홍(2013), p. 31.

---

2 박주홍(2013), p. 30 이하.

10.1.2 마케팅 개념의 발전단계

마케팅의 개념은 다음과 같은 5단계로 분류하여 논의할 수 있다. 즉, 시장지향성(market orientation)의 단계에 따라 마케팅의 개념은 진화하였다.[3]

- 생산 개념 (production concept) : 이 개념은 기업이 제품 또는 서비스를 생산하면 팔릴 것이라고 가정한다. 이것은 산업화 초기단계에 채택된 개념으로서 소비자들은 제품의 디자인이나 품질에는 전혀 관심을 갖지 않으며, 구매 자체에만 관심을 보인다. 생산 개념에서 요구되는 상황은 다음과 같다.
  - 제품에 대한 수요가 공급을 초과하는 상황이다.
  - 제품원가가 높아서 이를 줄이기 위한 생산성 향상이 요구된다.
- 제품 개념 (product concept) : 이 개념 의하면 소비자는 품질, 성능 및 제품속성이 가장 우수한 제품을 선호한다고 가정한다. 즉, 소비자는 이러한 제품을 선호하기 때문에 기업은 우수한 제품을 지속적으로 생산하고, 그 품질을 개선하여야 한다. 이 개념은 기업이 소비자의 근본적 욕구보다 제품 그 자체에 집착하는 마케팅 근시안(marketing myopia)을 초래할 수 있는 단점을 지니고 있다. 마케팅 근시안은 먼 미래를 예상하지 못하고 바로 앞에 닥친 상황만 고려한 마케팅을 이르는 말이다. 따라서 단편적이고 단순한 생각에서 벗어나 좀 더 다른 입체적인 시각에서 경쟁자를 파악하는 것이 중요하다.
- 판매 개념 (selling concept) : 이 개념은 기업의 공급과잉으로 인하여 고품질의 제품을 생산하는 것만으로 기업활동을 수행하기 어렵게 됨에 따라 기업은 생산 이후의 판매(판매증대를 통한 이익확보)에 관심을 갖게 된다고 가정한다. 이 개념하에서는 기업은 판매에만 전적으로 관심을 가지며, 소비자의 구매 후 만족에 대해서는 전혀 고려하지 않는다.
- 마케팅 개념 (marketing concept) : 이 개념은 조직의 목표달성을 위해 기업은 고객의 니즈와 욕구를 파악하고, 경쟁사보다 더 효과적으로 만족을 제공하

---

3 Kotler, P.(1984), p. 16 이하.

여야 한다는 가정을 한다. 판매 개념은 기업 내부에서 기업 외부로 관심을 집중하는 반면, 마케팅 개념은 기업 외부에서 기업 내부로 관심을 집중시킨다. 즉, 마케팅 개념은 기업 외부의 고객의 욕구를 고려하는 고객지향적인 마케팅 활동(고객만족을 통한 이익확보)을 최우선의 가치로 삼는다.

- 사회적 마케팅 개념 (societal marketing concept) : 이 개념은 조직이 목표달성을 위하여 경쟁사보다 고객의 니즈를 더 효과적으로 충족시킬 뿐만 아니라 고객과 사회의 복지증진에 기여해야 한다는 가정을 한다. 즉, 이 개념은 기업의 이익, 고객의 욕구, 그리고 사회의 복지를 동시에 고려하고 있다. 이 개념은 고객의 욕구(예를 들면, 콜라의 갈증해소 및 청량감), 그리고 고객과 사회의 복지(예를 들면, 콜라 섭취로 인한 치아손상의 방지, 플라스틱 콜라병으로 인한 환경오염의 방지 등)를 동시에 충족시켜야 하는 과제를 안고 있다.

10.2 마케팅 믹스전략

10.2.1 마케팅 믹스전략의 의의와 구성요소

마케팅 믹스전략(marketing mix strategy)은 기업이 표적시장(target market)에서 마케팅 성과를 달성하기 위하여 제품(product), 가격(price), 유통(place) 및 촉진(promotion) 등과 같은 통제 가능한 마케팅 4P 요소를 조합(combination)하는 것을 의미한다. 〈표 10-1〉은 마케팅 4P 믹스의 주요 변수를 보여준다. 이 표에서 제시된 내용 중에서 가격 부분의 수출가격, 이전가격(본사와 자회사 또는 자회사와 자회사 간의 내부거래를 위해 책정하는 가격) 및 덤핑(생산원가보다 낮은 가격으로 수출) 등은 글로벌 마케팅과 관련되어 있다.

표 10-1	마케팅 4P 믹스의 주요 변수		
제 품 (product)	가 격 (price)	유 통 (place)	촉 진 (promotion)
제품속성 제품개발 제품수정 제품제거 브랜드 포 장 보증 및 서비스	가격결정 가격조정 가격변경 수출가격 이전가격 덤 핑	유통경로의 구조 유통경로의 설계 물적 유통	광 고 인적판매 홍 보 판매촉진

자료원: 박주홍(2013), p. 203.

마케팅 4P 믹스 요소들이 적절하게 혼합되어야만 효과적인 마케팅전략 또는 마케팅 프로그램이 수립된다. 전략적 관점에서 볼 때, 이러한 마케팅 믹스전략은 표준화(standardization)와 차별화(differentiation)로 구분될 수 있다. 〈그림 10-2〉는 마케팅 믹스전략의 수립과정을 보여준다(글로벌 마케팅 믹스전략의 표준화와 차별화는 10.4.2 참고).

- 표준화: 기업이 활동하는 모든 시장에 동일한 마케팅 4P 믹스를 사용하여 고객 또는 소비자에게 접근함.
- 차별화: 기업이 활동하는 각 시장별로 서로 다른 마케팅 4P 믹스를 사용하여 고객 또는 소비자에게 접근함.

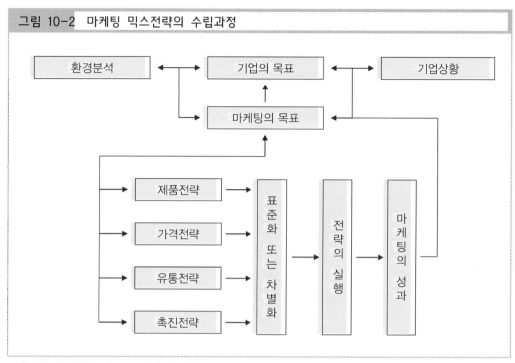

자료원: 박주홍(2013), p. 206 수정 재인용.

　아래에서는 마케팅과 관련된 경영컨설팅의 주제로 중요하게 고려될 수 있는 제품, 가격, 유통 및 촉진의 주요 이슈를 중심으로 논의하기로 한다.

10.2.2 제 품

제품의 의의[4]

　제품(product)은 노동력, 기계 및 원재료 등과 같은 생산요소를 투입하여, 가공 또는 생산과정을 거쳐 만든 완성품을 말한다. 넓은 의미에서 볼 때 제품은 유형의 제품뿐만 아니라 무형의 서비스(예를 들면, 금융서비스)도 포괄한다. 〈그림 10-3〉에 나타나 있는 바와 같이 *코틀러*(*Kotler*)는 제품을 핵심제품, 유형제품 및 확장제품 등과 같은 세 가지 차원으로 분류하였다[5]

4　박주홍(2013), p. 220 이하 수정 재인용.
5　Kotler, P.(1986), p. 297.

- **핵심제품** (core product) : 제품이 제공하는 핵심적인 편익 또는 서비스를 말함. 예를 들면, BMW의 '운전의 즐거움(Freude am Fahren)'이라는 슬로건에 나타나 있는 자동차의 편익을 들 수 있음.
- **유형제품** (tangible product) : 핵심제품을 실제의 제품으로 형상화한 제품을 의미함. 브랜드, 디자인, 품질 및 포장 등과 같은 제품속성을 통하여 구체화 됨.
- **확장제품** (augmented product) : 유형제품에 추가하여 제공되는 서비스 또는 기타의 혜택 등이 포함된 제품을 말함, 제품보증, 판매 후 서비스(after-sales service) 및 신용(예를 들면, 할부판매에서의 금융혜택) 등이 부가적으로 제공됨.

그림 10-3 제품의 세 가지 차원

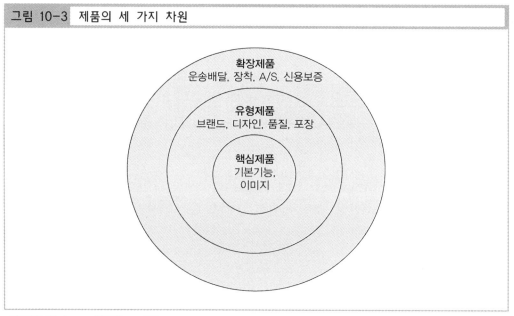

자료원: Kotler, p. (1986), p. 297.

제품수명주기 [6]

제품수명주기(product life cycle)의 개념은 어떤 제품이 시장에서 한정된 수명을 갖고 있다는 것에서 출발한다. 일반적으로 제품수명주기는 도입기, 성장기, 성숙

---

6 박주홍(2016b), p. 145 이하 수정 재인용.

기 및 쇠퇴기 등과 같은 4단계로 구분된다.[7] 〈그림 10-4〉는 전형적인 제품수명주기를 보여준다. 이 그림에서는 매출액, 자본소요, 이윤(보증공헌액) 및 수익성 등의 전개상황을 제품수명주기의 단계별로 제시한다.

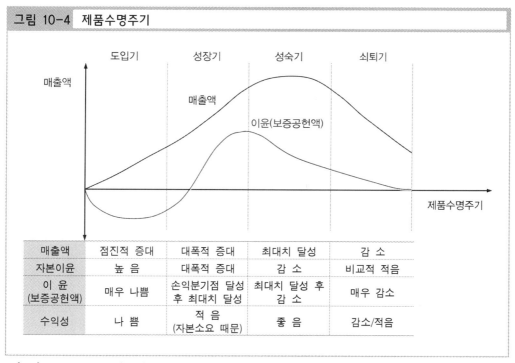

| 그림 10-4 | 제품수명주기 |

	도입기	성장기	성숙기	쇠퇴기
매출액	점진적 증대	대폭적 증대	최대치 달성	감 소
자본이윤	높 음	대폭적 증대	감 소	비교적 적음
이 윤 (보증공헌액)	매우 나쁨	손익분기점 달성 후 최대치 달성	최대치 달성 후 감 소	매우 감소
수익성	나 쁨	적 음 (자본소요 때문)	좋 음	감소/적음

자료원: Macharzina, K.(1993), p. 272; Pfeiffer, W./Bischoff, D.(1981), p. 150.

전략적 관점에서 볼 때, 제품수명주기의 개념은 한편으로는 각 단계에 있어서의 기능영역과 관련된 잠재성의 요구에 대한 기준을 제시하며, 또 다른 한편으로는 전략적 제품정책 및 제품프로그램정책에 대하여 설명하고 있다.[8] 제품수명주기의 각 단계는 서로 다른 기능영역의 중점활동을 필요로 하기 때문에 기업은 제품수명주기의 각 단계에 상응하는 전략적 대안을 개발하여야 한다.[9] 그러므로 도입기에는 연구개발부문에, 성장기에는 생산부문에, 성숙기에는 마케팅부문에, 쇠

---

7 제품수명주기의 4단계 분류에서 성숙기는 포화기를 포함한다.
8 Welge, M. K./Al-Laham, A.(1992), p. 121 이하.
9 전게서, p. 122.

퇴기에는 재무부문에 중점을 두는 것이 기업을 위하여 성공적일 것이다.[10] 기업이 제품수명주기의 어느 단계에 자사의 제품이 있는가를 파악한다면, 그 단계에 상응하는 전략적 대안을 제시할 수 있다. 아울러 다음과 같은 제품수명주기의 단계별 의사결정사항을 제시할 수 있다.[11]

- 도입기 : 마케팅전략의 실행(유통경로 및 가격정책), 제조부문에서의 생산용량의 결정, 제품정책(제품개선) 및 경쟁기업의 분석
- 성장기 : 생산설비의 증대, 경쟁기업 및 가격정책의 관점에서 수정된 마케팅전략
- 성숙기 : 특별한 광고수단, 시장점유율 전략 또는 시장점유율 변경정책 및 제품변경
- 쇠퇴기 : 제품에 대한 혁신적 해결방안의 탐구, 경쟁기업과의 협력전략, 기타 제품 또는 제품라인으로의 생산용량의 이용 및 투자회수

근본적으로 기업은 전략적 계획의 수립을 위하여 제품수명주기의 개념을 활용할 수 있다. 그러나 실제적으로 제품수명주기의 각 단계는 이론과는 다르게 나타날 수 있다.[12] 따라서 다음과 같은 측면들이 제품수명주기의 분석에서 고려되어야 한다.

- 제품수명주기의 각 단계는 국가, 산업, 제품그룹 및 제품에 따라 매우 다르게 나타난다.
- 전략적 계획을 수립하는 경우에는 마케팅부문과 관련된 주요 기능영역들이 공동 협력하여야 한다.
- 기술에 따라 제품수명주기의 각 단계는 매우 짧기 때문에 보다 신속한 초기 시장진입이 결정적인 역할을 한다. 이러한 관점에서 개발시간의 단축은 신제품의 성패에 지대한 영향을 미친다.

10　전게서.
11　Henze, J./Brose, P./Kammel, A.(1993), p. 277 이하.
12　전게서.

제품수명주기는 각 단계별로 전략적 대안을 제시하는 데 비교적 용이하게 사용될 수 있는 장점이 있다. 그러나 제품수명주기를 사후에만 파악할 수 있고, 사전에는 정확하게 예측할 수 없는 단점을 갖고 있다.

제품-시장 매트릭스[13]

1960년대 미국의 *안소프*(*Ansoff*)에 의해 개발된 제품-시장 매트릭스(product-market matrix)는 가장 잘 알려진 마케팅 전략개발을 위한 모델이다.[14] 이 매트릭스는 네 가지 서로 다른 전략적 대안인 시장침투, 시장개발, 제품개발 및 다각화 등으로 구성되어 있다. 〈표 10-2〉는 기업이 제품(기존제품 및 신제품) 및 시장(기존시장 및 신시장)의 관점에서 수립할 수 있는 네 가지 전략을 제시한다.

표 10-2 제품-시장 매트릭스(*안소프* 매트릭스)

제품 \ 시장	기존시장	신시장
기존제품	시장침투	시장개발
신제품	제품개발	다각화

자료원: Ansoff, H. I.(1966), p. 132.

전략적 마케팅계획의 관점에서 볼 때 앞서 언급한 네 가지 전략은 다음과 같은 의미를 갖는다.

- **시장침투**(market penetration): 이 전략은 원가측면을 중요하게 고려하는데, 그 이유는 기업이 원가절감을 통하여 시장지위를 개선할 수 있기 때문이다. 또한 이 전략의 실행을 위해서는 특별히 공정혁신이 중요한 의미를 갖는다.
- **시장개발**(market development): 이 전략의 성공적인 실행을 위해서 기업은 이 전략에 상응하는 시장기회를 갖고 있는 신시장을 필요로 한다. 여기에서는 유통활동이 중요한 의미를 갖는다.

13 박주홍(2016b), p. 159 이하 수정 재인용.
14 Ansoff, H. I.(1966), p. 130 이하.

- 제품개발 (product development) : 이 전략은 제품혁신에 기초를 두고 있다. 여기에서는 연구개발활동이 특별히 중요하다.
- 다각화 (diversification) : 이 전략의 실행을 위해서 기업은 신제품을 개발하고, 새로운 시장기회를 활용하기 위한 자본을 필요로 한다.

제품-시장 매트릭스는 원래 기업의 성장전략을 위하여 개발되었다. 전략적 마케팅계획의 관점에서 볼 때 이 매트릭스는 기능영역 관련적인 계획에 대한 필요성의 근거를 제시한다. 즉, 이 매트릭스를 통하여 기업은 어떤 전략의 실행을 위해서 중점적으로 관련된 기능영역을 파악할 수 있다. 이 기법은 시장과 제품의 관점에서 개념적으로 이해하기 쉬운 전략적 대안을 제시한 것이 가장 큰 장점이다. 그러나 이 기법은 기업 간의 경쟁을 고려하지 않고 있으며, 특별히 포화된 시장에 있어서 어떤 강력한 경쟁압력을 받는 기업의 입장을 거의 도외시하고 있다. 또한 심각한 재무적 위기에 처하여 계속적인 자원개발(예를 들면, 인적 및 물적 자원)을 할 수 없는 기업을 고려하지 않은 전략적 사고모델로서의 의미만을 갖고 있다는 비판을 받고 있다.[15]

10.2.3 가 격

가격결정의 의의

가격(price)은 제품 또는 서비스가 지니고 있는 가치를 화폐로 표시한 수치를 의미한다. 기업의 관점에서 볼 때 가격은 기업이 제품 또는 서비스를 생산 또는 창출하기 위하여 투입한 모든 비용(예를 들면, 인건비, 연구개발비, 생산비, 마케팅 비용 등)을 회수하고, 기업의 성장에 필요한 이익을 확보하기 위한 마케팅수단이다. 반면에, 소비자의 관점에서 볼 때 가격은 소비자가 욕구충족을 위하여 제품 또는 서비스를 구매하고 이에 대한 대가를 기업에게 지불한 금액을 말한다.[16]

---

15 Nieschlag, R./Dichtl, E./Hörschgen, H.(1988), p. 868.
16 박주홍(2013), p. 248.

가격결정의 영향요인 검토

가격결정은 기업내부요인, 시장요인 및 환경요인 등에 의해 영향을 받는다. 이러한 영향요인들은 가격을 결정할 때 구체적으로 분석되고 검토되어야 하는 대상이다.[17]

(1) 기업내부요인

기업내부요인(company internal factors)은 가격결정에 있어서 기업이 통제 또는 예측할 수 있는 변수로 구성되어 있다. 이것은 다음과 같은 세 가지로 구분될 수 있다.

- 기업의 목표 및 가격전략 : 기업의 목표는 모든 부문(기능영역)에 있어서 가치 창출활동의 방향을 제시하는 기준이 된다. 특히, 가격결정은 기업의 목표 중에서도 마케팅 목표의 달성과 밀접하게 관련되어 있다. 시장에서 판매되는 제품의 가격에 따라 기업의 수익성, 시장점유율, 성장률 등이 영향을 받게 된다. 그리고 기업의 목표를 달성하기 위하여 기업은 기업의 내부적 및 외부적 환경을 고려하여 가격전략을 수립한다. 즉, 침투가격전략(저가전략) 및 초기고가전략 등과 같은 전략적 선택을 통하여 기업은 환경상황에 적합한 가격을 책정하게 된다.
- 원 가 : 원가는 특정 제품의 생산을 위해 소요되는 여러 가지 비용을 일정한 기준에 의해 합한 금액을 말하며, 가격의 하한선을 결정하는 근거가 된다. 이것은 고정비(fixed cost)와 변동비(variable cost)로 구성되어 있다. 고정비와 변동비를 모두 합한 총비용(total cost)을 기준으로 가격이 결정될 수도 있고, 고정비와 변동비를 분리한 후 변동비의 폭을 조정하여 가격이 결정될 수도 있다. 원가는 가격결정뿐만 아니라 손익분기점을 분석을 위한 기초적인 자료로도 활용되기 때문에 정확하게 측정할 필요가 있다.
- 추가적 비용 : 이것은 유통비용, 운송비, 관세 및 세금 등으로 구성되어 있으

---

17 전게서, p. 251 이하 수정 재인용; Gillespie, K./Jeannet, J.-P./Hennessey, H. D.(2004), p. 320 이하.

며, 가격결정에 직접적으로 영향을 미친다. 특히, 유통비용과 운송비는 글로벌 기업의 수출활동을 위해 소요되는 비용으로써 기업의 노력 여하에 따라 절감될 수 있지만, 관세 및 세금은 현지국의 법적인 규정에 의해 금액이 정해져 부과되기 때문에 절감할 수 없는 비용이다.

(2) 시장요인

시장요인(market factors)은 기업이 활동하고 있는 국내시장뿐만 아니라 다수의 현지국 시장에서 나타나는 수요 및 경쟁 등과 같은 통제 불가능한 변수들을 포함한다. 시장요인을 확인하고 평가하기 위해서 마케팅조사가 수행되어야 한다.

- 수 요 : 가격결정은 국내 및 현지국 소비자의 소득수준과 구매력을 고려하여 이루어져야 한다. 현지국의 경제발전수준, GNP, 1인당 국민소득 및 가처분소득 등은 현지국 시장의 수요예측을 위한 중요한 자료이다.
- 경 쟁 : 기업이 활동하고 있는 지역 또는 국가에서의 경쟁상황은 제품에 대한 가격결정에 영향을 미친다. 경쟁상황이 독점 또는 과점, 그리고 완전경쟁인가에 따라 책정되는 가격수준이 달라질 가능성이 높다. 현지국 시장에서 독점 또는 과점이 나타날 경우에는 비교적 높은 가격이 책정될 수 있으며, 반면에 완전경쟁이 이루어지고 있다면 비교적 낮은 가격이 책정될 수 있다. 또한 경쟁기업이 판매하고 있는 특정 제품의 가격은 가격결정에 있어서 중요한 기준이 될 수 있다.

(3) 환경요인

환경요인(environmental factors)은 시장요인과 마찬가지로 기업이 통제할 수 없는 환율 및 인플레이션율, 그리고 정부의 규제 등과 같은 변수들로 구성되어 있다.

- 환율 및 인플레이션율 : 환율 및 인플레이션율은 글로벌 가격결정에 직접적으로 영향을 미치는 변수이다. 환율의 상승 및 하락 여부, 그리고 인플레이션율에 따라 현지국에서 판매되는 제품의 가격이 주기적으로 변경되어야만

경제적 손실이 방지될 수 있다.

- 정부의 규제 : 가격통제 및 덤핑규제 등과 같은 정부의 규제는 가격결정에 직접적으로 영향을 미치기 때문에 기업이 불이익을 당하지 않기 위해서는 이러한 규제를 반드시 준수하여야 한다. 가격통제(price control)는 정부에 의한 최저가격과 최고가격의 설정을 통하여 이루어진다. 덤핑(dumping)은 정상가치(normal value)보다 낮은 가격으로 제품을 수출하는 것을 말한다.

10.2.4 유 통

유통경로의 의의와 기능[18]

(1) 유통경로의 의의

유통경로(distribution channel)는 제품 또는 서비스가 생산자로부터 최종 소비자에게 이전되는 과정에 참여하는 개인, 관련 조직 및 기업의 집합을 의미한다. 일반적으로 유통활동은 제품 또는 서비스를 생산한 기업(직접유통경로)이나 전문적인 유통업체(간접유통경로)를 통하여 이루어진다. 유통경로는 한 번 구축이 되면 변경하기 어렵기 때문에 장기적인 관점에서 경로를 설계할 필요가 있다.

(2) 유통경로의 기능

유통경로는 특정 기업이 생산한 제품 또는 서비스를 고객에게 전달하는 거래기능을 포함하여 다음과 같은 다양한 기능을 수행한다.[19]

- 거래기능 : 제품 또는 서비스의 판매기능 및 구매기능, 거래의 경제성 기능 (중간상이 개입할 경우 제조업체와 고객 간의 거래가 대폭적으로 줄게 됨) 및 협상기능(거래조건에 대한 협상)을 담당함.
- 촉진기능 : 제조업체 또는 중간상이 최종 소비자를 대상으로 제품 또는 서비스의 판매를 위한 촉진활동을 수행함.

---

18 박주홍(2013), p. 276 이하 수정 재인용.
19 반병길/이인세(2008), p. 319 이하; Doole, I./Lowe, R.(2004), p. 334.

- 물적 유통기능 : 창고보관, 재고관리 및 유지, 운송 등의 기능을 담당함.
- 시장정보 수집기능 : 중간상이 수집한 고객, 시장 및 경쟁 등에 대한 정보를 제조업체에게 제공함.
- 판매 후 서비스 기능 : 중간상이 제조업체의 위임을 받아 교환, 수리 및 반품 등과 같은 판매 후 서비스 기능을 담당하기도 함.

유통경로결정의 영향요인 검토 [20]

유통경로결정에 있어서 중요한 과제는 유통경로의 길이와 폭, 그리고 통제수준 등을 설계하는 것이다. 유통경로의 길이(channel length)는 경로 구성원의 단계의 수(예를 들면, 제조업체, 도매업체, 소매업체, 소비자 등으로 구성된 경우는 4단계임)를 의미한다. 반면에, 유통경로의 폭(channel width)은 같은 단계를 구성하는 유통기관의 수(예를 들면, 제조업체와 거래관계를 유지하는 도매업체의 수, 도매업체와 거래관계를 유지하는 소매업체의 수)를 의미한다. 그리고 통제수준은 제조업체가 유통경로 구성원들에게 미치는 영향력의 정도를 말한다. 예를 들면, 유통경로가 길어질수록 제조업체가 특정 제품에 대한 가격, 판매수량 및 촉진활동 등에 미치는 영향력은 줄어들 수 있다.

유통경로는 다양한 요인들을 고려하여 결정되어야 한다. 이러한 요인들은 기업 내부적 요인과 기업 외부적 요인으로 구분될 수 있다.

(1) 기업 내부적 요인

1) 기업특성

유통경로는 기업전략, 보유하고 있는 인적 및 물적 자원, 해외활동의 중요성 등에 의해 많은 영향을 받는다. 유통경로의 결정에 영향을 미치는 기업전략은 일반적으로 마케팅전략을 의미한다. 즉, 기업이 달성하려는 시장점유율 및 수익성 등의 목표는 마케팅전략에 기초하고 있다. 또한 인적 및 물적 자원은 유통경로의 개발과 유지를 위해 필요하다.

---

20 박주홍(2013), p. 279 수정 재인용.

2) 제품특성

제품특성(예를 들면, 제품복잡성의 정도, 사용빈도, 보관가능성 및 수송가능성 등)에 따라 유통경로가 다르게 설계되어야 한다. 컴퓨터, 가전제품 등과 같이 기술적으로 복잡한 제품, 부패하기 쉬운 식품, 대량운송이 필요한 제품의 경우에는 직접유통경로가 선호될 수 있다.[21] 그리고 소비재의 유통경로는 산업재의 유통경로보다 더 길고 복잡하게 설계되는 경향이 있다.

(2) 기업 외부적 요인

1) 시장과 고객

유통경로결정에 가장 큰 영향을 미치는 요인은 시장과 고객이다. 시장규모와 시장성장률은 유통경로의 길이와 폭을 결정하는 데 있어서 중요한 변수로 작용한다. 그리고 고객의 수, 지리적 분포 및 구매습관 등과 같은 고객특성은 인구통계적 및 행동적 특성을 반영하고 있으며, 이러한 특성은 유통경로의 설계를 위한 자료로 활용된다.

2) 경 쟁

경쟁업체의 유통경로, 경쟁의 심화 정도 및 경쟁제품의 특성 등과 같은 변수들은 유통경로를 결정할 때 비교를 위한 자료로 사용될 수 있다. 특히, 경쟁업체의 유통경로를 분석함으로써 자사의 강점 및 약점이 파악될 수 있으며, 이러한 강점과 약점을 고려하여 기업은 보다 경쟁력 있는 유통경로를 설계할 수 있다.

3) 정부규제

특정 제품에 대한 시장진입규제(예를 들면, 수입규제 및 수량규제)가 있는 국가에서는 이 제품에 대한 유통이 불가능하거나 유통에서의 제약이 따를 수 있다. 또한 특정 제품의 유통에 대한 법적 규제는 유통방법을 구체적으로 명시(예를 들면, 스웨덴, 핀란드 및 미국 일부 주에서의 정부직영 판매점을 통한 주류 판매)하고 있으며, 피해자가 발생할 우려가 있는 유통(예를 들면, 방문판매 또는 다단계판매에 대한 규제)을

21 이장로(2003), p. 362.

제한하고 있다.[22]

4) 경로환경

경로환경은 중간상의 선택과 관련되어 있으며, 이것은 중간상의 이용가능성, 중간상의 입지 및 유통비용 등과 같은 변수들로 구성되어 있다. 특히, 글로벌 기업이 진출하고자 하는 현지국에 기업이 요구하는 자격을 갖춘 중간상이 없다면, 직접유통경로를 구축하여야 한다. 또한 현지국의 어떤 지역 또는 도시에서의 중간상 유무에 따라 특정 제품에 대한 유통성과가 달라질 수 있다. 유통수수료, 운송비 및 보관비 등과 같은 유통비용은 제품가격에 직접적으로 영향을 미칠 수 있으므로 유통경로를 결정할 때 중요하게 고려되어야 한다.

10.2.5 촉 진

촉진의 의의와 과정 [23]

(1) 촉진의 의의

촉진(promotion) 또는 커뮤니케이션(communication)은 기업이 생산한 제품 또는 서비스를 고객들이 구매하도록 유도하기 위하여 자사의 제품 또는 서비스에 대한 정보를 제공하고, 잠재적 또는 실제적 소비자를 설득하여 그들의 생각, 태도 및 행동 등에 영향을 미치려는 목적으로 수행되는 마케팅활동을 말한다. 구체적인 촉진수단으로는 고객 또는 청중을 대상으로 하는 광고, 인적판매, 판매촉진, 홍보, 직접마케팅 및 스폰서십 등을 들 수 있다. 이러한 촉진수단의 의의를 간략히 살펴보면 다음과 같다.

- 광 고 : 이것은 기업이 비용을 지불하고 대중매체 또는 비인적 매체 (nonpersonal media)를 통하여 자사의 제품 및 서비스를 고객에게 널리 알릴 뿐만 아니라, 아울러 그들을 설득하여 구매를 유도하기 위하여 수행하는 촉

---

22 박재기(2005), p. 356.
23 박주홍(2013), p. 296 이하 수정 재인용.

진활동이다.

- 인적판매 : 이것은 판매인력이 고객을 직접 대면하여 제품 또는 서비스를 구매하도록 설득하거나 유도하는 촉진활동이다.
- 판매촉진 : 이것은 소비자 또는 중간상을 대상으로 특정 제품의 신속 판매 또는 대량 판매를 유도하기 위하여 수행되는 단기적인 인센티브(incentive)를 의미한다. 이것은 최종 소비자를 대상으로 하는 소비자 판매촉진(예를 들면, 할인쿠폰, 경품권, 리베이트)과 중간상을 대상으로 하는 유통업자 판매촉진(예를 들면, 수량할인, 판촉물), 그리고 특수한 형태의 판매촉진(예를 들면, 국제전시회, 박람회) 등으로 구분된다.[24]
- 홍 보 : 이것은 기업이 활동하고 있는 특정 국가에서 공중집단(예를 들면, 언론매체, 공공기관, 압력단체, 지역사회 등)과 우호적인 관계를 형성함으로써 기업에 대한 관심, 호의 및 신뢰를 갖도록 하는 촉진활동이다.
- 직접마케팅 : 이것은 기업이 고객과 직접 접촉하고 1대 1의 관계를 구축하는 다양한 형태의 상호작용 마케팅(interactive marketing)을 포괄한다.[25] 이러한 형태의 촉진활동은 인터넷의 보급, 신용카드의 사용, 무료 전화 및 라이프 스타일의 변화 등으로 인하여 급속도로 증대되고 있다. 예를 들면, 다이렉트 메일(direct mail), 텔레마케팅(telemarketing), 인터넷 판매 및 카탈로그 판매 등은 대표적인 직접마케팅의 방법이다.
- 스폰서십 : 이것은 기업이 이벤트(예를 들면, 스포츠 경기, 음악회), 활동(예를 들면, 구호 또는 봉사활동) 및 개인(예를 들면, 스포츠 선수, 탐험가 또는 등산가) 등을 위하여 자금, 자원 또는 기타 지원을 제공하는 것을 의미한다.[26]

(2) 촉진의 과정

촉진은 〈그림 10-5〉에 제시되어 있는 커뮤니케이션의 과정을 거치게 된다. 이러한 커뮤니케이션 과정의 구성요소를 살펴보면 다음과 같다.[27]

---

24 Kotabe, M./Helsen, K.(2008), p. 464; 이장로(2003), p. 412 이하.
25 Kotabe, M./Helsen, K.(2008), p. 465 이하; Keegan, W. J.(2002), p. 435 이하.
26 Doole, I./Lowe, R.(2004), p. 317.
27 반병길/이인세(2008), p. 258 이하; 김주헌(2004), p. 359; Solomon, M. R./Stuart, E. (2003), p. 402 이하.

- 송신자 (sender) : 메시지를 수신자(고객)에게 보내는 기업을 의미하며, 커뮤니케이션 과정의 출발점이 된다.
- 기호화 (encoding) : 송신자가 전달하고자 하는 메시지를 시각적, 청각적, 언어적 및 비언어적 기호 또는 상징으로 변환하는 것을 말한다(예를 들면, 특정 제품에 대한 광고제작).
- 매 체 (media) : 송신자가 전달하려는 기호화된 메시지는 TV, 라디오 등과 같은 전파매체, 신문, 잡지 등과 같은 인쇄매체, 그리고 옥외 광고판, 직접 우송, 구전 등을 통하여 수신자에게 전달된다.
- 해 독 (decoding) : 송신자가 전달한 기호화된 메시지를 수신자가 해석하는 것을 말한다.
- 수신자 (receiver) : 기업이 보내는 메시지를 받는 고객 또는 청중을 의미하며, 이들은 메시지에 반응한다. 이러한 반응은 구매의 형태로 나타나거나 태도의 변화로 나타나기도 한다.
- 피드백 (feedback) : 수신자의 반응이 송신자에게 전달되는 것을 말한다. 송신자의 메시지가 수신자에 의해 잘못 인지되거나 해석된 경우에는 송신자는 전달한 메시지를 수정 또는 보완하는 피드백을 거쳐 재송신하여야 한다.

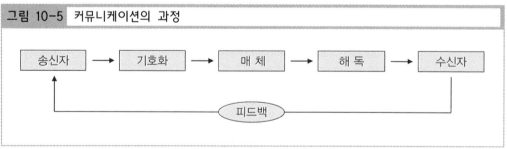

그림 10-5 커뮤니케이션의 과정

자료원: 박주홍(2013), p. 297 수정 재인용.

촉진결정의 고려사항

촉진은 통제가 어렵거나 불가능한 국내 또는 현지국의 환경 속에서 이루어진

다. 촉진결정을 위해 고려하여야 하는 국내 또는 글로벌 요인들은 다음과 같다.[28]

- **언 어** : 언어는 문화의 차이를 명확하게 확인시켜 주는 가장 대표적인 사회문화적 요인이다. 광고, 인적판매 및 홍보 등과 같은 촉진활동은 현지국의 음성언어 또는 비음성언어(예를 들면, 제스처, 표정 및 몸짓 등)에 기초하여 이루어진다.

- **정부의 규제** : 촉진활동에 대한 정부의 규제는 메시지의 전달을 제한하거나 금지하는 요인으로 작용한다. 특히, 국내 또는 현지국 정부에 의한 광고규제는 매체사용의 규제, 메시지 내용의 규제, 비교광고의 금지, 어린이 대상 광고 및 어린이 모델 광고의 규제 등과 형태로 나타날 수 있다.

- **매체의 이용가능성** : 국가별 경제발전수준에 따라 매체의 이용가능성은 크게 차이가 날 수 있다. 즉, TV, 라디오, 신문 및 인터넷 등과 같은 국가별 매체의 기술수준 및 보급률에 따라 매체의 이용가능성이 달라질 수 있다.

- **경제적 차이** : 국가별 경제적 차이는 국민총생산, 1인당 국민소득, 경제성장률 등과 같은 변수를 활용하여 파악될 수 있다. 선진국의 경우 국민총생산 대비 광고비 지출수준은 매우 높으며, 반면에 후진국의 광고비 지출수준은 매우 낮다.

- **현지국의 상업구조** : 국내 또는 현지국의 상업구조는 상관습, 유통구조 및 시장의 특징 등을 모두 포괄한다. 국가별 상업구조의 차이는 국가별로 서로 다른 촉진을 유발시킬 수 있다.

- **고객의 취향과 행동방식** : 고객의 취향과 행동방식의 차이는 촉진메시지에 대한 인식의 차이를 발생시킬 수 있다. 즉, 이러한 차이 때문에 같은 내용의 광고메시지가 국가별로 다르게 해석될 수 있다.

- **광고대행사의 이용가능성** : 이것은 광고제작을 대행해 줄 수 있는 유능한 기관이 국내 또는 현지국에 존재하는가에 대한 문제와 관련되어 있다. 국가별 경제발전수준에 따라 광고대행사의 이용가능성이 달라질 수 있다. 선진국에

---

28 Perlitz, M. (2004), p. 300 재인용; Cundiff, E. W./Hilger, M. T.(1988), p. 405.

는 능력과 경쟁력을 갖춘 광고대행사들이 많은 반면, 후진국과 개발도상국에서는 유능한 광고대행사가 거의 발견되지 않을 수도 있다.

10.3 마케팅 감사

10.3.1 마케팅 감사와 수집정보

마케팅 감사(marketing audit)는 기업의 마케팅 기능에 대하여 종합적으로 검토하는 것을 의미한다.[29] 즉, 이것은 구체적인 마케팅 전략과 계획의 실행에 대한 공식적이고 체계적인 피드백이다. 마케팅 감사의 목적은 기업이 실행하고 있는 마케팅 프로그램 전반에 걸쳐 조사한 후 이를 분석하여 개선점을 찾는 것이다. 마케팅 감사는 마케팅 부서의 담당자뿐만 아니라 경영컨설턴트 또는 기업 외부 전문가에 의해 수행된다. 〈표 10-3〉은 마케팅 감사를 통해 수집되는 정보를 제시한다.

표 10-3	마케팅 감사를 통해 수집되는 정보
분 야	주요 내용
마케팅 철학	• 조직목표 지원 • 고객니즈 집중 • 의사결정에 포함된 사회적 책임 • 서로 다른 세분시장에 대한 서로 다른 마케팅 대상물의 제공 • 전사적 시스템 관점
마케팅 조직	• 서로 다른 마케팅 기능들의 통합 • 조직의 다른 기능들과 마케팅과의 통합 • 신제품개발 조직 • 마케팅 인력의 자질과 효과성
마케팅 정보시스템	• 마케팅 조사의 효과적인 활용 • 현재 이용 가능한 연구자료

---

29 Solomon, M. R./Stuart, E. (2003), p. 443.

<table>
<tr><td rowspan="1"></td><td>

- 마케팅 계획 수립자를 위한 정보의 적시 커뮤니케이션
- 잠재적 매출액, 다양한 세분시장, 지역, 제품, 유통경로 및 주문규모에 따른 수익성 파악
- 마케팅 전략 및 전술에 대한 효과적 모니터
- 비용-효과 연구
</td></tr>
<tr><td>전략적 지향</td><td>

- 공식적 마케팅 계획
  - 목 표
  - 환경 스캐닝
  - 판매예측
  - 비상계획
- 현재 마케팅 전략의 질
  - 제품전략
  - 유통전략
  - 촉진전략
  - 가격전략
- 비상계획
</td></tr>
<tr><td>운 영</td><td>

- 커뮤니케이션과 계획의 실행
- 자원의 효과적 활용
- 변화에 대한 적응력
</td></tr>
</table>

자료원: Solomon, M. R./Stuart, E. (2003), p. 52 재인용; Kotler, P.(1977), pp. 70-71.

10.3.2 마케팅 감사의 구성요소

마케팅 감사의 구성요소는 다음과 같이 요약할 수 있다.[30] 이러한 구성요소는 마케팅 부서의 담당자, 경영컨설턴트 또는 기업 외부 전문가에 의해 구체적으로 분석되어야 한다.

- 마케팅 환경 감사 (marketing environment audit)
  - 거시환경 : 인구통계적, 경제적, 환경적, 기술적, 정치적, 문화적
  - 업무환경 : 시장, 고객, 경쟁자, 유통 및 딜러, 공급자, 협조기업 및 마케팅기업, 대중
- 마케팅 전략 감사 (marketing strategy audit)

---

30 Kotler, P.(1984), p. 767 이하.

- 사업미션
- 마케팅의 목적 및 목표
- 전 략
- 마케팅 조직 감사 (marketing organization audit)
  - 공식적 구조
  - 기능적 효율성
  - 인터페이스(공유조직) 효율성
- 마케팅 시스템 감사 (marketing systems audit)
  - 마케팅 정보시스템
  - 마케팅 계획시스템
  - 마케팅 통제시스템
  - 신제품 개발시스템
- 마케팅 생산성 감사 (marketing productivity audit)
  - 수익성 분석
  - 비용-효과 분석
- 마케팅 기능 감사 (marketing function audit)
  - 제 품
  - 가 격
  - 유 통
  - 광고, 판매촉진 및 홍보
  - 판매인력

10.4 글로벌 마케팅 믹스전략[31]

10.4.1 글로벌 마케팅 믹스전략의 의의와 구성요소

글로벌 마케팅 믹스전략의 의의

글로벌 마케팅 믹스전략(global marketing mix strategy)은 글로벌 기업이 표적시장에서 마케팅목표를 달성하기 위하여 그들이 보유하고 있는 통제 가능한 마케팅자원을 결합하여 전략적 대안을 개발하는 것을 의미한다. 이러한 통제 가능한 마케팅자원은 제품(product), 가격(price), 유통(place) 및 촉진(promotion) 등이며, 이것들을 총칭하여 4P라고 한다.

글로벌 마케팅의 환경은 4P와는 달리 통제가 불가능하기 때문에, 글로벌 기업은 그들이 보유하고 있는 마케팅 4P를 적절하게 결합하여 표적시장의 환경에 적합한 마케팅프로그램을 개발하여야 한다. 그러므로 글로벌 마케팅 믹스전략은 글로벌 마케팅 환경에 적절히 대응하는 반응전략이라고 볼 수 있다.

일반적으로 글로벌 마케팅 환경에 대한 글로벌 기업의 전략적 반응은 마케팅 믹스의 표준화와 차별화 등과 같은 두 가지 형태로 나타난다(자세한 내용은 10.4.2 참고). 〈표 10 − 4〉는 코카콜라(Coca-Cola)와 네슬레(Nestlé)의 글로벌 마케팅 믹스의 사례를 제시한다. 이 표에 나타나 있는 바와 같이 이들 두 기업의 글로벌 마케팅 믹스는 서로 다르게 구성되어 있다. 그 이유는 이들 두 기업이 직면하고 있는 글로벌 마케팅 환경, 보유하고 있는 마케팅자원 및 마케팅전략이 동일하지 않기 때문이다.

---

[31] 박주홍(2013), p. 202 이하 수정 재인용.

| 표 10-4 | 코카콜라와 네슬레의 글로벌 마케팅 믹스의 사례 | | | |

마케팅 믹스의 요소	차별화		표준화	
	전 체	부 분	전 체	부 분
제품디자인			N	C
브랜드명			N	C
제품포지셔닝		N		C
포 장			C/N	
광고주제		N		C
가 격		N	C	
광고카피	N			C
유 통	N	C		
판매촉진	N	C		
고객서비스	N	C		

C = Coca–Cola; N = Nestlé
자료원: Quelch, J. A./Hoff, J. (1986), p. 61; Czinkota, M. R./Ronkainen, I. A.(1995), p. 498 재인용.

글로벌 마케팅 믹스전략의 구성요소

앞서 설명한 바와 같이 글로벌 마케팅 믹스는 제품, 가격, 유통 및 촉진 등과 같은 4P에 기초하여 이루어진다. 〈표 10-1〉에서 제시한 마케팅 4P 믹스의 주요 변수는 글로벌 마케팅 4P 믹스전략을 수립하기 위하여 고려하여야 할 내용과 거의 동일하다. 이 표에 나타나 있는 주요 변수들은 글로벌 마케팅 믹스전략을 수립하는 데 있어서 중요한 역할을 할 뿐만 아니라, 믹스전략 수립의 직접적인 대상이 되기도 한다.

10.4.2 글로벌 마케팅 믹스전략의 표준화와 차별화

표준화와 차별화의 의의

(1) 표준화의 의의

글로벌 마케팅 믹스전략의 표준화(standardization)는 전 세계적으로 동일한 마케팅프로그램을 사용하여 고객 또는 소비자에게 접근하는 것을 말한다. 넓은 의미에서 볼 때, 표준화는 전 세계시장에 걸쳐서 동일한 마케팅 4P 믹스를 활용하는 것이다. 그리고 좁은 의미에서의 표준화는 마케팅 4P의 세분화된 각 요소별로 동일한 마케팅프로그램을 전 세계적으로 사용하는 것을 뜻한다.

(2) 차별화의 의의

글로벌 마케팅 믹스전략의 차별화(differentiation)는 적응화(adaptation)라고도 하며, 국가 또는 지역에 따라 마케팅프로그램을 다르게 적용하는 것을 의미한다. 차별화는 강제적 차별화(mandatory differentiation)와 임의적 차별화(discretionary differentiation)로 구분할 수 있다.[32] 강제적 차별화는 현지 정부의 규제 또는 법률 규정(예를 들면, 제품에 대한 표준, 가격통제, 유통과 촉진수단의 제한 등) 및 환경적 요인 때문에 기업이 의무적으로 실행해야만 하는 차별적인 마케팅프로그램에 바탕을 두고 있다. 이와 반대로 임의적 차별화는 기업의 전략 또는 상황판단에 따라 마케팅프로그램을 국가 또는 지역에 따라 서로 다르게 구성하는 것을 의미한다.

표준화와 차별화의 이유 및 장점

(1) 표준화의 이유 및 장점

글로벌 마케팅 믹스전략의 표준화는 전 세계시장의 수요가 동질적이라는 가정에 기초하고 있다. 서로 다른 국가 또는 지역 등을 포괄하는 글로벌 시장이 동질적으로 수렴되는 이유는 다음과 같으며, 이러한 이유 때문에 표준화를 하게 된다.

- 글로벌 커뮤니케이션의 증대 : 방송 및 통신혁명(예를 들면, 인터넷과 위성방송의 보급)을 통한 글로벌 커뮤니케이션의 활성화
- 소비자의 국제적 이동성 증대 : 해외여행, 출장 등과 같은 소비자의 국제적 이동을 통한 이문화에 대한 학습 및 체험기회의 증대
- 교육시스템과 교육내용의 국제적 유사성 : 교육시스템과 교육내용의 국제적 동질화를 통한 글로벌 시민(global citizen)의 육성

---

32 Czinkota, M. R./Ronkainen, I. A.(1995), p. 267.

- 글로벌 기술표준의 개발과 채택 : 인간의 안전 및 통신과 관련된 제품(예를 들면, 항공기, 엘리베이터, 휴대폰 등), 산업재(예를 들면, 기계 및 공구) 등에서의 글로벌 기술표준의 개발과 채택

표준화의 장점은 다음과 같이 요약될 수 있다.

- 규모의 경제와 범위의 경제 효과 : 표준화된 제품의 대량생산과 대량판매를 통한 규모의 경제 효과 및 마케팅프로그램의 표준화를 통한 범위의 경제 효과 등이 발생함.
- 기업 또는 제품의 글로벌 이미지 구축 : 표준화된 4P 믹스에 의한 통일적 기업 이미지 및 제품 이미지가 창출됨.
- 신속한 마케팅프로그램의 조정 : 글로벌 마케팅 4P 믹스의 단순성과 통일성 때문에 마케팅활동에 대한 피드백이 용이함.

(2) 차별화의 이유 및 장점

글로벌 마케팅 믹스전략의 차별화는 국가 또는 지역별로 서로 다른 4P 믹스를 결합하여 각 표적시장에 진입하는 것을 말한다. 개별 표적시장별로 차이가 발생하는 이유는 다음과 같으며, 이러한 요인들이 차별화를 촉진하는 역할을 한다.

- 경제개발 정도의 차이 : 선진국, 개발도상국 및 후진국 간의 경제적 환경의 차이(예를 들면, GNP, 1인당 국민소득, 가처분소득 등에서의 차이)
- 경쟁상황의 차이 : 경쟁기업의 4P 믹스전략 및 표적시장별 경쟁상황의 차이
- 사회문화적 환경의 차이 : 전통, 관습, 가치관, 종교 등과 같은 사회문화적 환경의 차이로 인한 차별화(예를 들면, 제품차별화)
- 소비자행동의 차이 : 표적시장별로 서로 다른 소비자행동 및 구매동기
- 법적 환경의 차이 : 국가별로 서로 다른 정부의 규제 및 법적 규정

차별화의 장점은 다음과 같이 열거될 수 있다.

- 국가 또는 지역별 표적시장에서의 소비자의 욕구 충족 : 차별적 마케팅 4P 믹스의 실행을 통하여 서로 다른 표적시장에서 소비자의 욕구 충족을 추구함.
- 경쟁상황을 고려한 마케팅프로그램의 실행 : 경쟁기업의 마케팅 믹스전략에 대응할 수 있는 차별적이고 다양한 마케팅전략의 수립이 가능함.
- 현지국 마케팅관리자의 동기부여의 증대 : 마케팅 믹스의 차별화에 대한 의사결정권이 본사로부터 현지 자회사로 대폭 위임되기 때문에 현지국 마케팅관리자의 동기부여가 증대됨.

〈그림 10-6〉은 표준화와 차별화의 평가기준을 제시한다.

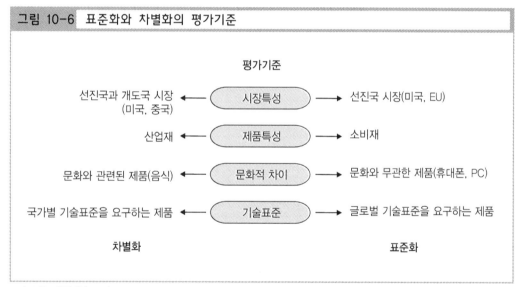

그림 10-6 **표준화와 차별화의 평가기준**

평가기준

선진국과 개도국 시장 ← 시장특성 → 선진국 시장(미국, EU)
(미국, 중국)

산업재 ← 제품특성 → 소비재

문화와 관련된 제품(음식) ← 문화적 차이 → 문화와 무관한 제품(휴대폰, PC)

국가별 기술표준을 요구하는 제품 ← 기술표준 → 글로벌 기술표준을 요구하는 제품

차별화   표준화

자료원: 박주홍(2013), p. 211.

10.4.3 글로벌 마케팅 믹스전략의 대안개발

글로벌 마케팅 믹스전략은 제품, 가격, 유통 및 촉진 등과 같은 마케팅수단들의 결합방법과 관련되어 있으며, 결합방법에 따라 수많은 믹스전략의 대안들이 개발될 수 있다. 이러한 결합방법은 기업의 내부적 및 외부적 상황에 따라 다를 수 있다. 아래에서는 *키건(Keegan)*이 제시한 5개의 전략적 대안을 믹스사례로 살펴보기로 한다.[33] 그는 어떤 표적시장(예를 들면, 선진국)에서 제품에 대한 구매능력이 있다는 가정하에서 제품 및 촉진활동을 각각 표준화 또는 차별화함으로써 4개의 대안을 제시하였다. 그리고 어떤 다른 표적시장(예를 들면, 후진국)에서 제품에 대한 구매능력이 없는 경우에는 앞서 제시한 4개의 대안이 실행될 수 없기 때문에 기존제품과 다른 제품을 개발하여야 하는 대안을 추가하였다.

〈그림 10-7〉은 제품과 촉진의 표준화와 차별화를 통하여 도출될 수 있는 4개의 전략적 대안을 제시하고 있으며, 〈표 10-5〉는 제품을 개발하여야 하는 대안을 추가한 5개의 전략적 대안을 보여준다.

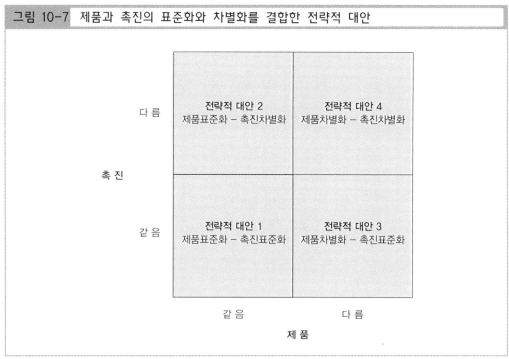

그림 10-7 제품과 촉진의 표준화와 차별화를 결합한 전략적 대안

	같음	다름
다름	전략적 대안 2 제품표준화 - 촉진차별화	전략적 대안 4 제품차별화 - 촉진차별화
같음	전략적 대안 1 제품표준화 - 촉진표준화	전략적 대안 3 제품차별화 - 촉진표준화

촉 진 / 제 품

자료원: Keegan, W. J.(2002), p. 346.

전략적 대안 1 : 제품표준화-촉진표준화

이 전략은 표준화된 제품과 표준화된 촉진을 믹스하여 특정 표적시장에 접근

---

33 Keegan, W. J. (2002), p. 346 이하.

하는 것이다. 그리고 이 전략은 제품과 촉진의 표준화를 동시에 추구하기 때문에 이중연장전략(dual extension strategy)이라고 한다. 제품표준화는 기업으로 하여금 생산원가 또는 비용을 절감하게 하는 대량생산을 가능하게 한다. 또한 단일 제품 만을 생산하면 되기 때문에 연구개발비가 대폭 절감된다. 촉진표준화는 모든 표적시장에서 동일한 촉진수단을 사용할 수 있기 때문에 많은 비용이 절감될 수 있다. 이 전략은 비용절감의 장점을 갖고 있지만, 서로 다른 표적시장에서 다양한 소비자의 욕구를 충족시키기 힘든 단점을 갖고 있다.

전략적 대안 2 : 제품표준화-촉진차별화

이 전략은 표준화된 제품과 차별화된 촉진을 결합시켜 특정 표적시장에 진입 하는 것이다. 제품표준화는 원가절감과 대량생산 등과 같은 이점을 확보하게 하지만, 촉진차별화는 많은 비용이 발생하게 한다. 이 전략에서는 단일 제품만 개발 하면 되기 때문에 연구개발비가 많이 절감될 수 있으며, 이렇게 절감된 비용은 촉진차별화를 위하여 활용될 수 있다. 이 전략은 특정 표적시장에서 제품이 제공 하는 기능 또는 사용조건이 다른 경우에 주로 사용된다.

전략적 대안 3 : 제품차별화-촉진표준화

이 전략은 제품차별화와 촉진표준화를 믹스하여 특정 표적시장에서 마케팅활 동을 하는 것을 말한다. 이 전략은 제품이 제공하는 기본적 기능은 표적시장별로 동일하지만 제품의 사용조건이 달라 제품차별화 또는 제품변경이 요구되는 경우 에 실행된다. 또한 현지 정부의 규제 또는 법률규정 및 환경적 요인 등에 의하여 강제적 제품차별화가 요구되는 경우에도 이 전략이 추구될 수 있다.

전략적 대안 4 : 제품차별화-촉진차별화

이 전략은 모든 표적시장에서 제품과 촉진을 차별화하여 고객에게 접근하는 것을 말한다. 이 전략은 제품과 촉진을 동시에 차별화하기 때문에 이중적응전략 (dual adaptation strategy)이라고 한다. 이 대안의 장점은 서로 다른 표적시장의 다 양한 고객욕구를 효율적으로 충족시킬 수 있다는 것이며, 단점은 제품차별화 및 촉진차별화의 비용이 많이 발생할 수 있다는 것이다.

전략적 대안 5 : 제품개발전략

어떤 특정 표적시장의 고객 또는 소비자가 표준화 또는 차별화된 기존의 제품을 경제적인 이유로 구매할 능력이 없을 때 이 전략이 실행된다. 즉, 이 전략은 앞서 언급한 4개의 전략과는 다른 관점에서 수립된다. 예를 들면, 소득수준이 낮은 국가의 소비자가 제품을 구매할 능력이 없다면 가격을 낮춘 제품을 추가로 개발하여 그들에게 접근하여야 한다. 또한 제품개발과 더불어 추가적인 비용이 투입되어야 하는 촉진전략도 새롭게 수립되어야 한다. 개발도상국 또는 후진국의 시장규모가 크다면 이 전략이 실행될 수 있지만, 그 규모가 작다면 추가적인 제품개발비용이 부담으로 작용할 수 있기 때문에 이 전략은 실행되기 어려울 것이다.

표 10-5	제품개발전략을 추가한 제품 및 촉진전략의 대안						
전략적 대안	제품기능 또는 충족욕구	제품의 사용조건	구매능력	제품전략	촉진전략	적응비용	관련 제품
1	같음	같음	있음	표준화	표준화	1	청량음료
2	다름	같음	있음	표준화	차별화	2	자전거, 스쿠터
3	같음	다름	있음	차별화	표준화	3	휘발유, 세제
4	다름	다름	있음	차별화	차별화	4	의류, 카드
5	같음	–	없음	제품개발	촉진개발	5	수동식 세탁기

자료원: Keegan, W. J.(1969), p. 59; 김주헌(2004), p. 307 재인용.

CHAPTER 11

재무 컨설팅

CHAPTER 11

재무 컨설팅

11.1 재무관리의 의의와 목표

재무관리(financial management)는 기업이 자금을 조달하고, 이를 효율적으로 운용하여 기업의 가치를 증대시키는 경영활동과 관련되어 있다. 기업의 기능영역의 한 분야로서의 재무관리에서는 투자, 자금조달, 재무구조, 자금관리 및 위험관리 등과 같은 다양한 분야를 다루고 있다. 경영컨설턴트는 어떤 기업의 재무관리가 효율적으로 수행되고 있는가를 확인하여야 할 뿐만 아니라, 재무관리상의 문제점을 파악하여 이에 대한 개선점을 경영컨설팅을 의뢰한 기업에게 제시하여야 한다. 경영컨설턴트가 재무관리와 관련하여 다루어야 하는 재무분석은 앞에서 설명하였기 때문에 아래에서는 다루지 않기로 한다(제5장 5.1.1 참고).

재무관리의 목표를 간략히 요약하면 다음과 같다.[1]

- 이윤극대화 (profit maximization) : 이 목표를 달성하기 위하여 기업은 이윤을 증대시키는 일을 반드시 실현하고, 이와 반대로 이윤을 감소시키는 일을 회피

---

[1] 이건희(1997), p. 422 이하.

하여야 한다. 이윤극대화는 경제적 효율성에 기준을 두고 있기 때문에 이것은 최소의 재무적 투입으로 최대의 산출을 실현하는 것을 의미한다. 그러나 이러한 이윤극대화의 목표는 미래의 위험과 불확실성이 완전하게 고려되지 않고, 서로 다른 시점에서 발생하는 투자로 인한 이윤분석이 어렵기 때문에 비판의 여지가 있다.

- 부의 극대화 (wealth maximization) : 기업의 가치는 그 기업에 투자한 주주의 부 (예를 들면, 주가상승)를 극대화시킴으로써 높아질 수 있다. 즉, 부의 극대화는 주식의 가치를 향상시키는 것을 의미하며, 이것은 기업가치의 극대화(firm value maximization)의 동의어로 사용되기도 한다.

특히, 재무관리를 효율적으로 수행하기 위하여 기업의 현금흐름(cash flow)이 분석되어야 한다. 경영컨설턴트는 의뢰기업의 현금흐름을 파악하여야 하며, 이를 통하여 현금흐름의 문제점을 개선할 수 있는 방법을 발견할 수 있다. 일반적으로 기업의 현금흐름은 매출에서 발생한 총현금(total cash)에서 현금으로 지급되는 매출원가, 현금지급이자, 현금지급 제비용(세금 등)을 뺀 나머지 금액을 의미하여, 재무관리에서는 이를 기업의 자금흐름으로 본다. 그러므로 회계에서 말하는 수입 또는 비용이라도 현금이 수반되지 않는 것은 기업의 자금으로 볼 수 없다.[2]

〈그림 11-1〉은 기업의 현금흐름도를 제시한다. 이 그림에서 사각형으로 표시된 부분은 재무상태표의 항목들이고, 타원형에 표시된 항목들은 기업의 손익계산서에 영향을 미치는 기업의 주요 영업활동을 의미한다. 즉, 타원형에 표시된 기업의 주요 영업활동은 손익계산서를 통하여 사각형에 표시된 각 해당 항목들의 현금수준에 영향을 미친다. 이 현금흐름표의 초점은 현금 및 유가증권이며, 이것을 잘 관리하여야 기업의 유동성(liquidity)이 건전하게 유지될 수 있다. 여기에서 유동성은 기업이 필요할 때 자산을 안전하게 현금(화폐)으로 전환할 수 있는 정도를 의미하며, 이것은 기업의 단기 지급능력으로 볼 수 있다.

---

2 고동희 외 6인(2003), p. 278.

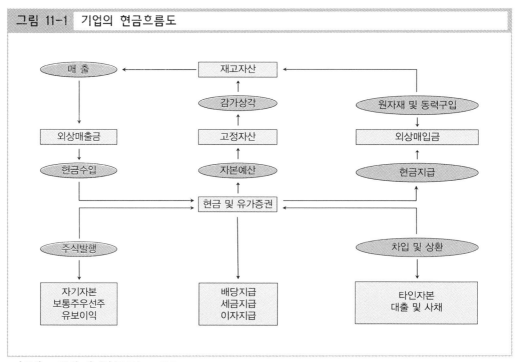

그림 11-1 기업의 현금흐름도

자료원: 고동희 외 6인(2003), p. 279.

11.2 재무계획과 재무통제

11.2.1 재무계획

재무계획(financial planning)은 '기업의 단기 및 장기계획을 완수하는 데 필요한 자금의 계획'이다. 즉, 이것은 재무 관리자가 담당하고 있는 기업의 여러 가지 활동에 소요되는 자금의 원천과 운용에 관한 계획을 말한다. 재무계획은 다음과 같은 세 가지 측면을 다룬다.[3] 경영컨설턴트는 이와 같은 세 가지 측면에 대하여 분석한 후, 재무계획의 개선을 위한 대안을 제시할 수 있다.

---

3 이건희(1997), p. 426.

- **자금의 조달** : 자금을 경제적으로 조달함.
- **자금의 지출** : 자금의 지출에 대하여 통제함.
- **지출결과의 평가** : 자금의 지출로 인하여 얻게 되는 결과에 대하여 평가함.

재무계획의 목적은 다음과 같이 요약할 수 있다.

- 자본수익성의 달성
- 재무유동성의 유지
- 재무안정성의 확보

재무계획은 향후의 계획기간 중의 경영환경을 예측하고, 예측된 환경하에서 기업목표의 달성을 위한 자금조달 및 투자대안들을 유기적으로 제시할 수 있어야 한다. 재무계획은 다음과 같은 두 가지의 관점에서 계획을 수립할 수 있다.

- **자본구조계획** : 기업에 있어서 자본운용에 대한 자본조달의 상호관계를 적정하게 또는 효과적으로 유지하기 위한 정태적 종합재무계획
- **자본이익계획** : 자본구조계획에 대응하는 동태적 종합재무계획

11.2.2 재무통제

재무통제(financial control)는 재무계획이 목표한대로 성과를 잘 달성하였는가를 평가하여 계획과 결과 간의 편차를 수정하는 기업의 재무활동이다. 재무통제를 효율적으로 수행하기 위하여 다음과 같은 조건이 충족되어야 한다.[4]

- 계획목표가 관련된 당사자 전원에 의해 지지되어야 한다.
- 업적(성과)의 측정이 정확하게 행해져야 한다.
- 업적평가는 적절한 기준에 의해 수행되어야 한다.

---

4 전게서, p. 427.

- 책임의 소재가 명확하여야 한다.
- 시정조치(수정조치)가 유효하게 이루어져야 한다.

재무적 성과에 대한 통제는 이윤과 투자수익률에 근거하여 이루어진다. 이윤 (profit)은 총매출액에서 비용을 뺀 금액을 말하며, 투자수익률(Return on Investment, ROI)은 투자한 자본에 대한 수익의 비율을 뜻한다. 일반적으로 기업이 설정한 이윤 및 투자수익률은 기업 또는 사업부수준의 성과를 통제할 때 주요기준으로 사용된다. 그러나 통제시점에서 볼 때, 이윤과 투자수익률은 과거에 달성한 성과에 불과하기 때문에 현재와 미래시점에서의 성과를 구체적으로 측정 또는 예측하는 데는 어느 정도 한계가 있다.[5] 재무적 성과는 아래에서 논의되는 균형성과표 (Balanced Score Card, BSC)에 의해 부분적으로 평가될 수 있다.

균형성과표에 의한 통제

균형성과표는 기존의 재무적인 측면만을 고려한 성과평가시스템의 한계점을 극복하기 위하여 개발된 성과통제방법이다. BSC는 재무, 고객 관점, 내부프로세스 및 혁신과 학습 등과 같은 네 가지 관점에서 기업의 성과를 종합적으로 평가한다. BSC는 캐플란과 노튼(Kaplan & Norton)이 200개 기업의 최고 경영자를 인터뷰한 결과를 바탕으로 제시한 종합적 성과통제의 개념이다.[6] BSC의 네 가지 차원의 측정기준을 살펴보면 다음과 같다.[7]

(1) 재 무(finances)

재무적 차원의 측정기준은 '투자자들이 보기에 우리 기업의 성과가 어떠한가'를 나타낸다. 여기에서 투자자들은 기업에 투자한 다양한 투자자 또는 투자기업을 의미한다. 재무적 차원의 성과는 영업이익, 투자수익률 및 경제적 부가가치 등으로 측정되며, 또한 매출성장 및 현금흐름 등도 대안적인 측정지표로 사용될 수 있다.

---

5 박주홍(2016b), p. 438 이하 재인용.
6 Kaplan, R. S./Norton, D. P.(1992), p. 71 이하.
7 김언수(2007), p. 668 이하; 조동성(2006), p. 422 이하; 전게논문.

(2) 고객 관점(customer perspective)

고객 관점의 측정기준은 '고객들이 보기에 우리 기업의 성과가 어떠한가'를 나타낸다. 기업의 관점에서 고객은 국내와 전 세계에서 글로벌 경영활동을 하는 본사와 자회사의 고객을 말한다. 고객 관점에서의 측정지표들은 고객만족도, 고객유지율, 신규고객확보, 표적시장에서의 시장점유율 및 고객점유율 등이다.

(3) 내부프로세스(internal processes)

내부프로세스의 관점에서의 측정기준은 '앞으로의 성공을 위해서 내부적으로 가장 집중적으로 개발해야 할 능력은 무엇인가'를 나타낸다. 기업의 내부프로세스는 국내와 전 세계에 있는 고객의 만족과 조직의 재무적인 목표를 달성하는 데 영향을 미치는 내부프로세스의 혁신에 중점을 두고 있다. 내부프로세스와 관련된 측정지표는 품질과 대응시간, 원가 및 신제품비율 등이다.

(4) 혁신과 학습(innovation and learning)

혁신과 학습에 대한 측정기준은 '우리 기업이 지속적으로 개선하고 가치를 창출해 낼 수 있는 능력이 있는가'를 나타낸다. 경쟁에서 기업이 성장·발전하기 위해서는 끊임없는 혁신과 지속적인 학습이 필요하다. 혁신과 학습과 관련된 측정지표는 종업원만족, 정보시스템의 이용정도, 학습정도 및 지식공유 등이다.

〈그림 11-2〉는 균형성과표의 사례를 제시한다. 이 그림에 나타나 있는 바와 같이, BSC의 네 가지 측정기준인 재무, 고객 관점, 내부프로세스 및 혁신과 학습 등에 대한 성과가 일목요연하게 제시됨으로써 기업의 성과에 대한 종합적인 평가와 통제가 가능하다. 실제에 있어서 균형성과표의 측정기준은 기업의 규모와 특성에 따라 다양하게 제시될 수 있다. 이 그림에서 제시한 +는 초록(목표달성), 0은 노랑(위험영역), -는 빨강(목표미달성)을 의미한다. 또한 이들은 항공기 조종실의 각종 계기판에 표시되어 위험상황을 알려주는 세 가지 색깔을 뜻한다. 정보통신기술의 발달에 힘입어 BSC가 네트워크로 연결될 수 있기 때문에 기업 내 여러 조직의 다양한 성과들이 신속하게 평가될 수 있으며, 이를 통하여 국경을 초월하는 글로벌 경영활동에 대한 효과적인 통제도 가능하다.

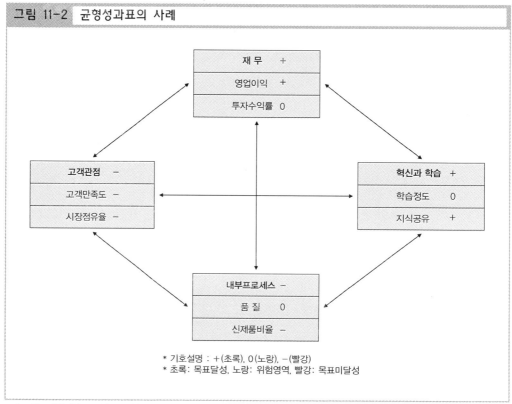

그림 11-2 균형성과표의 사례

* 기호설명 : +(초록), 0(노랑), −(빨강)
* 초록: 목표달성, 노랑: 위험영역, 빨강: 목표미달성

자료원: 박주홍(2012b), p. 441.

11.3 자본조달과 자본구조

11.3.1 자본조달

자본조달(equity financing)은 기업경영에 필요한 자본을 획득하는 것을 말하며, 이러한 자본조달은 조달방법(예, 내부적 또는 외부적 자본조달)과 자본비용과 관련되어 있다. 특히, 자본비용은 기업이 조달하여 운용하고 있는 자본과 관련하여 부담하게 되는 비용이다. 자본비용은 타인자본 비용과 자기자본 비용으로 나눌 수 있다. 타인자본 비용은 차입금에 대한 이자와 사채이자 등을 말하며, 자기자본 비용은 주주에 대한 배당금을 말한다. 경영컨설턴트는 의뢰기업의 자본조달 방법을 분석한 후, 문제점을 발견하여 이에 대한 개선방안을 제시하여야 한다.

자본조달은 내부적 및 외부적 관점에서 이루어질 수 있다.[8] 내부적 자본조달(internal financing)은 다음과 같이 이루어진다.

- 내부금융
  - 이익의 사내유보
  - 감가상각 누계액

대표적인 외부적 자본조달(external financing)의 방법은 다음과 같다.

- 직접금융시장을 통한 자본조달
  - 주식 발행(주식공모, 유상증자)
  - 회사채 및 기업어음 발행
- 간접금융시장을 통한 자본조달
  - 은행차입(시중은행, 지방은행, 외국은행 국내지점 등과 같은 일반은행; 기업은행, 농협, 수협등과 같은 특수은행; 한국산업은행, 한국수출입은행 등과 같은 개발기관)
  - 비은행 금융기관차입(종합금융회사, 생명보험회사, 상호신용금고, 할부금융회사 등)
- 해외금융
  - 상업차관
  - 외국인투자
  - 외화표시 사채발행
  - 무역신용
  - 현지금융
  - 수출선수금

---

8 고동희 외 6인(2003), p. 270 이하; 이건희(1997), p. 435 이하.

11.3.2 자본구조

자본구조(capital structure)는 기업의 자본조달 원천인 자기자본과 타인자본(부채)의 구성비율의 조합을 의미한다. 경영컨설턴트는 의뢰기업의 자본구조, 자본비용과 기업가치 간의 관계를 파악하여, 문제점이 있다면 이에 대한 개선방안을 개발하여야 한다. 특히, 경영컨설턴트가 자본구조와 기업가치의 관계를 분석할 경우에 있어서 타인자본을 사용함으로써 나타나는 수익의 증가로 인한 기업가치의 증가, 그리고 타인자본을 사용함으로써 발생하는 위험의 증가로 인한 기업가치의 하락을 동시에 고려하여야 한다.

경영컨설턴트는 자본구조와 관련하여 다음과 같은 문제를 고려하여야 한다. 즉, 앞서 언급한 바와 같이 기업의 자본은 자기자본과 타인자본으로 구성되며 양자를 합계한 총자본에 대한 자기자본의 비율을 자기자본비율이라고 한다. 자기자본비율이 낮으면 경기가 악화되었을 때 이자지급이나 차입금 상환에 어려움을 겪을 수 있기 때문에 경기변동에 대한 저항력이 약화될 수 있다. 일반적으로 자기자본비율은 기업의 존립에 영향을 미칠 수 있는 기업재무의 안전성과 관련되어 있기 때문에 효과적으로 관리하는 것이 중요하다(〈표 5-1〉 참고).

11.4 글로벌 자본조달과 자본구조[9]

11.4.1 글로벌 재무의 의의와 목표

글로벌 재무의 의의

기업의 영업활동이 국경을 초월하여 전개됨에 따라 기업은 국내적 환경에서의 재무관리와는 다른 종류의 문제에 직면하게 된다. 글로벌 재무는 과거에 비해 그 중요성이 증대되고 있는데, 그 이유는 기업재무의 가장 중요한 환경인 금융시장이 글로벌 금융시장으로 통합되고 있기 때문이다. 또한 글로벌 재무의 문제는 단

---

9 박주홍(2012a), p. 344 이하 재인용.

순히 재무관리의 문제일 뿐만 아니라 생산, 마케팅, 경쟁전략 등과 같은 기업의 다른 기능영역의 활동에서도 고려되어야 할 문제가 되었다.[10] 글로벌 재무(global finance)는 국경을 초월하여 이루어지는 기업활동이 직면하게 되는 재무의사결정 문제를 주된 연구대상으로 삼는다.

글로벌 재무의 목표

글로벌 재무의 목표는 다음과 같이 요약될 수 있다.[11]

- 수익성 증대 : 기업이 필요로 하는 자금을 최저의 자본비용으로 전 세계에서 조달하여야 함.
- 유동성 증대 : 본사와 자회사는 항상 지불능력을 보유하여야 하며, 무엇보다도 서로 다른 통화에 대한 유동성을 증대시켜야 함.
- 독립성의 유지 : 본사는 어떤 국가에서 외부적 자본제공자에 너무 강하게 종속되지 않아야 함(전 세계적인 관점에서 자기자본과 타인자본에 대한 적절한 조화가 중요하며, 본사는 해외 자회사의 재정적인 흐름에 대하여 충분한 영향력을 확보하여야 함).
- 재무적 위험의 감소 : 본사와 자회사는 최소한의 재무적 안정성을 확보하여야 함.

11.4.2 글로벌 자본조달

일반적으로 글로벌 기업은 국내기업보다 더 많은 자본조달 가능성을 활용할 수 있다. 전 세계의 여러 국가에서 활동하고 있는 해외 자회사를 통하여 글로벌 기업은 그 국가의 금융시장뿐만 아니라 국제금융시장에 쉽게 접근할 수 있다. 글로벌 자본조달(global financing)은 다음과 같은 5단계로 구성되어 있다.[12] 〈그림 11-3〉은 글로벌 자본조달의 5단계를 제시한다.

---

10 민상기/정창영(2001), p. 26.
11 Perlitz, M.(2004), p. 467 이하.
12 전게서, p. 469 이하.

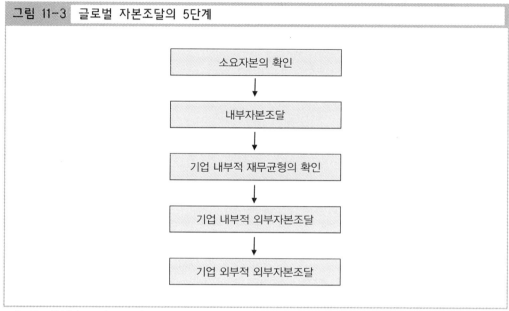

그림 11-3 글로벌 자본조달의 5단계

자료원: 박주홍(2012a), p. 346.

소요자본의 확인

글로벌 기업은 재무계획에 기초하여 소요자본을 확인하여야 한다. 재무계획은 글로벌 기업의 다양한 목표를 달성하기 위하여 설정된 예산을 포괄한다. 재무계획은 다음과 같은 여러 가지의 부분계획으로 구성되어 있다.

- 투자계획
- 자원조달계획
- 인적자원계획
- 생산계획
- 판매계획

내부자본조달

내부자본조달은 기업(단독의 본사 또는 해외 자회사)에 의해 창출된 현금흐름(cash flow)을 포괄한다. 일반적으로 현금흐름은 이윤(세전 순이익), 감가상각비, 장기적

잉여금의 합을 의미한다.

- 이윤의 사용 : 이것은 현지국의 세법에 의하여 영향을 받는다. 현지국의 외환 보유액이 적은 경우, 이윤의 현지국 축적이 권장되며, 본국으로의 송금이 제한되기도 한다.
- 감가상각비의 크기 : 이것은 현지국의 회사법, 세법 등에 의해 영향을 받는 다. 여기에서는 감가상각과 관련된 기간, 금액 및 방법 등이 중요한 의미를 갖는다.
- 장기적 잉여금 : 이것은 현지국의 회사법과 세법 등에 의하여 영향을 받는다.

기업 내부적 재무균형의 확인

기업 내부적(그룹 내부적) 재무균형은 본사와 여러 국가에서 활동하고 있는 해외 자회사들이 보유하고 있는 가용자본을 확인함으로써 파악될 수 있다. 예를 들면, 본사는 해외 자회사의 재무상태 또는 현금흐름의 상태를 파악한 후, 자본이 부족한 해외 자회사에 자본이 넘치는 해외 자회사의 자본을 이전시킬 수 있다. 본사는 기업 내부적 재무균형을 확보하기 위하여 현금집중(cash concentration)과 현금풀링(cash pooling)을 관리하는 역할을 담당한다.

기업 내부적 외부자본조달

글로벌 기업은 기업 내부적(그룹 내부적) 자본재편성을 통하여 자본을 필요로 하는 본사 또는 해외 자회사에 출자(자기자본)의 형태로 자본을 이전할 수 있다. 기업 내부적 외부자본조달은 다음과 같은 형태로 이루어진다.

- 자기자본 : 본사(자기자본 형태로 출자), 지주회사
- 타인자본 : 본사(타인자본 형태로 출자), 자매회사(자금조달회사)

글로벌 기업은 자본을 필요로 하는 본사 또는 해외 자회사에 예치금 또는 대부형식으로 자금을 이전할 수 있다. 이러한 형태의 자금이전은 지불의 가속(leading) 또는 지연(lagging)을 통하여 자금흐름에 기업 내부적으로 의도된 영향을

미칠 수 있다.[13] 기업 내부적 외부자본조달은 외부금융기관에 의존하지 않고 자금수요를 충족시킬 수 있는 장점을 갖고 있다. 그러나 이로 인하여 나타날 수 있는 글로벌 기업의 본국 또는 현지국의 자본시장에 대한 낮은 통합의 정도는 단점으로 지적될 수 있다.

기업 외부적 외부자본조달

기업 외부적(그룹 외부적) 외부자본조달은 현지 자기자본, 현지 타인자본, 현지국 관점에서 해외로부터의 자기자본 및 타인자본 도입의 형태로 이루어진다. 이것들을 구체적으로 살펴보면 다음과 같다.

- 현지 자기자본 : 현지국에서의 합작투자(joint ventures)를 통하여 현지파트너 (기업, 개인투자자) 또는 정부기관의 자본을 활용함.
- 현지 타인자본 : 현지의 금융시장에서 자본을 조달함.
- 현지국 관점에서 해외로부터의 자기자본(합작투자인 경우) 및 타인자본 : 본사국, 제3국, 국제자본시장 등을 통하여 자본을 조달함.

기업 외부적 외부자본조달을 위한 대안은 자본시장에서의 자본조달 가능성, 금리 및 조세부담의 정도, 예상 인플레이션율, 통화위험 및 자본이전에 대한 현지정부의 규제 등을 고려하여 선택되어야 한다. 무엇보다도 글로벌 기업은 기업 외부적 외부자본조달을 통하여 해외 자회사의 부채비율이 너무 높아지는 것을 주의하여야 하다. 즉, 글로벌 기업은 자기자본과 타인자본의 적절한 조화를 통하여 재무적 건전성(또는 안정성)을 유지하여야 한다.

---

13 기업 간 내부거래에 있어서 외화자금의 지급 또는 수취시기(결제시기)를 의도적으로 앞당기거나 또는 지연시키는 방법이다. 이는 거래 쌍방의 이해가 상충돼 어느 한 쪽이 이익을 내면 상대방은 손해를 보게 된다. 외환채무자의 관점에서 볼 때, 환율상승이 예상되면 가속, 환율하락이 예상되면 지연이 유리하다.

11.4.3 글로벌 자본구조

글로벌 재무관리자는 본사 및 해외 자회사 전체에 걸쳐 적절한 자본구조에 대한 의사결정을 하여야 한다. 글로벌 자본구조정책(global capital structure policy)은 단일 기업으로서 본사 및 해외 자회사의 자기자본과 타인자본의 관계를 각각 설정하는 기업의 정책을 의미한다. 자본구조는 기업이 조달한 자금 중에서 장기적인 항목들이 어떻게 구성되어 있는지를 나타내는 것을 의미하지만, 일반적으로 자기자본과 타인자본의 관계, 즉 자기자본비율 또는 부채비율로 표시된다. 글로벌 기업의 자본구조는 다음과 같은 세 가지 관점에서 설정될 수 있다.[14]

- 본사의 기준에 의해 자본구조가 설정됨.
- 자회사가 운영되는 현지국의 기준에 의해 자본구조가 설정됨.
- 세금 인하, 자금조달 비용 및 위험, 시장 불완전성 등과 같은 현지국의 상황에 따라 자본구조가 다르게 설정됨.

글로벌 기업의 자본구조가 최적적으로 설정되기 위해서는 다음과 같은 측면들이 고려되어야 한다.[15]

자기자본비율과 해외위험

높은 정치적 위험과 통화위험을 가진 국가에서 운영되는 현지 자회사는 낮은 자기자본비율을 유지하는 것이 바람직하다. 어떤 국가에서 현지 자회사에 대한 국유화의 위험이 발생할 가능성이 있다면, 본국으로의 자본이전(투자회수)과 배당금 송금 등이 제한될 가능성이 있기 때문에 현지 자회사는 이러한 해외위험을 피하기 위하여 낮은 자기자본비율을 유지하는 경향이 있다. 그러나 현지 자회사가 지나치게 낮은 자기자본비율을 추구하는 경우, 현금흐름에 문제점이 발생할 수 있고, 기업 외부적 외부자금조달이 어려워질 수 있으므로 본사 또는 다른 해외 자회사와의 협력(예를 들면, 본사 또는 다른 해외 자회사에 의한 긴급자금의 지원 등)이 중

14 Eun, C. S./Resnick, B. G.(2001), p. 410.
15 Perlitz, M.(2004), p. 503 이하.

요한 과제로 대두된다.

일반적으로 낮은 자본비율은 높은 부채비율로 이어질 가능성이 높고, 이로 인하여 현지국에서의 자금조달이 장기적으로 어려워질 수 있기 때문에 그룹내부적인 자금조달이 요구된다. 그러나 해외위험이 높은 국가에서는 가능하다면 현지국에서 자금조달을 해야만 현지 자회사가 도산할 경우, 그룹전체 차원의 손실이 최소화될 수 있다.

자기자본비율과 국가특수적인 상황

현지 자회사는 독자적인 신용을 확보하기 위하여 현지국의 상황에 적합한 자본구조를 유지하여야 한다. 독자적인 신용의 확보는 현지 자회사의 지불능력과 연결되기 때문에 본사는 현지 자회사의 자본구조를 주기적으로 검토하여야 한다. 만일 본사가 그룹전체의 신용을 유지하기를 원한다면, 본사는 현지 자회사에게 재정적인 후원(financial backing)을 하여야 하며, 이를 통하여 현지 자회사의 지불능력이 개선될 수 있다.

또한 각 현지국에서 발생할 수 있는 조세문제 및 다양한 위험요소(예를 들면, 통화 및 인플레이션 위험 등)는 글로벌 기업으로 하여금 각 현지 자회사에 적합한 자기자본비율을 설정하게 한다. 예를 들면, 어떤 현지국 정부가 본국으로의 자본이전(투자회수 및 배당금 송금 등)을 제한하는 경우, 현지 자회사에 축적된 이윤은 자기자본비율을 증가시키는 역할을 한다.

자기자본비율과 기업 내부적(그룹 내부적) 자본구조정책

글로벌 기업은 그룹전체의 관점에서 통일적인 자본구조를 유지할 필요가 있다. 현지 자회사의 자본구조는 본사의 자본구조와 유기적으로 연결되어야 하며, 이를 통하여 그룹전체의 연결재무제표가 작성될 수 있다. 현지 자회사의 자기자본비율은 앞서 논의한 해외위험과 국가특수적인 상황에 의해 많은 영향을 받을 수 있지만, 본사의 자본구조정책에 의해 더 많은 영향을 받을 수도 있다. 일반적으로 본사는 본사와 해외 자회사를 포괄하는 그룹전체의 균형적인 자본구조를 적절하게 유지하기 위한 책임을 지고 있다.

CHAPTER 12

인사 및 조직운영
컨설팅

CHAPTER 12

인사 및 조직운영 컨설팅

12.1 인사 및 조직운영의 의의와 과제

12.1.1 인사 및 조직운영의 의의

인사관리(personnel management)는 기업의 경영활동에 필요한 인적자원을 합리적으로 관리하는 방법을 연구하는 분야이다. 인사관리는 인적자원관리, 인간관계관리 및 노사관계관리 등을 포괄하는 개념으로 볼 수 있다. 특히, 인적자원(human resource)은 기업경영에 있어서 가장 중요한 전략적 자산에 속하기 때문에 효율적으로 관리할 필요가 있다.

조직운영은 조직관리(organization management)를 의미하며, 조직관리자는 이러한 조직운영 또는 조직관리를 통하여 조직구성원들이 자발적으로 조직의 목표달성을 위해 기여하도록 유도해야 한다. 특히, 조직운영은 '자발적으로 조직의 목표달성에 기여하게 함으로써 조직의 발전과 함께 개인의 안정과 발전도 아울러 달성하게 한다는 점'에서 조직관리의 영역이 관련되고, '조직에서의 사람을 다루는 철학과 그것을 실현하는 제도 및 기술의 체계'라는 점에서 인사관리의 영역이 중요하게 고려된다.[1] 인사 및 조직운영은 기업의 다양한 기능영역(부서)에서 일하는 관리자 및 근로자의 업무능력의 개발, 일에 대한 동기부여, 생산성 및 품질 향상 등과 관련되기 때문에 경영컨설턴트는 이 분야에 대한 해박한 지식을 보유하여야 한다.

12.1.2 인사 및 조직운영의 과제

인사 및 조직운영의 과제는 다음과 같이 요약될 수 있다. 이에 대한 내용들은 아래에서 자세히 논의하기로 한다(자세한 내용은 12.2 및 12.3 참고).

- 효율적 고용관리의 수행
- 교육훈련을 통한 인적자원의 업무능력의 향상
- 보상 및 복지후생관리를 통한 종업원에 대한 동기부여의 증대
- 안정적인 노사관계를 통한 산업평화의 유지
- 기업의 내부적 및 외부적 환경에 적합한 조직구조의 구축
- 효율적 조직관리의 수행

12.2 인사와 관련된 주요 이슈

12.2.1 고용관리

고용관리(employment management)는 종업원의 모집, 선발, 배치, 배치전환 및 이직 등에 관련된 관리활동을 의미한다. 고용관리의 기능은 기업이 필요로 하는 적정한 요건을 갖춘 인적자원을 효율적으로 조달하여 배치하는 것이다. 고용관리와 관련된 구체적인 관리활동은 다음과 같다.[2]

---

1 고동희 외 6인(2003), p. 290.
2 이건희(1997), p. 355 이하.

모 집

모집(recruitment)은 기업이 필요로 하는 인적자원의 선발을 전제로 하여 능력 있고 우수한 지원자를 확보하는 활동을 말한다. 합리적인 모집활동은 해당 직무를 수행하는 인력이 갖추어야 하는 자격요건을 기록한 직무명세서(job specification)를 기초로 하여 수행된다. 좁은 의미에서 볼 때, 인적자원의 모집은 기업 외부로부터 인력이 확보되는 것을 의미한다. 그러나 넓은 의미에서 볼 때, 모집은 기업 내부 (승진 또는 재배치) 및 외부(모집과 선발)로부터 인적자원을 확보하는 모든 활동을 포괄한다.

모집활동과 관련하여 경영컨설턴트는 다음과 같은 문제를 분석하여야 한다.[3]

- 지원자를 어디에서 찾을 수 있는가?
- 지원자를 어떻게 획득할 수 있는가?
- 지원자가 효과적인 모집활동을 통해 획득되었는가?

선 발

선발(selection)은 기업 외부 및 기업 내부의 선발 후보자 풀(candidate pool)에서 적임자를 선정하는 것을 말한다.[4] 즉, 선발은 모집단계에서 확보된 능력 있고 우수한 지원자들 중에서 대상자를 실질적으로 발굴하는 활동을 의미한다. 이를 통하여 선발된 인력은 관련된 부서 또는 직무에 배치된다.

선발활동과 관련하여 경영컨설턴트는 다음과 같은 문제를 해결할 필요가 있다.[5]

- 지원자가 그 기업에게 적합한가?
- 최적의 지원자를 식별할 수 있는 방법은 없는가?
- 지원자의 선발활동에 얼마나 많은 비용이 드는가?

---

3 박경규(2010), p. 206.
4 Evans, P./Pucik, V./Björkman, I.(2011), p. 275.
5 박경규(2010), p. 206.

- 어떤 방법을 사용해서 지원자에 대한 정보를 수집하고 또한 기업에 대한 정보를 지원자에게 전달할 것인가?

배 치

배치(placement)는 선발된 인력을 기업의 필요에 따라 해당 직무에 배속시키는 것을 의미한다. 종업원이 기업에 대하여 귀속의식과 일체감을 갖도록 하기 위해서는 그들이 자신의 직무에 대하여 만족감을 가질 수 있도록 배치하여야 한다.

배치와 관련하여 경영컨설턴트는 다음과 같은 문제를 분석하여야 한다.

- 해당 조직(부서)의 경영적 목표는 무엇인가?
- 해당 직무에 적합한 인력이 배치되었는가?
- 서로 다른 배치의 시점 및 장소와 관련하여 발생할 수 있는 직무공백을 어떻게 처리할 것인가?

배치전환

배치전환(replacement transfer)은 종업원을 현재 근무하는 부서에서 다른 부서로 이동시키는 것을 말한다. 이것은 종업원이 동등한 직급에서 수평적으로 이동하는 것을 의미하며, 이 경우에는 임금, 직책, 위신 및 기능에 있어서 큰 차이가 발생하지 않는다. 넓은 의미에서 볼 때, 높은 직위로 수직적으로 이동하는 승진(promotion)과 낮은 직위로 수직적으로 이동하는 강등(demotion)도 근무 부서가 변경된다면 배치전환이라고 볼 수 있다.

배치전환과 관련하여 경영컨설턴트는 다음과 같은 문제를 해결할 필요가 있다.

- 배치전환의 대상이 되는 조직의 성과는 어떠한가?
- 현재 부서에서 근무하고 있는 종업원의 업무성과는 어떠한가?
- 현재 부서에서 근무하고 있는 종업원의 만족도는 높은가?
- 작업 또는 근무와 관련된 변동상황(예를 들면, 생산량의 변동, 구조조정 등)이 발생하였는가?

- 불공정한 배치전환으로 인하여 종업원에게 부정적인 영향을 미칠 가능성이 있는가?

이 직

이직(seperation)은 직장이나 직업을 그만두는 것을 말하며, 이로 인하여 노사 간 고용관계의 단절이 나타난다. 이직은 본인의 의사에 따른 자발적 이직, 경기침체와 기업의 경제적 사정으로 인한 비자발적 이직 또는 휴직, 종업원의 잘못을 징계하기 위한 해고 및 정년퇴직 등과 같은 다양한 형태로 나타난다. 이들 중에서 가장 심각한 문제로 대두되는 것은 기업의 경제적 사정으로 인하여 발생하는 비자발적인 이직이다. 이러한 비자발적 이직은 노사 간의 갈등을 야기할 수 있기 효율적으로 관리되어야 한다.

이직과 관련하여 경영컨설턴트는 다음과 같은 문제를 검토할 필요가 있다.

- 최근의 이직률(이직자의 수/전월말 근로자의 수×100) 동향은 어떠한가?
- 이직이 어떤 양상(자발적 또는 비자발적 이직)으로 진행되는가?
- 비자발적 이직이 요구되는 경우, 노사 간의 갈등을 회피할 방안이 있는가?
- 자발적 이직률이 높은 경우, 이를 최소화 할 방안이 있는가?

12.2.2 교육훈련

교육훈련(education and training)은 종업원을 대상으로 직무에 대한 지식이나 기술을 교육시켜, 그들로 하여금 기업에서 잘 근무할 수 있도록 지원하는 다양한 형태의 교육 프로그램을 포괄한다. 교육훈련은 장소, 대상 및 교육훈련 방법 등에 따라 다음과 같이 분류될 수 있다.[6] 경영컨설턴트는 컨설팅을 의뢰한 기업의 교육훈련 수행상황을 분석한 후, 이에 대한 문제해결 또는 개선방안을 제시할 수 있다.

---

6 박경규(2010), p. 229 이하; 이건희(1997), p. 355 이하.

- 장소에 의한 분류
  - 직장 내 훈련 (On-the-Job-Training) : 업무 또는 작업과정에서 직무에 대한 지식과 기술을 습득하게 하는 훈련
  - 직장 외 훈련 (Off-the-Job-Training) : 직무현장 이외의 장소에서 실시하는 훈련(교육훈련 전문 스태프 또는 기업 외부기관)
- 대상에 의한 분류
  - 신입사원 교육훈련 : 오리엔테이션훈련, 기초훈련, 실무훈련, 멘토 시스템 등
  - 종업원 교육훈련 : 근로자 대상 기능훈련(실습장훈련, 도제훈련, 직업학교훈련), 감독자 대상 리더십 훈련 등
  - 관리자 교육훈련 : 중간경영층 및 상위경영층 대상 인 바스켓 훈련(기업에 대한 정보제공 후 경영상황에 대한 문제해결을 위한 의사결정훈련), 비즈니스 게임(경쟁상황에서의 의사결정능력 향상을 위한 훈련), 사례연구 등
- 교육훈련 방법
  - 강 의
  - 통 신(인터넷 등)
  - 회의 또는 토론
  - 직무순회(순차적 직무교대를 통한 교육)
  - 역할연기(특정 상황 설정 후 각자가 맡은 역을 연기함으로써 상황 대처능력 향상)
  - 사례연구

12.2.3 보상 및 복지후생관리

보상관리

인적자원에 대한 보상관리(compensation management)는 기업의 직무를 수행하는 채용인력의 직무수행 결과에 대한 대가를 지급하는 것과 관련되어 있다. 일반적으로 보상은 다음과 같은 의미를 갖고 있으며, 경우에 따라서 임금과 동의어로 사용되기도 한다.[7]

---

7 정수진/고종식(2011), p. 350 이하.

- 노동력의 대가 : 노동력의 사용에 대한 대가로 보상이 이루어진다.
- 노동성과의 대가 : 보상은 노동성과에 기초하여 차별적으로 지급될 수 있다.
- 수요와 공급 및 노사의 세력관계 : 노동력에 대한 수요와 공급의 법칙에 따라 보상체계가 영향을 받을 수 있다.
- 동기부여의 수단 : 동기부여의 수단으로 보상(예를 들면, 금전적 및 비금전적 보상)이 활용된다.
- 인재평가의 지표 : 보상은 인재평가의 지표로 활용될 수 있다.

또한 보상은 아래에 제시된 바와 같이 금전적 보상과 비금전적 보상으로 구성되어 있다.[8] 경영컨설턴트는 컨설팅을 의뢰한 기업의 보상체계에 대한 분석을 통하여 그 기업에 적합한 대안을 제시하여야 한다.

- 금전적 보상
  - 직접적 보상(임금) : 이것은 임금, 급여, 커미션 및 특별수당 등과 같은 금전적인 형태로 지급된다.
  - 간접적 보상(복리후생) : 이것은 보험계획, 사회적 지원의 부가급부 및 유급휴가 등과 관련된 복리후생을 포함하고 있다. 이들의 가치는 금전적으로 환산될 수 있기 때문에 간접적 보상이라고 한다.
- 비금전적 보상
  - 직무와 관련된 보상 : 이것은 흥미 있는 직무, 도전, 책임, 인지의 기회(예를 들면, 맡은 직무에 대한 정보제공의 기회를 말함), 달성감 및 승진기회 등과 같은 비금전적인 형태로 이루어져 있다.
  - 직무환경과 관련된 보상 : 이것은 경영정책, 정당한 관리 감독, 마음에 맞는 근로자, 쾌적한 노동환경, 플렉시블 타임(예를 들면, 유연적 근무) 및 압축된 주 노동시간 등을 포함하고 있다.

---

8 Mondy, R. W./Noe, R. M.(1996), p. 358.

복지후생관리

복지후생관리(welfare benefit management)는 복리후생관리라고도 하며, 이것은 종업원의 작업환경과 생활안정을 위해 지급되는 부가급부(fringe benefit)를 관리하는 것을 말한다. 앞서 언급한 금전적 보상 중에서 간접적 보상이 이에 해당된다. 복지후생과 관련된 부가급여는 다음과 같다.

- 법정 복지후생 부가급부 : 의료보험, 연금보험, 재해보험 및 실업보험 등
- 법정 외 복지후생 부가급부 : 주택보조, 주식보조, 급식 문화레저, 금융지원 등

12.2.4 노사관계관리[9]

노사관계의 의의

기업의 노사관계(industrial relations)는 사용자와 노동자와의 관계를 의미한다. 즉, 이러한 노사관계는 고용을 근거로 사용자 또는 관리자가 노동자 또는 노동자 단체(예를 들면, 노동조합) 간에 전개되는 기업 내의 의사결정과 관련된 사회적 관계(social relations)를 말하며, 영어문화권이나 국제사회에서 흔히 노동관계(labor relations)로 지칭되는 개념이다. 넓은 의미에서 볼 때, 기업의 노사관계는 생산(국내 생산, 그리고 본사 및 현지 자회사를 포함한 전 세계적인 생산)을 둘러싼 일체의 사회적 관계를 의미하는 것으로 볼 수 있다.

일반적으로 노사관계에서는 사용자와 노동자 간의 상충적이고 이율배반적인 현상이 나타나며, 이러한 현상을 노사관계의 이중성이라고 한다. 노사관계의 이중성의 특징들은 다음과 같이 요약될 수 있다.[10]

- 협조적 관계와 대립적 관계 : 생산과 관련하여 노사는 협조적인 관계를 유지하지만, 성과배분과 관련하여 노사는 대립적인 관계를 형성한다.
- 개별적 관계와 집단적 관계 : 개별적 관계는 사용자와 종업원 개인 간의 관계

---

9 박주홍(2016a), p. 246 이하 수정 재인용.
10 박경규(2010), p. 502 이하.

(예를 들면, 개별 임금의 결정, 승진, 교육훈련 등)를 의미하며, 반면에 집단적 관계는 사용자와 노동자 단체 또는 노동조합 간의 관계(예를 들면, 단체교섭 또는 단체협약)를 말한다.

- **경제적 관계와 사회적 관계** : 노사관계는 사용자와 노동자 또는 노동자 단체 간의 경제적 이해관계에 초점을 둘 수 있다. 아울러 노사관계는 집단적 인간관계에 그 기반을 두기 때문에 사회적 관계의 특징을 제시하기도 한다.
- **종속관계와 대등관계** : 기업의 생산활동과 관련하여 노동자는 사용자(관리자)의 지휘 또는 명령체계를 따라야 하기 때문에 종속관계를 유지한다. 반면에, 노동자는 노동조합을 통하여 사용자와 대등한 입장에서 교섭활동을 하기 때문에 대등관계를 견지한다.

노동조합의 의의와 조직형태

우리나라의 노동조합 및 노동관계조정법 제2조에 따르면, 노동조합(labor union)은 근로자가 주체가 되어 자주적으로 단결하여 근로조건의 유지, 개선, 기타 근로자의 경제적·사회적 지위의 향상을 도모함을 목적으로 조직하는 단체 또는 그 연합단체를 의미한다. 글로벌 기업의 관점에서 볼 때, 글로벌 기업의 현지 자회사들이 운영되는 각 국가의 법률적 상황에 따라 허용되는 노동조합의 조직형태는 다소 다를 수도 있지만, 일반적으로 노동조합은 다음과 같이 구분될 수 있다.[11]

- **직종별 노동조합** (craft union) : 이것은 가장 먼저 발달한 노동조합의 조직형태로서 직종 또는 직업을 같이 하는 근로자로 구성된 노동조합을 의미한다. 이 조직형태의 장점은 단결력이 높고 단체교섭과 임금협상이 쉽다는 것이다. 반면에, 이 조직형태는 조직의 배타적인 특성으로 인하여 형평성의 문제와 기업현실을 무시한 무리한 요구사항이 나타날 수 있다는 단점을 갖고 있다.
- **산업별 노동조합** (industrial union) : 이것은 직종에 관계없이 동일산업에 종사하는 근로자가 조직한 노동조합을 말한다. 이 조직형태는 조직이 거대하여 정

---

11 정수진/고종식(2011), p. 471 이하; 박경규(2010), p. 508 이하.

책활동 등에 의한 압력단체로서의 지위를 가질 뿐만 아니라, 단체교섭력이 강하다는 장점을 갖고 있다. 그러나 이 조직형태는 직종 간 또는 기업 간 노동조합 활동에 대한 견해의 차이로 인하여 조직의 결속력이 약해질 수 있다는 단점을 갖고 있다.

- 기업별 노동조합 (company union) : 이것은 동일한 기업에 근무하는 근로자에 의해 결성된 노동조합이다. 이것은 동일한 기업의 근로자로 구성되기 때문에 공동체 의식을 형성하여 노사화합이 잘 이루어질 수 있는 장점을 갖고 있다. 반면에, 이것은 기업(사용자)의 협상력이 상대적으로 클 경우 조직력과 교섭력이 약해질 수 있는 단점을 지니고 있다.

- 일반조합 (general union) : 이것은 근로자의 숙련도, 직종 및 산업에 관계없이 일반근로자들이 결성한 노동조합이다. 이 조직형태의 장점은 미숙련 근로자들이 고용의 안정과 임금 및 근로조건의 최저한도의 설정 등과 같은 요구사항을 제시할 수 있다는 것이다. 반면에, 단점으로는 조합원 구성의 이질성 때문에 단결력과 교섭력이 약해질 수 있다는 것을 들 수 있다.

- 단일조직과 연합체조직 : 단일조직은 근로자가 개인가입의 형식으로 중앙조직의 구성원이 되는 것을 말하며, 각 지역이나 사업장별로 지부 및 분회 등과 같은 하부조직을 두고 있다. 반면에, 연합체조직은 각 지역, 기업 또는 단위조합이 단체의 자격으로 지역적 또는 전국적 조직의 구성원이 되는 조직형태(예를 들면, 산업별 전국연합조합)를 의미한다. 일반적으로 산업별 노동조합과 일반조합은 단일조직의 성격을 띠며, 직종별 노동조합과 기업별 노동조합은 전국적으로 결성될 경우 연합체조직을 이룬다.

〈표 12-1〉은 주요 서구산업국의 노동조합의 조직형태를 보여준다. 이 표에 나타나 있는 바와 같이 국가에 따라 노동조합의 조직형태가 서로 다를 수 있다는 것을 알 수 있다.

표 12-1	주요 서구산업국의 노동조합의 조직형태
국 가	조직형태
호 주	일반조합, 직종별, 산업별, 사무직
벨기에	산업별, 전문직, 종교별, 공공부문
캐나다	산업별, 직종별, 대기업
덴마크	일반조합, 직종별, 사무직
핀란드	산업별, 사무직, 전문직, 기술직
영 국	일반조합, 직종별, 산업별, 사무직, 공공부문
일 본	기업별
네덜란드	종교별, 대기업, 사무직
노르웨이	산업별, 직종별
스웨덴	산업별, 직종별, 사무직, 전문직
스위스	산업별, 직종별, 종교별, 사무직
미 국	산업별, 직종별, 대기업, 사무직
독 일	산업별, 사무직

자료원: Dowling, P. J./Festing, M./Engle, Sr., A. D.(2008), p. 248 재인용; Poole, M.(1986), p. 79.

12.3 조직운영과 관련된 주요 이슈

12.3.1 조직구조

조직구조(organization structure)는 인적자원이 그들에게 부과된 업무를 효율적으로 수행할 수 있도록 하기 위하여 구성한 기본적인 틀(예를 들면, 기능별, 제품별, 지역별, 매트릭스 조직 등)을 의미한다. 조직구조의 구축과 관련하여 가장 중요한 과제는 분업과 조정이다. 분업과 조정의 의미는 다음과 같이 요약될 수 있다.

- 분 업 (division of labor) : 노동의 전문화에 기초하여 효과적으로 업무를 분담시킴.
- 조 정 (coordination) : 상위의 전체목표에 대하여 개별활동을 분업시스템으로 정돈함.
  - 중앙집권적 조정 (central coordination) : 조정의 과제는 상위경영층에 집중되

며, 중하위계층의 의사결정권한은 제한됨.

- **분권적 조정** (decentral coordination) : 중하위경영층으로 의사결정권한이 대
폭적으로 위임됨.

경영컨설턴트는 컨설팅을 의뢰한 기업의 조직구조를 분석하기 위하여 다음과
같은 조직구성 요소들을 검토하여야 한다.

- **조직구조** : 조직도, 업무분장, 의사결정방식, 의사소통흐름
- **업무 프로세스** : 업무흐름체계, 부문 간 협조체계
- **인적자원** : 능력수준, 교육훈련
- **전략수준** : 전략기획력, 전략집행력
- **관리방법** : 통제관리, 평가보상, 리더십
- **공유가치** : 조직구성원 모두의 공통적 가치관

12.3.2 조직관리

조직관리(organization management)는 조직목표를 달성하기 위해 인적 및 물적
자원을 활용하여 계획, 실행 및 통제를 하는 일련의 과정이다. 조직관리의 목표는
다음과 같이 요약될 수 있다.[12]

- **목표추구** : 조직은 구체적으로 설정된 목표를 추구한다. 즉, 조직은 전체 기
업차원의 목표뿐만 아니라, 기능영역(예를 들면, 마케팅, 인사, 생산, 재무, 국제경
영, 회계 및 연구개발 부서 등) 차원의 목표들을 달성하기 위하여 구성된다.
- **지속성** : 조직은 지속성을 가지고 목표추구를 하여야 한다. 또한 환경의 변
화에 따라 조직은 지속성을 유지하면서 변화되거나 진화될 수도 있다.
- **조직구성원** : 조직은 구성원에 의해 유지된다. 조직 내에서 구성원들은 조직
의 목표를 달성하기 위하여 그들에게 할당된 직무 또는 과제를 수행한다.

---

12 박주홍(2016a), p. 121 이하 수정 재인용; Kieser, A./Kubicek, H.(1992), p. 4 이하.

- **공식적 구조** : 조직은 공식적인 구조에 기초하여 운영된다. 이러한 공식적 구조는 조직구성원들 간의 연결 및 커뮤니케이션을 가능하게 할 뿐만 아니라, 업무처리의 과정 또는 절차를 제시하기도 한다.
- **조직구성원의 활동**: 조직은 구성원들의 활동을 통하여 유지된다. 이러한 활동은 전체 기업의 목표 및 기능영역별 하위 목표의 달성에 기여하여야 한다.

장기적인 관점에서 볼 때, 조직관리의 목표는 기업의 경쟁력의 확보 및 강화이다. 이러한 목표는 기업의 상위 목표에 해당된다. 또한 기업의 경쟁력과 관련된 상위 목표로부터 다음에 나열되어 있는 바와 같은 조직의 하위 목표들이 도출된다.[13] 경영컨설턴트는 아래에 제시된 조직관리의 목표가 계획한대로 달성되었는지를 검토할 필요가 있다.

- **상위 목표** : 경쟁력의 확보 및 강화
- **하위 목표** :
    - 시장지향성
    - 유동성
    - 동기부여
    - 인센티브, 자원 및 정보 적합성
    - 조직학습 및 지식이전
    - 핵심역량에 대한 집중
    - 그룹 전체에 대한 자기통제 능력

---

13 Perlitz, M.(2004), p. 598.

12.4 글로벌 인적자원관리의 주요 과제

12.4.1 글로벌 인적자원관리의 의의와 EPRG 모델[14]

글로벌 인적자원관리의 의의

글로벌 인적자원관리(global human resource management)는 글로벌 기업에 근무하는 다양한 형태의 인력에 대한 선발, 교육, 개발 및 보상 등에 대한 관리를 포괄한다. 여기에서 글로벌 기업에 근무하는 다양한 형태의 인력은 본국, 현지국 및 제3국 등에서 채용된 근로자 및 관리자를 모두 포함하는 개념으로 이해하여야 한다. 국내에서의 인적자원관리와 비교해 볼 때, 글로벌 인적자원관리는 더욱 복잡하며, 다음과 같은 특징을 갖고 있다.[15] 경영컨설턴트는 이와 같은 특징을 고려하여 의뢰기업의 글로벌 인적자원관리에 대하여 자문할 필요가 있다.

- 글로벌 인적자원에 대한 새로운 책임 : 글로벌 기업은 해외파견인력(expatriates)에 대한 국제 조세, 국제 재배치 및 오리엔테이션, 현지국 정부와의 관계, 언어 통역서비스 등과 같은 새로운 책임에 직면하게 된다.
- 보상정책에 있어서의 보다 광범위한 국제적 접근의 필요성 : 글로벌 기업은 본사, 현지국, 제3국 등에서 채용한 인력의 보상관리 문제에 대한 국제적 접근을 하여야 한다.
- 고용인력의 개인적 생활에 대한 배려 : 글로벌 기업은 주택, 의료보건, 자녀교육, 안전, 보험 등과 같은 해외파견인력과 그 가족을 위한 복지 및 생활비가 비교적 많이 드는 국가에서의 적절한 보상을 실시하여야 한다.
- 해외파견인력과 현지채용인력에 대한 배치관리 : 글로벌 기업은 기업의 국제적 경험, 현지국의 생활비 수준 및 자질을 갖춘 현지인력의 채용가능성 등을 고려하여 인적자원을 배치하여야 한다.
- 보다 큰 위험노출 : 현지채용인력의 낮은 생산성, 해외파견인력의 낮은 성과 등과 같은 문제가 나타날 수 있다. 특히 정치적 위험과 테러는 글로벌 인적

---

14 박주홍(2012a), p. 250 이하 수정 재인용.
15 Cavusgil, S. T. et al.(2008), p. 518.

자원관리의 문제로 작용할 수 있을 뿐만 아니라, 글로벌 인적자원과 가족에 대한 보다 높은 보상수준, 안전대책을 요구할 수 있다.

- 현지국 정부와 문화에 의한 외부적 영향 : 글로벌 기업은 현지국 정부의 정책과 현지국의 독특하고 이질적인 문화에 의해 영향을 받을 수 있다.

EPRG 모델

글로벌 기업의 전략적 관리개념은 *펄뮤터*(*Perlmutter*)에 의해 제시되었으며, 이것은 본사와 자회사의 관리에 대한 서로 다른 4개의 경영적 관점을 보여준다. 글로벌 기업의 전략적 관리개념을 살펴보는 이유는 이 개념이 글로벌 기업의 일반관리뿐만 아니라, 인적자원관리를 포함한 다양한 기능영역의 관리에 대한 설명을 위해서도 높은 설명력을 갖기 때문이다. 경영컨설턴트는 EPRG 모델에 기초하여 글로벌 기업의 인적자원의 전략적 관리에 대하여 효과적으로 자문할 수 있다.

이러한 전략적 관리개념에 대한 대표적인 이론으로서 *펄뮤터*(*Perlmutter*)의 EPRG 모델을 들 수 있다.[16] EPRG는 Ethnocentric(본사중심적), Polycentric(현지중심적), Regiocentric(지역중심적) 및 Geocentric(글로벌중심적)의 영문 앞 글자를 따서 만든 용어이다. 아래에서는 펄뮤터의 EPRG 모델에 대하여 설명하기로 한다.

(1) 본사중심적 관리개념(ethnocentric management concept)

이것은 현지 자회사의 주요 직위를 배치하는 경우에 있어서 본국의 인력을 우대하는 것을 의미한다. 이 관리개념은 본국의 인력이 더욱 능력있고 우수하다는 가정에서 출발한다. 이것의 장점은 본사와 현지 자회사 간의 의사소통이 원활하게 이루어질 수 있고, 본사의 경영 및 기술노하우가 현지 자회사로 원활하게 이전될 수 있다는 것이다. 그러나 현지채용인력에 대한 동기부여가 악화될 수 있는 가능성이 존재한다.

(2) 현지중심적 관리개념(polycentric management concept)

이것은 현지국의 인력을 현지 자회사의 주요 직책에 배치하는 것을 말한다.

---

16 박주홍(2007), p. 137 이하 수정 재인용; Perlitz, M.(2004), p. 119 이하; Heenan D. A./Perlmutter. H. V.(1979), p. 17 이하; Perlmutter, H. V.(1969), p. 9 이하.

이 관리개념은 본국출신의 인력이 현지국의 경영적 특수성 및 환경 등을 잘 이해할 수 없다고 가정한다. 이것의 장점은 현지채용인력의 동기부여가 증대될 수 있고, 기업의 현지적응이 신속하게 이루어질 있다는 것이다. 하지만 현지 자회사에서 근무하는 본국출신의 유능한 인력에 대한 승진기회가 박탈될 수 있고, 이것 때문에 이들의 동기부여가 악화될 수 있는 단점이 있다.

(3) 지역중심적 관리개념(regiocentric management concept)

이것은 동일한 지역(예를 들면, 유럽, 아프리카, 아시아, 북미 및 남미지역 등)으로부터 채용한 인력을 주요 직책에 배치하는 것을 의미한다. 어떤 지역에 있어서 문화적 환경이 유사한 경우, 이 관리개념이 도입될 수 있다. 또한 동일한 지역으로부터 유능한 인력을 채용할 수 있으므로 인력을 채용할 경우에는 선택의 폭이 매우 넓다. 그러나 같은 지역 내에서 문화적 환경의 차이가 많이 있는 경우, 조직 내에서 여러 가지 문제점 또는 갈등이 유발될 수 있다.

(4) 글로벌중심적 관리개념(geocentric management concept)

이것은 전 세계적 관점에서 인력을 채용하고 배치하는 것을 말한다. 이 경우에 있어서 전 세계의 유능한 인력이 활용될 수 있는 장점이 있다. 그러나 어떤 현지 자회사 내에서 다양한 국적과 문화적 배경을 가진 인력들 간에 의사소통의 문제가 나타날 수 있고, 조직 내에서 갈등이 유발될 수 있는 가능성이 있다.

12.4.2 글로벌 인적자원의 해외파견[17]

글로벌 인적자원의 해외파견과정은 〈그림 12-1〉에 제시되어 있는 바와 같이 선발, 준비, 투입 및 재통합 등과 같은 4단계로 구성되어 있다. 일반적으로 선발은 본사, 준비는 본사와 현지 자회사, 투입은 현지 자회사, 그리고 재통합은 현지 자회사와 본사가 각각 관련된다. 경영컨설턴트는 이러한 4단계의 해외파견과정에 기초하여 의뢰기업에 대한 컨설팅을 수행하여야 한다.

---

17 박주홍(2012a), p. 253 이하 수정 재인용.

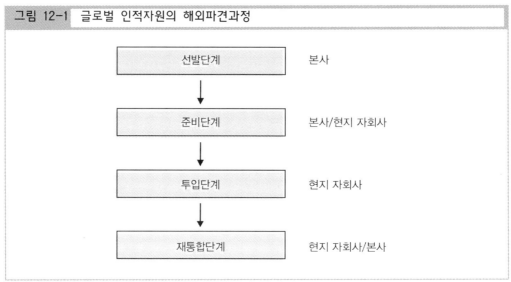

그림 12-1 글로벌 인적자원의 해외파견과정

선발단계	본사
준비단계	본사/현지 자회사
투입단계	현지 자회사
재통합단계	현지 자회사/본사

자료원: 박주홍(2012a), p. 253.

선발단계

(1) 선발과정[18]

글로벌 인적자원의 선발과정은 기업에 따라 다를 수 있으나 일반적으로 〈그림 12-2〉와 같이 구성되어 있다. 이 그림에 제시된 바와 같이, 글로벌 인적자원의 선발과정은 직무기술서 작성, 직무명세서 작성, 광고, 서류 전형, 선발후보자 명단 작성, 최종 선발, 경력 조회 및 최종 결정 등과 같은 8단계로 구분될 수 있다. 이러한 선발과정을 구체적으로 살펴보면 다음과 같다.[19]

- 직무기술서 작성 : 글로벌 기업의 직무기술서(job description)는 해외파견인력이 현지 자회사에서 수행해야 하는 직무의 내용, 직무수행에 필요한 원재료, 설비, 작업도구, 직무수행방법과 절차 및 작업조건 등을 의미한다.
- 직무명세서 작성 : 글로벌 기업의 직무명세서(job specification)는 해당 직무를 수행하는 해외파견인력이 갖추어야 하는 자격요건(인적 특성)을 말한다. 예

---

18 박주홍(2016a), p. 158 이하 재인용.
19 박경규(2010), p. 139, p. 217 이하; McCourt, W.(2003), p. 171 이하.

를 들면, 직무명세서에는 직무명칭, 직무의 소속직군, 직종, 요구되는 교육
수준, 기능과 기술수준, 지식, 정신적 특성, 육체적 능력, 근무경험 및 책임
의 정도 등과 같은 개별 인력의 특성이 기록된다.

- **광 고** : 글로벌 기업은 필요로 하는 해외파견인력을 광고(advertising)를 통하
  여 모집한 후 선발하게 된다. 이러한 광고는 기업 내부(예를 들면, 뉴스레터,
  게시판, 사내 인트라넷 등)뿐만 아니라, 기업 외부(예를 들면, 인쇄매체, 전자매체,
  전파매체 등)에도 시행될 수 있다.

- **서류 전형** : 서류 전형은 해외파견 지원자가 제출한 서류를 평가하는 과정이
  다. 이 단계에서는 해외파견과 관련된 직무기술서와 직무명세서에 부합하는
  지원자를 서류를 통하여 찾아내는 것이 중요하다.

- **선발후보자 명단작성** : 이 단계에서는 서류 전형을 통과한 선발후보자의 명단
  을 작성한다. 선발후보자의 명단에 포함된 해외파견 지원자는 최종 선발과
  정에서 선발시험(selection test) 및 선발면접(selection interview) 등에 참가할
  수 있는 자격을 얻게 된다.

- **최종 선발** : 이 단계에서는 해외파견인력을 최종적으로 선발하기 위한 선발
  시험 및 선발면접이 이루어진다. 선발시험에서는 심리검사, 필기시험 및
  실기시험 등을 통하여 해외파견 지원자의 개인적 능력이 측정된다. 선발면
  접에서는 해외파견 지원자의 능력 및 개인적 특성이 심층적으로 파악된다.

- **경력 조회** : 해외파견인력이 최종 결정되기 전에 최종 선발된 해외파견 대상
  자에 대한 경력 조회(reference)가 이루어진다. 이 단계에서는 지원서 또는
  이력서에 기록된 학력, 직무경험, 자격증, 어학 능력 등이 최종적으로 검증
  된다.

- **최종 결정** : 이 단계에서는 해외파견인력이 최종적으로 선발된다. 글로벌 기
  업은 최종 결정단계에서 선발된 해외파견 대상자와 해외파견계약을 체결하
  여야 한다. 일반적으로 해외파견계약은 본사와 해외파견 대상자 사이에 성
  립된다.

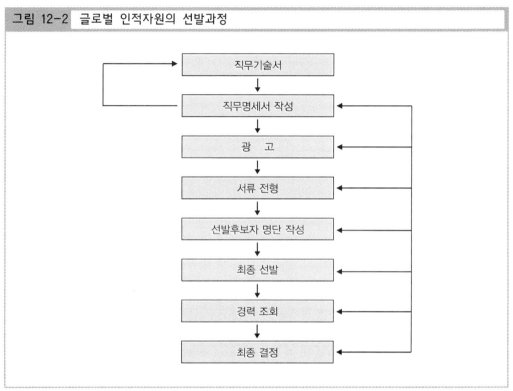

그림 12-2 글로벌 인적자원의 선발과정

직무기술서

직무명세서 작성

광 고

서류 전형

선발후보자 명단 작성

최종 선발

경력 조회

최종 결정

자료원: McCourt, W.(2003), p. 174.

(2) 선발기준

글로벌 기업은 훌륭한 자질을 갖춘 해외파견인력(expatriates)을 선발하여 해외 자회사에 파견하여야 하며, 이를 통하여 현지국에서의 경영이 원활하게 수행될 뿐 아니라 기업의 목표가 효율적으로 달성될 수 있다. 유능한 해외파견인력을 선 발하기 위해서는 다음과 같은 선발기준을 고려하여야 한다.[20]

- 경영적 및 기술적 능력 : 현지국에서 기업의 목표를 달성하기 위하여 해외파 견인력은 충분한 경영적 및 기술적 능력을 보유하여야 한다.
- 제품 및 정책에 대한 지식보유 : 기업이 생산하고 있는 제품, 그리고 기업의

20 Cavusgil, S. T. et al.(2008), p. 522 이하; Perlitz, M.(2004), p. 411 이하.

정책에 정통한 인력을 해외에 파견하는 경우, 본사의 강점이 해외 자회사에 신속하게 이전될 수 있다.

- **현지국 환경적응력** : 현지국의 다양한 환경에 효과적이고 효율적으로 대응하는 능력은 현지국에서의 업무수행에 긍정적인 영향을 미칠 수 있다. 또한 이러한 환경적응력은 해외파견인력이 현지국에서 직면하게 되는 문화충격을 최소화시키는 역할을 한다.
- **커뮤니케이션 능력** : 해외파견인력의 현지어 또는 영어구사 능력, 현지문화에 대한 이해 능력 등은 현지국에서의 원만한 업무추진을 위해 필수적으로 요구된다.
- **육체적 및 정신적 건강** : 현지국의 이질적인 기후조건, 문화적인 차이 등은 육체적 및 정신적인 피로감을 유발할 수 있다. 따라서 해외파견인력의 육체적 및 정신적 건강은 현지국에서의 안정적이고 원활한 업무수행에 큰 도움이 될 수 있다.
- **가족관계** : 현지국의 업무상황에 따라 기혼자가 유리할 수도 있고, 미혼자가 유리할 수도 있다. 그러므로 현지국의 상황에 따라 이러한 가족관계를 고려한 파견이 이루어질 필요가 있다.

(3) 선발방법

해외파견인력을 선발하는 방법은 다음과 같다.

- **잠재성 평가** : 선발기준에 근거하여 파견후보자의 잠재적 능력을 평가한다.
- **추 천** : 상사 또는 동료의 추천을 받아 해외파견인력을 선발한다.
- **자 원** : 파견후보자의 자원을 통하여 해외파견인력을 선발한다.
- **테스트** : 파견후보자의 자질을 시험을 통해 확인한 후, 해외파견인력을 선발한다.
- **인터뷰** : 인터뷰를 통해 해외파견인력이 선발되며, 파견후보자의 심리, 태도 등에 대한 심층 인터뷰가 이루어질 수 있다.
- **평가센터** : 기업 내부 또는 외부의 평가센터에 의뢰하여 적합한 자질을 갖춘 해외파견인력을 선발한다.

준비단계

(1) 교육훈련

해외파견인력의 선발이 완료된 후, 글로벌 기업의 본사는 현지국의 경제적, 사회문화적, 정치적 환경 등에 대하여 파견대상자들이 잘 적응할 수 있도록 하기 위하여, 그리고 현지국에서의 문화충격(culture shock)을 예방하기 위하여 적절한 교육훈련을 실시하여야 한다. 이러한 교육훈련을 통하여 해외파견인력은 해외 자회사 경영전반에 대한 지식뿐만 아니라 현지국에 대한 다양한 정보를 습득할 수 있다. 교육훈련의 목적은 해외파견인력의 현지 적응 또는 동화를 촉진하고, 해외 자회사를 효율적으로 운영하는데 있다. 경우에 따라서 교육훈련은 해외파견직원의 가족을 대상으로 실시되기도 한다. 일반적으로 교육훈련은 다음과 같이 이루어진다.[21]

- 지역연구 (area studies) : 이것은 현지국의 역사적, 정치적 및 경제적 환경 등에 대한 사실적 지식을 파견대상자들에게 교육하는 것을 말한다. 이러한 교육훈련은 현지국에 대한 이해의 폭을 넓힐 뿐만 아니라 현지근무에 따른 이질감 또는 불안감을 해소시킬 수 있다.

- 문화훈련 (cultural training) : 이것은 현지국의 문화를 올바르게 인식시켜 주기 위한 목적으로 실시된다. 현지국의 문화, 역사, 정치, 경제, 종교와 사회, 그리고 경영실무에 대한 훈련을 받음으로써 해외파견인력은 현지국 인력을 효과적으로 다룰 수 있는 능력을 배양할 수 있다. 그리고 해외파견인력의 배우자 또는 가족들의 현지 적응을 돕기 위하여 문화훈련을 실시하는 것이 바람직하다.

- 언어훈련 (language training) : 영어는 글로벌 기업이 해외활동을 수행하는데 있어서 반드시 필요한 언어로 인식되고 있다. 하지만 현지국에서의 원활한 커뮤니케이션을 위하여 현지어를 교육할 필요성이 제기되고 있다. 특히, 현지어 교육을 통하여 해외파견인력은 현지인과 융합하고, 현지문화와 더욱 가

---

21 최순규/신형덕 역/Hill, C. W. L 저(2009), p. 768 이하; Cavusgil, S. T. et al.(2008), p. 524.

까워질 수 있는 기회를 제공받게 된다.

- **실무훈련** (practical training) : 이것은 해외파견인력과 그 가족이 현지국에서의 일상적인 삶에 잘 적응할 수 있도록 도와준다. 실무훈련에서는 주택, 보건, 교육 및 일상생활과 관련된 정보가 제공되어야 한다. 또한 현지국에서의 근무를 마치고 귀국하였거나 현지국에서 근무하고 있는 직원과 그 가족과의 대화를 통하여 해외파견인력과 그 가족의 현지국에서의 정착이 원활하게 이루어질 수 있다.

(2) 파견계약의 확정

파견계약은 본사와 해외파견인력 사이에 성립되며, 일반적으로 해외투입의 특수성을 존중하여 노동계약을 하는 경향이 있다. 국내인력보다 해외파견인력이 보다 높은 보수를 받게 되는데, 그 이유는 다음과 같은 다양한 보수기준이 적용되기 때문이다. 그리고 이러한 보수기준은 파견계약에 있어서 가장 중요한 부분을 차지한다.

- **기본급** (base salary) : 본사와 동일한 직급에 해당되는 해외파견인력의 기본급은 동일하게 책정하는 것이 바람직하다. 이러한 방식으로 기본급을 책정하게 되면 해외근무를 마치고 귀국할 경우, 기본급과 관련된 분쟁이 대폭 줄어들 수 있다. 아울러 해외파견인력은 본사에 소속되어 있다는 심리적 안정감을 느낄 수 있다.
- **부가급** (fringe benefit) : 이것은 해외생활의 불편함, 고생 등에 대한 보상의 성격을 지닌 대가로 지불되는 기본급 이외의 급여를 말한다. 부가급은 일시적으로 지급될 수도 있고, 정기적으로 지급될 수도 있다. 그러나 정기적으로 지급되는 경우에는 해외파견인력이 기본급으로 오해할 수 있기 때문에 부가급 지급에 대한 명확한 근거가 제시될 필요가 있다.
- **보조금** (subsidy) **및 수당** (allowances) : 해외파견인력에게 생활보조비, 해외거주 수당, 주택 수당, 오지 수당, 위험지역근무 수당, 세금조정 수당, 자녀교육비 수당, 귀국휴가 수당, 의료보험, 생명보험, 연금 및 퇴직금 등과 같은 다양한 형태의 보조금 및 수당을 지급함으로써 현지국에서 삶의 질이 향상될

수 있을 뿐만 아니라, 현지근무에 대한 긍정적인 동기부여가 나타날 수 있다.

또한 해외파견인력이 받게 되는 급여가 어떤 통화로 지불되는가에 따라 통화위험(currency risk)이 나타날 수 있다. 지불되는 금액이 적은 경우에는 문제점이 거의 없지만, 금액이 큰 경우에는 환율변동 또는 인플레이션에 따른 손실이 발생할 수 있기 때문에 지불화폐의 선택이 중요한 계약사항이 될 수 있다. 다음과 같은 지불화폐를 사용하여 해외파견인력의 급여가 지급될 수 있다.

- 본국의 통화
- 현지국의 통화
- 혼합방법(본국의 통화와 현지국의 통화)
- 제3국의 통화(일반적으로 미국의 달러화 및 유럽연합의 유로화 등과 같은 태환성이 높은 통화가 지불됨)

투입단계

투입단계에서는 투입기간과 투입기간 동안의 지도감독이 중요한 의사결정에 속한다.[22]

(1) 투입기간

일반적으로 해외파견인력의 투입기간은 3~5년이 적절하다. 투입기간이 너무 짧으면 현지 자회사에서 업무를 익히기도 전에 본국으로 귀환하기 때문에 투입을 위한 교육비, 현지정착비, 부가급 및 각종 수당 등이 효율적으로 사용될 수 없다. 그리고 투입기간이 5년 이상으로 장기간 지속될 경우에는 해외파견인력의 현지 동화와 이로 인한 귀국 거부의 위험이 나타날 수 있다. 경우에 따라서 현지국에서 장기간 근무를 하고 있는 해외파견인력을 본국, 현지국 또는 제3국의 경쟁기업이 채용할 수 있으며, 이로 인하여 그 기업의 경영적 및 기술적 지식 또는 노

---

22 Perlitz, M.(2004), p. 417 이하.

하우, 업무상의 기밀 등이 유출될 수 있다.

(2) 투입기간 동안의 지도감독

해외투입기간 동안의 지도감독의 목적은 현지 자회사에서의 목표 달성을 촉진시키고, 그리고 귀국 시에 나타날 수 있는 여러 가지 문제점을 사전에 예방하는데 있다. 다음과 같은 방법을 통하여 해외파견인력에 대한 지도감독이 이루어질 수 있다.

- 본사에 고정적인 대화 파트너를 지정함(일반적으로 상사가 대화 파트너가 됨).
- 사보 또는 회사 간행물을 발송함.
- 본국에서 휴가를 갖도록 함.
- 본사에서 정기적으로 해외 자회사를 방문하여 해외파견인력을 관리함.
- 귀국 후에 나타날 수 있는 여러 가지 문제점(귀국 후의 재진입 직위, 보수, 역문화충격 등)을 사전에 해결할 수 있는 지도감독 시스템을 운영함.

재통합단계

재통합단계는 해외파견인력이 본국으로 귀국하여 적응하는 단계이다. 일반적으로 이 단계에서는 귀국하는 직원이 본국에서 잘 적응할 수 있도록 현지국에서부터 교육, 상담 또는 적응프로그램을 운영하여야 한다. 재통합은 다음과 같은 3단계로 이루어진다.[23]

(1) 사전단계

이 단계는 해외파견인력이 본국에 귀국하기 이전에 시작된다. 본국에 귀국하는 경우, 재진입 직위, 보수 등에 대한 문제가 중요한 과제로 부각된다. 글로벌기업은 본국으로 귀국하는 직원의 재통합이 잘 이루어질 수 있도록 돕기 위하여 그들의 요구사항에 관심을 가져야 한다.

---

23 Perlitz, M.(2004), p. 418 이하 재인용; Fritz, J.(1982). p. 39 이하.

(2) 조절단계

해외파견인력이 현지 자회사에서 큰 성과를 거두었다면, 그들은 이에 대한 적절한 보상을 희망할 것이다. 그러나 현실적으로 볼 때, 귀국하는 직원과 본사 사이에는 보상과 관련하여 시각의 차이가 존재한다. 이 단계에서는 다음과 같은 네 가지 반응이 나타날 수 있다.

- 순 응 : 귀국하는 직원이 본사의 의견을 대체로 수용한다. 물론 그들이 현지 자회사에서 거둔 성과는 본사에서 공정하게 평가될 수 있다.
- 종속반응 (조건부로 반응함) : 귀국하는 직원이 본사의 방침에 대하여 의견을 표명할 수 있다. 본사의 의견수용 여부에 따라 다음 단계의 반응(거부반응 또는 이탈)이 나타난다.
- 거부행동 : 본사의 방침에 반발하여 귀국하는 직원들이 단체행동을 하며, 그들의 요구사항을 관철하기 위한 시도를 한다. 만일 그들의 요구사항이 본사에 의해 무시된다면 다음 단계의 반응(이탈)이 뒤따른다.
- 이 탈 : 본사의 방침을 받아들일 수 없는 직원은 현지 자회사에서의 잔류(체류연장)를 희망하거나, 현지국의 다른 기업으로 직장을 옮길 가능성이 높다.

(3) 적응단계

이 단계에서는 귀국한 직원이 본사에서의 재통합을 시도하게 된다. 무엇보다도 귀국한 직원은 본국에서의 정체성을 재확인하여야 하며, 재진입 직위를 배치받아야 한다. 현실적으로 볼 때, 현지국 파견 이전과 귀국 이후의 본국의 경제적 상황(예를 들면, 본국의 외환위기 또는 불경기)이 다를 수 있기 때문에 재진입 직위는 본사와 귀국 직원 간의 갈등의 대상이 될 수도 있다. 또한 본사는 귀국하는 직원 또는 그 가족을 위한 역문화충격(contra culture shock) 해소방안을 강구할 필요가 있다. 역문화충격은 오랜 기간 동안 현지국에서의 생활을 마치고 귀국하는 경우 귀국하는 직원 또는 그 가족이 본국의 생활에서 느끼는 문화적 이질감, 심리적 불안감 등에 근거하여 발생한다.

〈그림 12-3〉은 해외파견인력의 파견단계별 만족도와 적응도를 제시한다. 이

그림에 나타나 있는 바와 같이 해외파견 이전, 해외파견 중, 재통합(귀환)의 단계별로 만족도와 적응도가 다르다는 것을 알 수 있다. 또한 이 그림은 해외파견 이후의 현지국 문화충격과 본국 귀국 이후의 역문화충격이 해외파견인력의 만족도와 적응도에 부정적인 영향을 미친다는 것을 보여준다.[24]

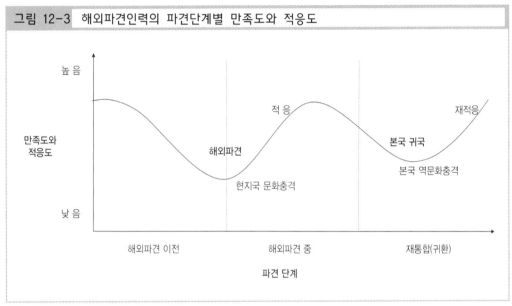

그림 12-3 해외파견인력의 파견단계별 만족도와 적응도

자료원: Dülfer, E.(1992), p. 359 수정 재인용; 저자에 의해 일부 수정됨.

12.4.3 글로벌 인적자원의 현지채용[25]

글로벌 인적자원의 현지채용의 의의

현지 자회사의 여러 가지 업무는 본사 파견인력에 의해서만 전적으로 관리되는 것이 아니다. 그러므로 현지 자회사의 원활한 생산 및 운영을 위하여 현지국의 관리자 및 근로자에 대한 모집과 선발, 교육훈련, 동기부여와 보상 등이 이루어져야 한다. 글로벌 인적자원의 현지채용관리(local recruitment management)는 글로벌 기업의 현지 자회사가 필요로 하는 인력을 체계적으로 관리하는 것을 의미

---

24 박주홍(2016a), p. 226 이하.
25 전게서, p. 232 이하 수정 재인용; 박주홍(2012a), p. 264 이하.

한다. 글로벌 인적자원의 현지채용관리와 관련된 주요 의사결정을 살펴보면 다음과 같다.

- 글로벌 인적자원관리의 표준화와 차별화 : 이것은 글로벌 기업의 관점에서 인적자원의 관리를 표준화시킬 것인가 또는 현지화(차별화)시킬 것인가와 관련되어 있다. 즉, 이것은 글로벌 인적자원관리와 관련하여 '생각은 글로벌하게, 행동은 현지적으로(think global, act local)'라는 슬로건을 어떻게 따를 것인가에 대한 문제를 다룬다.
- 현지채용인력의 모집과 선발 : 이것은 현지 자회사에서 근무할 근로자와 관리자의 모집과 선발에 대한 내용을 다룬다. 또한 여기에서는 현지 자회사에 배치하려는 인력의 국적도 중요한 의미를 갖는다. 따라서 글로벌 기업은 현지 자회사가 필요로 하는 인력을 본국 파견인력, 현지국 채용인력 및 제3국 채용인력으로 구분하여 채용할 수 있다.
- 현지채용인력의 교육훈련 : 현지채용인력의 교육훈련은 근로자에 대한 교육훈련과 관리자에 대한 교육훈련으로 나누어 실시할 수 있다. 현지채용인력에 대한 교육훈련의 목적은 현지 자회사에 근무하는 인력에게 요구되는 자질을 함양하는 것이다.
- 현지채용인력의 동기부여와 보상관리 : 현지채용인력에 대한 동기부여는 현지 자회사에 채용된 직원들이 현지 자회사의 목표를 내재적으로 수용하여, 이를 달성하도록 유도하는 것을 말한다. 또한 현지채용인력의 보상관리는 현지국 채용인력의 직무수행 결과에 대한 대가를 지급하는 것과 관련되어 있다. 현지 자회사는 이러한 보상관리를 통하여 현지채용인력의 동기부여를 증대시킬 수 있다.

선발과 교육훈련

(1) 선 발

현지 자회사의 다양한 업무는 본사 파견인력에 의해서만 전적으로 관리되는 것이 아니다. 따라서 현지 자회사의 원활한 생산 및 운영을 위하여 현지국에서 직원(근로자, 관리자 등)을 채용하여야 한다. 현지국에서의 선발은 본국에서의 선발과 같은 과정을 거치게 된다. 현지국에서 근로자와 관리자를 선발할 때 고려하여야 할 사항을 간략히 살펴보면 다음과 같다.

- 근로자 : 기술적 숙련 정도, 성실성 또는 근면성, 희망 급여, 잔업, 야간 또는 주말 근무 가능성, 일에 대한 태도 또는 가치관 등
- 관리자 : 외국어구사 능력(영어 또는 본사국 언어구사 능력), 희망 급여, 교육수준, 업무능력, 관리자로서 요구되는 자질 및 리더십 등

(2) 교육훈련

1) 근로자에 대한 교육훈련

일반적으로 근로자에 대한 교육훈련은 현지 자회사에서 이루어지는 경향이 있다. 경우에 따라서 작업 반장급 근로자를 본사로 초청하여 교육훈련을 시킬 수도 있다. 특히 근로자에 대한 교육훈련은 제품조립 또는 생산과 관련되어 있기 때문에 기능적이고 기술적인 측면에서 접근하여야 한다. 이러한 교육훈련은 대체로 현장교육(on-the-job training)의 형태를 띠게 된다. 교육훈련의 목적은 원활한 생산, 생산성 증대 및 품질 향상 등에 있다.

2) 관리자에 대한 교육훈련

관리자에 대한 교육훈련은 현지 자회사 내에서 또는 본사 초청 형식으로 이루어질 수 있으며, 다음과 같은 측면에 초점을 두어야 한다.

- 본사의 경영철학, 경영전략 및 경영방침의 이해 : 글로벌 기업 전체의 관점에서 볼 때 본사의 경영철학, 경영전략 및 경영방침이 현지 자회사에 잘 이전되어야 현지 자회사가 원활하게 운영될 수 있을 뿐만 아니라, 현지 자회사의 글로벌 통합이 효과적으로 이루어질 수 있다.
- 본사의 제품에 대한 교육 : 현지 자회사의 관리자는 본사에서 생산하는 제품에 대하여 정통해야 하기 때문에 이에 대한 교육이 요구된다.
- 본사와 현지 자회사 간의 커뮤니케이션 능력 : 현지 자회사의 관리자는 본사와

원활한 커뮤니케이션을 위한 능력(예를 들면, 업무상의 보고)을 보유하여야 한다.

- 본사 파견인력과의 융화 : 현지 자회사의 관리자는 현지 자회사에 파견된 본사 파견인력과 잘 융화할 수 있도록 하는 교육훈련을 받을 필요가 있다.
- 업무에 필요한 경영적 또는 기능영역적 지식 : 현지 자회사의 관리자는 현지 자회사의 관리에 필요한 경영적 및 기능영역적(부문별) 지식을 함양하여야 한다.
- 원활한 노사관계의 유지 : 현지 자회사의 관리자는 현지채용인력과의 원활한 노사관계를 유지하기 위한 노하우 또는 지식을 보유할 필요가 있다.

동기부여와 보상관리

(1) 동기부여

동기부여(motivation)는 현지 자회사에 채용된 직원들이 현지 자회사의 목표를 내재적으로 수용하여, 이를 달성하기 위해 열심히 노력하도록 유도하는 것을 의미한다. 동기부여는 금전적 또는 비금전적 방법을 통하여 이루어질 수 있다.[26]

- 금전적 동기부여 : 임금인상, 부가급 또는 수당의 지급 등을 통하여 이루어진다.
- 비금전적 동기부여 : 승진, 인정, 칭찬, 의사결정 권한의 부여, 본사 연수초청 또는 해외연수, 휴가(본인 및 가족) 등을 통하여 이루어진다.

(2) 보상관리

현지채용인력에 대한 보상은 승진 및 동기부여와 관련하여 관리되어야 하며, 다음과 같은 사항을 고려할 필요가 있다. 특히, 유능한 현지인력을 채용하기 위해서는 현지국 기업에 비해 약간 높은 수준의 임금을 지급하는 것이 바람직하다.

---

26 Konopaske, R./Ivancevich, J. M.(2004), p. 185.

- 현지 자회사에서의 승진가능성 제한 정도(최고경영층 진입 가능성 여부)
- 현지국의 경제발전 정도 및 생활수준
- 현지국 경쟁기업 또는 외국투자 기업의 임금수준
- 현지국의 노동관련 법규(예를 들면, 최저임금제 도입 여부)
- 본사 파견인력의 임금수준(현지채용인력의 임금수준이 본사 파견인력에 비해 상대적으로 낮은 경우, 이것은 임금분쟁 또는 갈등의 요인으로 작용할 수 있음)
- 현지채용인력의 생산성(블루칼라 생산성과 화이트칼라 생산성) 수준

CHAPTER 13

글로벌경영 컨설팅

글로벌경영 컨설팅

13.1 글로벌경영의 의의와 중요성

13.1.1 글로벌경영의 의의

글로벌경영에 대한 컨설팅은 기업의 글로벌화로 인하여 새로운 컨설팅 영역으로 대두되고 있으며, 그 중요성이 날로 증대되고 있다. 글로벌경영(global management)은 기업이 본국을 포함하여 2개국 이상에서 국경을 초월하는 경영활동을 수행하는 것을 의미한다.[1] 국내경영(domestic management)은 비교적 동질적이고 단순한 국내 환경의 영향을 받으며 수행되는 반면, 글로벌경영은 매우 이질적이고 복잡한 서로 다른 국가 또는 지역의 환경적 영향을 받으며 실행된다. 이와 같이 국경 초월적이고 이질적인 환경 하에서 수행되는 글로벌 경영활동은 수출, 라이선싱, 해외지점 및 해외 자회사 설립 등과 같은 글로벌화 전략을 통하여 구체화된다. 또한 글로벌경영은 기업이 보유하고 있는 인적 및 물적 자원을 바탕으로 서로 다른 국가 또는 지역에 있는 고객의 욕구를 충족시키기 위한 제품 및 서비스의 생산·판

---

1 박주홍(2012a), p. 31 재인용.

매를 통하여 이윤을 추구하는 기업활동에 그 기초를 두고 있다. 글로벌경영의 개념과 관련된 주요 특징은 다음과 같이 요약될 수 있다.

- 글로벌경영은 국경초월적인 경영활동을 수행한다.
- 글로벌경영은 이질적이고 복잡한 해외환경의 영향을 받는다.
- 글로벌경영은 글로벌 고객의 욕구충족을 위한 제품 및 서비스의 생산·판매를 통하여 이윤을 추구하는 기업활동에 그 기초를 두고 있다.
- 글로벌경영은 글로벌화 전략을 통하여 수행된다.

13.1.2 글로벌경영의 중요성

글로벌경영은 세계무역의 자유화 및 국가 간 자본이동의 자유화 등을 통하여 그 중요성이 증대되고 있다. 글로벌경영의 중요성은 국가 및 기업차원의 관점에서 논의될 수 있다.

국가차원에서의 글로벌경영의 중요성

- 어떤 한 국가의 국내 및 해외소유 생산요소들에 의해 최종 생산된 제품과 서비스의 총 시장가치를 화폐단위로 환산한 국민총생산(Gross National Product, GNP)은 글로벌경영을 통하여 증대된다.
- 글로벌경영은 기술, 경영 및 마케팅노하우 등에 대한 국가 간 교류를 증대시키며, 이를 통하여 관련된 국가의 경제발전 또는 경제성장이 촉진된다.

기업차원에서의 글로벌경영의 중요성

- 본사와 자회사, 자회사와 자회사 간의 글로벌 네트워크를 통한 인적 및 물적 자원의 효과적이고 효율적인 배분을 통하여 글로벌기업의 국제경쟁력이 증대된다.
- 글로벌경영은 전 세계적인 가치사슬의 통합적 연결과 국제적인 분업을 가능하게 한다.
- 글로벌경영은 국가 또는 지역별 분산투자를 가능하게 하며, 이를 통하여 해

외투자위험을 분산시킬 수 있다.

- 글로벌경영은 국내시장을 초월하여 해외시장을 대상으로 수행되기 때문에 새로운 시장이 제공될 수 있다.
- 글로벌경영은 전 세계적인 관점에서 수행되기 때문에 규모의 경제와 범위의 경제가 달성될 수 있다.

13.2 글로벌기업의 해외시장 진입모델[2]

해외시장진입(foreign market entry)은 진입국가(where)의 선택, 진입시점(when)의 결정 및 진입방법(how)의 선택 등과 같은 전략적 의사결정과 관련되어 있다. 글로벌기업의 해외시장진입을 위한 포괄적 모델은 〈그림 13-1〉에 제시되어 있다. 해외시장 진입에 대한 결정을 하기 위해 의사결정자는 경쟁정도에 대한 산업기반적 고찰, 기업특유의 자산에 대한 자원기반적 고찰 및 국가위험에 대한 기관기반적 고찰을 수행하여야 한다.[3] 〈그림 13-1〉에 제시된 이러한 세 가지의 고찰의 방향에 대하여 살펴보면 다음과 같다.

2 박주홍(2009), p 205 이하 수정 재인용.

3 Peng, M. W.(2006), p. 218 이하.

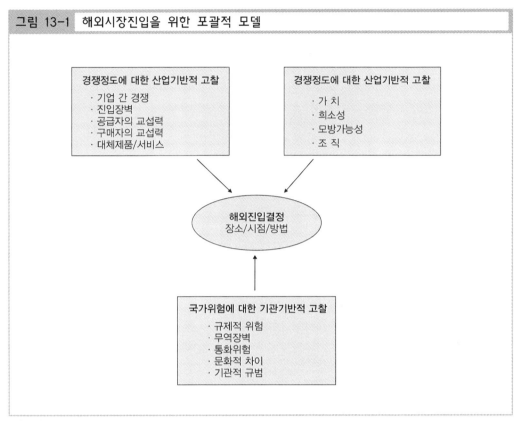

그림 13-1 | 해외시장진입을 위한 포괄적 모델

자료원: Peng, M. W.(2006), p. 219.

경쟁정도에 대한 산업기반적 고찰

해외시장진입을 위한 첫 번째 고찰은 산업경쟁력의 분석과 관련되어 있다. 해외시장진입의 관점에서 볼 때, 산업경쟁력에 영향을 미치는 각 요소들은 다음과 같은 의미가 있다.

- 기업 간 경쟁 : 독점 또는 과점이 어떤 해외시장에서 나타날 경우, 이들은 시장진입의 장벽으로 작용할 수 있다. 따라서 해외의 어떤 제품 및 서비스시장에서 완전경쟁이 이루어지는 것이 바람직하다.
- 진입장벽 : 수입금지, 수입물량의 규제, 높은 관세의 부과 및 특정 산업에 대한 투자규제 등과 같은 해외시장 진입장벽은 글로벌기업의 차별적인 해외

진입결정(예를 들면, 진입국가, 진입시점 및 진입방법에 대한 의사결정)에 영향을 미치게 된다.

- **공급자의 교섭력** : 어떤 기업이 해외에 생산 자회사를 설립하려는 경우에 있어서 부품 및 원재료 공급자의 교섭력(예를 들면, 가격흥정에 있어서의 주도권 확보의 문제)은 경쟁에 부정적 또는 긍정적으로 영향을 미칠 수 있다.
- **구매자의 교섭력** : 구매자의 교섭력은 일반적으로 구매자의 수가 적고, 제품 구입의 규모가 크면 강해지는 경향이 있다. 그러므로 해외 자회사의 교섭력이 구매자의 교섭력보다 높아야만 그 기업은 경쟁에 있어서 우위를 확보할 수 있다.
- **대체제품/서비스** : 기존제품 또는 서비스의 수요를 대체하는 새로운 제품 또는 서비스의 출현은 기존의 경쟁구도에 부정적인 영향을 미칠 가능성이 매우 높다.

기업특유의 자산에 대한 자원기반적 고찰

기업특유의 자산에 대한 자원기반적 고찰은 기업이 보유한 자원(resources)과 능력(capabilities)에 그 기초를 두고 있다. *펭*(*Peng*)은 기업특유의 자산에 대한 분석을 위해 가치, 희소성, 모방가능성 및 조직 등과 같은 4개의 요소를 제시하였다.[4] 기업의 해외시장진입과 관련하여 이러한 4개의 요소를 살펴보면 다음과 같다.

- **가 치** : 기업이 보유하고 있는 가치부가적인 자원은 국내 및 해외에서 경쟁우위를 창출할 수 있는 핵심적 요소이다. 기업의 가치부가적인 자원은 유형자산(공장설비 및 소프트웨어 등)과 무형자산(상표, 특허, 기술, 경영노하우 및 고객관계 등) 등을 말한다.
- **희소성** : 특허, 상표 및 등록상표 등과 같은 무형자산은 법률을 통하여 그 희소성 또는 독창성을 보호받을 수 있다. 어떤 기업이 보유하고 있는 자산 및 능력의 희소성이 높을수록, 해외에서 더욱 강력한 경쟁력이 발휘될 수 있다.

---

4 전게서, p. 83 이하, p. 220 이하.

- 모방가능성 : 어떤 기업이 보유하고 있는 가치있고, 희소한 자산 및 능력을 경쟁기업이 모방할 가능성이 낮을수록, 그 기업의 경쟁력은 더욱 오랜 기간 동안 지속될 수 있다. 일반적으로 유형자산의 모방은 비교적 쉬운 반면, 무형자산의 모방은 비교적 어렵거나 불가능할 수 있다.
- 조 직 : 기업의 조직은 그 기업이 보유한 자산과 능력의 효과적이고 효율적인 활용에 대한 책임을 지고 있다. 즉, 기업의 조직은 생산과 운영을 통한 가치창출의 기능뿐만 아니라, 국내 및 해외의 수많은 사업부 또는 자회사를 연결하고 관리하는 역할도 아울러 담당한다.

국가위험에 대한 기관기반적 고찰

국가위험은 규제적 위험, 무역장벽, 통화위험 및 기관적 규범과 같은 공식적인 (formal) 기관적 규제요인과 문화적 차이와 같은 비공식적인(informal) 기관적 차이 등을 통하여 발생한다.[5] 국가위험은 기업의 해외시장진입을 방해하거나 금지시키기 때문에 진입에 대한 의사결정에 있어서 가장 먼저 고려해야 할 사항에 속한다.

- 규제적 위험 : 현지국정부의 외국기업에 대한 차별적인 정책은 대표적인 규제적 위험이다. 이러한 위험은 기업설립과 운영의 규제, 투자지분의 제한, 투자자본의 회수 및 과실송금의 제한, 파견직원의 입국금지 등과 같은 다양한 형태로 나타난다.
- 무역장벽 : 무역장벽은 관세 및 비관세장벽, 현지부품 사용률에 대한 규제 및 진입방법의 규제 등을 말한다. WTO의 출범을 통하여 관세 및 비관세장벽이 완화되고 있지만, 국가 간 무역에 있어서 이러한 장벽은 여전히 존재하고 있다.
- 통화위험 : 통화위험은 환율변동에 의하여 나타나는 위험을 말한다. 급격한 환율변동은 수출제품의 가격, 해외투자자산의 가치, 장기 및 단기 차입금의 원금상환과 이자지불 등에 직접적으로 영향을 미치게 된다. 따라서 기업은

---

5 전게서, p. 221.

해외시장진입에 대한 의사결정을 하기 전에 먼저 글로벌 금융시장의 동향을 면밀히 검토할 필요가 있다.

- 문화적 차이 : 본국과 현지국의 문화적 차이에 대한 깊은 통찰이 없이 글로벌 기업활동을 전개하는 기업은 문화적 위험에 노출될 수 있다. 해외시장에 진입하려는 기업뿐만 아니라, 현지국에서 활동하고 있는 기업은 현지국의 문화적 환경에 대한 체계적인 분석을 통하여 문화적 위험을 최소화하여야 한다.

- 기관적 규범 : 규범(norms)은 어떤 집단의 구성원들에게 수용되고 기대되는 행동양식이나 규칙을 말한다. 이것은 구성원의 의식 속으로 내재화되거나, 실제적 또는 부정적인 제재수단에 의해 강제되기도 한다. 규범은 관습과 도덕 등에 의해 생활과 행동을 규제하는 사회적 규범과 공적인 권력에 의해 개인 및 기업행위를 제재하는 기관적 규범(법률적 형태로 나타남)으로 구분될 수 있다.

13.3 해외시장 진입전략의 선택

13.3.1 진입국가의 선택

해외시장에 진입하려는 기업은 글로벌 경영환경의 분석을 기초로 하여 진입국가를 선택하게 된다. 진입국가의 선택과 관련된 의사결정은 수출(무역)과 해외직접투자의 관점에서 각각 다르게 이루어지게 된다. 아래에서는 진입국가의 선택에 대한 이론적인 근거로 제시되는 입지이론을 간략히 살펴보기로 한다.

무역과 입지이론

무역과 관련된 대표적인 입지이론(location theory)은 *린네만*(*Linnemann*)에 의해 주장되었다.[6] 그는 수송비용, 수송시간, 경제적 이해의 한계 및 인위적 장벽 등과

---

6 Linnemann, H.(1966).

같은 이른바 거리요인과 무역 간의 관계에 대한 이론적 설명을 시도하였다. 즉, 그에 의하면, 거리요인이 클수록 두 국가 간의 무역이 적어지고, 반면에 거리요인이 작을수록 두 국가 간의 무역이 많아진다. 다음과 같은 거리요인의 조건이 충족되면 두 국가 간의 무역이 촉진된다.

- 수송비용 : 적은 수송비용
- 수송시간 : 짧은 수송 및 배달시간
- 경제적 이해의 한계 : 외국에 대한 풍부한 사회적 및 경제적 지식
- 인위적 장벽 : 낮은 관세 및 비관세장벽

해외직접투자와 입지이론

해외직접투자와 관련된 입지이론(location theory)은 *야르라이쓰 (Jahrreiß)*에 의해 주장되었다. 그는 해외직접투자에 많은 영향을 미치는 현지국의 입지요인을 파악하기 위하여 국가적 투자유인책(세금혜택 및 지원금), 시장요인(시장규모, 시장성장 및 무역장벽의 존재여부), 세제, 임금의 차이 및 정치적 위험 등과 같은 요인들에 대한 실증적 연구를 수행하였다.[7] 그의 연구결과에 의하면, 시장요인이 해외입지선정에 있어서 가장 중요한 요인으로 밝혀졌으며, 그 다음으로 임금의 차이가 중요한 것으로 나타났다. 또한 비용 및 세금요인, 수요요인 및 전략적 요인 등과 같은 미시적 요인, 그리고 규제적 요인 및 사회정치적 요인 등과 같은 거시적 요인을 종합적으로 고려하여 진입국가를 선택하여야 한다.[8]

13.3.2 진입시점의 결정

진입할 국가가 선택되었다면, 그 다음 단계로 글로벌기업은 진입시점을 결정하여야 한다. 진입시점(entry timing)은 글로벌기업이 직면하게 되는 현지의 환경적 위험 및 기회에 영향을 미치기 때문에 매우 중요한 의사결정에 속한다. 진입시점의 결정은 진입국가에 대한 경쟁자의 진입시점과 비교하여 이루어질 수 있다. 진

---

7 Jahrreiß, W.(1984).
8 Shenkar, O. Luo, Y.(2004), p. 267.

입시점은 다음과 같은 두 가지 전략적 측면에서 검토되어야 한다.[9]

경쟁자가 어떤 기업이 진입하려는 국가에 아직 진출하지 않았다면 최초 진입자 전략(first mover strategy)을 선택할 수 있으며, 반면에 경쟁자가 어떤 국가에 이미 진출해 있다면 후발 진입자 전략(late mover strategy) 또는 추종자 전략(follower strategy)을 선택하게 된다. 최초 진입자 전략과 후발 진입자 전략의 이점을 각각 살펴보면 다음과 같다.[10]

- 최초 진입자 전략의 이점
  - 시장의 선점
  - 기술주도권의 확보
  - 희소한 자원의 선점
  - 후발 진입자에 대한 진입장벽의 구축
  - 본국에서의 경쟁기업과의 충돌회피
  - 현지국의 고객 및 정부 등과 같은 이해관계자와의 관계구축
  - 고객충성도의 제고
  - 제품포지셔닝의 구축
  - 초기 경쟁자가 적음
- 후발 진입자 전략의 이점
  - 최초 진입자의 투자경험활용
  - 기술 및 시장 불확실성의 해결
  - 안정적인 원재료 및 부품의 조달가능성의 증대
  - 관련된 지원산업과의 협력가능성의 증대

13.2.3 진입방법의 선택

진입방법(entry modes)을 선택하는 것은 진입전략(entry strategy)을 선택하는 것을 의미한다. *판*과 *채*(*Pan & Tse*)는 해외시장 진입방법을 비자산방법과 자산방법

---

9 박주홍(2009), p. 213 이하 수정 재인용.
10 Peng, M. W.(2006), p. 229 이하; Shenkar, O./Luo, Y.(2004), p. 270 이하.

으로 구분하였다.[11] 그리고 이러한 두 가지 진입방법의 일부분은 전략적 제휴와 관련되어 있다. 〈그림 13-2〉는 진입방법의 선택에 대한 단계적 모델을 제시한다.

- 비자산방법 (non-equity modes)
    - 수 출 : 직접수출, 간접수출, 기타
    - 계약방법 : 라이선싱과 프랜차이징, 턴키계약(플랜트수출), 연구개발계약, 공동마케팅
- 자산방법 (equity modes or FDI modes)
    - 합작투자 (joints ventures) : 소수지분, 50% / 50% 동등지분 및 다수지분의 참여
    - 단독투자 자회사: 신설투자, 인수, 기타
- 전략적 제휴 (strategic alliances) : 계약방법, 합작투자

그림 13-2	진입방법의 선택: 단계적 모델

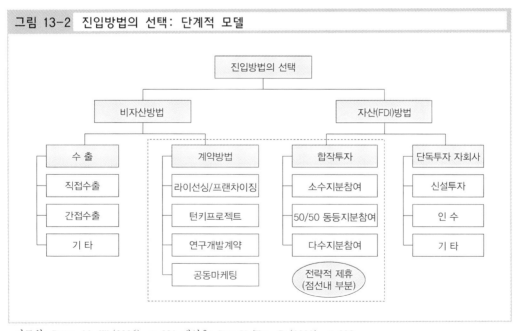

자료원: Peng, M. W.(2006), p. 231 재인용; Pan Y./Tse, D.(2000), p. 238.

11 Peng, M. W.(2006), p. 230 이하 재인용; Pan Y./Tse, D.(2000), p. 238.

본서에서는 해외시장 진입방법을 점진적 글로벌화 과정의 관점에서 다음과 같이 네 가지로 분류하여 논의하기로 한다(13.4 참고).

- 수출관련 진입방법 : 수출, 대응무역, 국제납품계약 및 턴키계약(플랜트수출)
- 계약관련 진입방법 : 라이선싱과 프랜차이징
- 해외직접투자관련 진입방법 : 단독투자 자회사, 합작투자, 인수 및 합병
- 전략적 제휴관련 진입방법 : 관리적 기능영역, 제휴대상 및 자본참여도에 따른 전략적 제휴

13.4 해외시장 진입전략에 대한 이해

해외시장 진입전략과 관련된 경영컨설팅은 수행하는 경우에 있어서 경영컨설턴트는 다음과 같은 해외시장 진입전략에 대한 구체적인 의미를 이해할 필요가 있다.[12]

13.4.1 수 출

수출(export)은 기업이 생산한 제품 및 서비스를 외국에 판매하는 기업활동을 말한다. 넓은 의미의 수출은 간접수출, 직접수출, 대응무역, 국제납품계약 및 턴키계약을 포괄한다. 기업의 글로벌화는 수출, 라이선싱, 프랜차이징, 합작투자, 해외지점, 해외생산 및 해외자회사 설립 등의 단계를 거치면서 점진적으로 이루어진다. 점진적 글로벌화의 관점에서 볼 때, 수출은 기업의 글로벌화의 시작으로 볼 수 있다. 아래에서는 다양한 형태의 수출의 의미에 대하여 논의하기로 한다.

---

12 박주홍(2009), p. 227 이하 수정 재인용.

간접수출과 직접수출

(1) 간접수출(indirect export)

간접수출은 기업이 생산한 제품을 국내의 수출중간상을 통해 해외로 판매하는 것을 의미한다. 간접수출에 있어서 중간상은 종합무역상사(수출회사), 외국바이어, 외국기업의 구매사무소 및 수출대리점 등이다. 이 수출방법에서는 국내에 있는 수출중간상이 제품을 해외의 최종고객에게 판매하기 때문에 수출을 의뢰한 기업의 입장에서 볼 때 이 방법은 국내판매와 동일하게 취급될 수 있다.

(2) 직접수출(direct export)

직접수출은 수출업무를 다른 기업 또는 중간상에 위임하지 않고 독자적인 수출관련 조직을 통해 직접 수행하는 것이다. 이 수출방법에서는 수출활동이 자사의 조직에 의해 직접 수행되거나, 또는 다른 기업과 공동으로 만든 조직을 통해 수행될 수 있다. 여기에서 자사의 조직은 수출부(또는 국제영업부 및 해외영업부) 및 현지자회사(또는 현지지점)의 마케팅관련 부서를 말하며, 다른 기업과 공동으로 만든 조직은 국내외에 설립한 공동지사(또는 공동지점)를 의미한다. 특히, 공동지사를 통한 직접수출은 국내의 수출협회 및 해외의 공동지사 등을 통하여 이루어진다.

대응무역

대응무역(countertrade)은 국가 간의 수출입 거래에 있어서 상대국의 외환부족 등의 사유로 인하여 대금결제를 위한 현금지불을 불필요하게 만드는 무역방법을 말한다. 넓은 의미에서 볼 때, 이 무역방법은 화폐를 매개로 하지 않는 물물교환을 의미하는 바터(barter)와 환결제 방법에 의해 수출과 수입을 결부시키는 구상무역(compensation trade)과 동의어로 사용되기도 한다. 일반적으로 외환부족을 겪고 있는 국가의 기업이 외환을 대체하는 현물로 수입대금을 결제하는 경우에 대응무역이 이루어진다. 또한 이 방법은 수입 초과국이 상대국에 대해 일정한 제품의 수입을 요구하는 수단으로 채택될 수 있다.

대응무역은 대금 지불여부, 대금 지불형태(예를 들면, 현금 또는 현물), 대응수입의 대상제품, 기술 이전여부 및 계약건수 등에 따라 물물교환, 청산협정, 스위치무역, 환매거래, 대응구매 및 상쇄무역 등으로 분류될 수 있다.[13] 아래에서는 다양한 형태의 대응무역의 의미를 살펴보기로 한다.

(1) 물물교환

물물교환 또는 바터(barter)는 가장 원시적이면서도 초보적인 대응무역의 형태로서 수출입대금을 결제할 때 현금을 지불하지 않고 제품 또는 서비스를 맞교환하는 거래(단일 계약으로 단일 거래가 이루어진 경우)를 말한다.

(2) 청산협정

청산협정(clearing agreement)은 일정기간 동안 단일의 수출입 계약에 의해 제품 또는 서비스를 교환(다수의 거래)하고, 계약에 의한 거래가 끝나는 시점에서 거래당사자 사이에 교환의 차액이 발생하는 경우 이것을 정산하는 것을 말한다. 차액의 정산은 특정 통화로 할 수도 있고, 제품 또는 서비스를 추가적으로 제공함으로써 이루어질 수도 있다. 특정 통화로 차액을 정산하기 위하여 사용하는 계좌를 청산계정(clearing account)이라고 한다.

(3) 스위치무역

스위치무역(switch trading)은 거래의 당사자가 전문적인 무역 중개상을 통하여 수출입 거래를 하는 방법이다. 이 거래에 있어서, 수출업자는 제품수출에 대한 대금을 상대국의 수입업자로부터 현금으로 지급(상대국에 개설한 수출업자의 청산계정에 입금)받게 되며, 수출업자는 이 대금으로 상대국에서 생산한 제품 또는 서비스를 구매하여야 하는 의무를 지게 된다. 만일 수출업자가 상대국의 청산계정에 입금된 현금으로 그 국가에서 생산한 제품 또는 서비스를 구매할 의향이 없다면, 수출업자는 이 청산계정을 할인된 가격으로 전문적인 무역 중개상에게 양도할 수 있다. 이와 같이 청산계정의 거래에 참여하는 전문적인 무역 중개상을 스위치 무

---

13 Peng, M. W.(2006), p. 276 이하; 김광수 외(2005), p. 212 이하; 전용욱 외 (2003), p. 131 이하; 이장호(2003), p. 227 이하.

역상(switch trader)이라고 한다. 스위치 무역상은 수출업자를 대신하여 상대국에서 생산한 제품 또는 서비스를 구매할 의무를 지게 된다.

(4) 환매거래

환매거래(buy-back)는 수출기업이 상대국의 수입기업에게 기술, 설비 및 플랜트 등을 수출하고, 그 생산시설에서 생산된 제품으로 대금을 지급받는 것을 말한다. 이 방법에서는 판매계약과 구매계약을 포함하는 두 개의 계약이 일괄적으로 이루어진다. 기술, 설비 및 플랜트 등의 수출은 판매계약과 관련되어 있으며, 생산시설에서 생산된 제품으로 대금을 지급받거나 장기적으로 대응구매를 하는 것은 구매계약에 해당된다.

(5) 대응구매

대응구매(counterpurchase)는 제품 또는 서비스를 판매한 수출기업이 상대국의 수입기업으로부터 대금을 현금으로 지급받고, 그 현금으로 상대국의 수입기업으로부터 제품 또는 서비스를 구매하는 거래를 의미한다. 일반적으로 대응구매에 있어서 수입기업은 수출기업에게 그들이 판매하고자 하는 대응구매 품목리스트를 제시하며, 수출기업은 그 리스트에 제시된 품목들 중에서 구매할 품목을 선택하게 된다. 또한 이 방법에서는 수출기업이 지고 있는 대응구매 의무를 제3자에게 전가할 수도 있다. 특히, 대응구매는 정부 또는 공공부문 간의 수출입 거래에서 자주 사용되는 방법으로 알려져 있다.

(6) 상쇄무역

상쇄무역(offset)은 수출기업이 상대국의 수입기업, 정부기관 또는 공공기관에 제품 또는 서비스를 수출한 후, 수출기업이 제품 또는 서비스의 구매 등과 같은 대응의무를 지지 않고 기술이전, 현지조립 및 현지부품조달 등과 같은 대응의무를 지는 형태로 거래가 이루어진다. 상쇄무역은 기간산업, 군수산업 또는 국방산업 등의 분야에서 주로 이루어지고 있다.

국제납품계약

국제납품계약(international subcontracting)은 해외에 있는 글로벌기업이 어떤 국가에 있는 제조업체 또는 서비스업체에게 생산 또는 주문을 의뢰하여 제품, 반제품 및 부품 등을 납품받는 거래방법이다. 즉, 이 거래방법에서는 제품을 납품하는 기업은 수출기업이 되고, 제품을 납품받는 기업은 수입기업이 된다. 또한 이 거래방법은 계약생산(contract manufacturing) 및 주문자상표부착 방식(Original Equipment Manufacturing, OEM) 등과 동의어로 종종 사용되기도 한다. 그러나 국제납품계약에서는 제조업부문에 있어서의 주문업체와 납품업체 간의 하청관계에 의한 제품, 반제품 및 부품 등의 납품에 중점을 두고 있는 반면, OEM 방식은 제조업 및 유통업부문에 있어서의 완제품의 납품에 중점을 두고 있다는 점에서 용어상의 차이가 있다.

턴키계약

턴키계약(turnkey contracting)은 어떤 하나의 기업 또는 컨소시엄(consortium)에 참여한 기업들이 해외의 어떤 프로젝트의 모든 과정(계획, 자금조달, 조직, 관리 및 실행 등)을 진행하여 최종적으로 생산시설(플랜트), 건축물 및 발전소 등을 완성하여 발주자에게 납품하는 수출방법이다.[14] 즉, 이 거래방법은 열쇠(key)를 돌리면(turn) 모든 설비가 가동되는 상태로 플랜트(plant)를 완성하여 발주자에게 수출(납품)하는 것을 말한다.

일반적으로 턴키계약은 대규모 프로젝트로 진행되기 때문에 현지국 정부가 발주하는 경우가 대부분이다. 기업이 턴키계약에 의해 플랜트가 완성된 상태로 납품하면서 부가적으로 플랜트의 운영과 관련된 교육훈련 및 관련서비스를 동시에 제공하는 경우도 있는데, 이것을 턴키 플러스(turnkey plus)라고 한다.

---

14 Cavusgil, S. T. et al.(2008), p. 439.

13.4.2 라이선싱과 프랜차이징

라이선싱

라이선싱(licensing)은 라이선서(licensor, 라이선스 제공기업)가 보유하고 있는 특허, 노하우, 상표명 또는 등록상표, 저작권, 디자인, 기술 및 작업방법 등과 같은 지적 재산과 상업적 자산을 라이선시(licensee, 라이선스 취득기업)에게 제공하고 그 대가로 로열티를 받는 계약을 의미한다.[15] 넓은 의미에서 볼 때, 라이선싱은 국제 기술이전의 한 형태로 기술수출(technology export)을 의미한다. 라이선싱을 통한 해외시장 진입방법은 해외직접투자 및 합작투자보다 비교적 위험부담이 적다. 왜 냐하면 해외직접투자 및 합작투자는 해외에서의 위험이 수반되는 자본투입을 필 요로 하지만, 라이선싱은 해외에서의 자본투입이 필요없기 때문이다.

일반적으로 라이선싱은 국제기술이전을 통하여 로열티를 받는 단순한 기술거 래로 인식되고 있다. 그러나 라이선싱을 통하여 기업은 해외시장에 대한 소비자 의 동향 및 해당기술과 관련된 제품의 매출규모 등과 같은 유용한 시장정보를 획 득할 수 있다. 즉, 국제기술이전에 대한 대가인 로열티를 매출액 기준으로 산정하 여 수수할 경우, 라이선서는 해당기술과 관련된 제품의 시장규모를 쉽게 파악할 수 있다. 만일 매출액 기준으로 받는 로열티의 규모가 매우 크다면, 라이선서는 라이선시와의 계약을 파기하고 현지국가에 해외직접투자 또는 합작투자 등과 같 은 자본투자를 하여 현지생산을 할 수 있다.[16]

또한 라이선싱은 라이선서가 라이선시에게 지적 재산과 상업적 자산을 사용하 도록 하는 일방향적인 계약이지만, 경우에 따라서 쌍방향적인 교차라이선싱(cross licensing)이 이루어질 수 있다. 교차 라이선싱은 라이선서와 라이선시 쌍방이 라이 선싱을 상호 교환함으로써 제3의 경쟁기업에 대항할 수 있는 공동적인 기술우위 를 확보하기 위한 수단으로 사용되기도 한다.[17]

---

15 Griffin R. W./Pustay, M. W.(2007), p. 343 이하.
16 박주홍 (2008), p. 61.
17 Perlitz, M.(2004), p. 104.

프랜차이징

프랜차이징(franchising)은 프랜차이저(franchisor, 프랜차이즈 제공기업)가 프랜차이지(franchisee, 프랜차이즈 취득기업) 또는 개인 사업자에게 상표, 설비, 제품, 서비스 및 경영기법 등을 일괄적, 혼합적 또는 단일적으로 제공한 후, 그 대가로 로열티를 받는 계약방법을 말한다. 국제프랜차이징은 패스트푸드, 소매업, 호텔 및 렌터카 등과 같은 서비스산업에서 많이 이루어진다.

일반적으로 라이선싱은 제조업과 관련되어 있는 반면, 프랜차이징은 서비스산업과 관련되어 있다. 넓은 의미에서 볼 때, 프랜차이징은 라이선싱의 한 형태로 볼 수 있으나, 라이선싱에 비해 프랜차이지의 운영에 있어서 보다 강한 통제가 이루어진다.[18] 즉, 프랜차이저는 프랜차이지의 모든 영업활동에 대한 통제권 또는 감독권을 갖고 있다.

프랜차이징은 제품 및 서비스의 유통권(distributorship)과 등록상표(trademark)의 제공 등과 같은 다양한 형태로 나타날 수 있지만, 가장 전형적인 형태는 비즈니스 포맷 프랜차이징(business format franchising)이다.[19] 이것은 시스템 프랜차이징(system franchising)이라고도 한다. 이 계약방법에서 프랜차이저는 생산 및 마케팅기법, 판매시스템, 절차 및 경영노하우뿐만 아니라, 기업명(또는 상호명)의 사용과 제품, 특허 및 등록상표 등에 대한 사용권도 아울러 포함하는 총체적 경영방법(total business method)을 프랜차이지에게 이전한다.

또한 프랜차이저는 프랜차이지에게 훈련, 지속적 지원, 인센티브 프로그램 및 협력적 마케팅프로그램의 참가권 등을 제공한다. 일반적으로 이러한 비즈니스 포맷 프랜차이징에서는 프랜차이지가 비교적 많은 자본을 투자하기 때문에 장기간의 계약이 이루어지는 경향이 있다.

---

[18] 어윤대 외(1997), p. 334.
[19] Cavusgil, S. T. et al.(2008), p. 435.

13.4.3 해외직접투자

해외직접투자의 의의

해외직접투자(foreign direct investment, FDI)는 기업이 자본, 기술, 노동력, 토지, 공장 및 설비 등과 같은 생산적 자산(productive assets)의 취득을 통하여 해외에 기업을 설립하여 기업경영에 참여하는 글로벌화 전략이다.[20] 자본투자의 관점에서 볼 때, 해외투자는 해외포트폴리오투자(foreign portfolio investment)와 해외직접투자로 분류할 수 있다. 해외포트폴리오투자(해외증권투자 또는 해외간접투자라고도 함)는 해외에서 주식 및 채권 등을 구매하여 투자한 자금에 대한 수익의 창출을 목표로 하는 반면, 해외직접투자는 해외에서 일정지분의 주식을 매수하여 투자한 기업에 대한 경영통제를 목표로 한다. 우리나라에서는 통계적 목적으로 해외기업의 주식을 20% 이상 소유하는 것을 해외직접투자로 보며, 20% 미만은 해외포트폴리오투자로 본다. 미국의 상무성의 규정에 따르면, 미국의 시민, 기관 또는 계열그룹이 해외기업의 주식을 10% 이상 소유하면 해외직접투자로 간주한다.[21]

해외직접투자의 형태

(1) 단독투자

기업이 완전소유 자회사(wholly owned subsidiaries)를 해외에 설립하는 것을 단독투자라고 한다. 여기에서 완전소유(full ownership)는 해외에 투자한 기업이 100%의 주식지분을 갖는 것을 의미한다. 즉, 기업은 해외자회사에 대한 완전소유를 통하여 해외기업활동에 대한 배타적인 경영통제권을 행사할 수 있다. 해외에서의 완전소유 자회사는 신설투자와 인수 등과 같은 두 가지 방법에 의해 설립될 수 있다.[22]

- 해외에서의 신설투자 (greenfield investment) : 해외에 새로운 공장 또는 사업체 (예를 들면, 생산 자회사, 마케팅 자회사 또는 판매법인, 서비스 자회사 등)를 설립하

---

20 전게서, p. 394.
21 김광수 외(2005), p. 234; Ball, D. A. et al.(2004), p. 47.
22 Hill, C. W. L.(2005), p. 494.

는 것을 말한다. 신설투자를 'greenfield investment'라고 하는데, 이것은 녹지에 공사를 하여 새 건물 또는 공장을 짓는 이미지를 표현한 것이다.

- 인 수(acquisition) : 'brownfield investment'라고 하며, 이것은 기존의 공장 또는 설비를 인수하여 해외에 진출하는 방법이다.

(2) 합작투자

합작투자(joint ventures)는 서로 다른 국적을 가진 2개 또는 그 이상의 개인, 기업 또는 국가기관(또는 국영기업)이 기업을 설립하여 공동으로 경영하는 것을 말한다. 넓은 의미에서 볼 때, 합작투자는 다수지분참여(majority participation, 50% 이상의 자본참여), 동등지분참여(equal participation, 50%대 50%의 동일한 자본참여) 및 소수지분참여(minority participation, 50% 미만의 자본참여) 등으로 구분할 수 있다. 그리고 좁은 의미에서 볼 때, 합작투자는 동등지분참여와 동의어로 사용되기도 한다. 합작투자는 2개 이상의 기업의 협력에 그 바탕을 두고 있기 때문에 전략적 제휴의 관점에서 논의되기도 한다.[23]

(3) 인수 및 합병

글로벌경영의 관점에서 볼 때, 2개 이상의 기업이 법적인 절차를 거쳐 단일기업이 되는 합병(merger)과 해외투자기업이 현지국 기업의 주식의 일부 또는 전부를 매수하여 경영권을 획득하는 인수(acquisition)를 결합한 용어를 M&A(merger and acquisition)라고 한다.[24] 이와 같이 인수와 합병이 개념적·법적으로 차이가 있지만, 기존의 현지국 기업을 투자 또는 사업확장의 대상으로 한다는 측면에서는 동일하기 때문에 M&A로 통칭하고 있다.[25]

- 합 병 : 이것은 합병의사를 가진 서로 다른 국적의 기업들이 이사회와 주주총회의 결의를 거쳐 자산과 부채를 정리하여 하나의 기업이 되는 것을 말한다.

---

23 Griffin R. W./Pustay, M. W.(2007), p. 360.
24 장세진/MCC(2004), p. 7 이하.
25 전용욱 외(2003), p. 180.

- 인 수 : 이것은 해외투자기업이 협상 또는 다른 수단을 통하여 현지국 기업
  을 매수한 후 그 기업을 존속시키는 것을 의미한다.

13.4.4 전략적 제휴

전략적 제휴의 의의

전략적 제휴(strategic alliance)는 2개 또는 그 이상의 법적으로 독립적인 기업이 참여하는 기업 간의 협력을 말한다. 이것은 전략적 파트너십(strategic partnership), 연합(coalition), 합작(collaboration), 협력(cooperation), 기업 간 결합(corporate linkage) 및 합작투자(joint ventures) 등과 같은 용어와 동의어로 사용되기도 한다.[26]

오늘날의 시장경제 체제는 국가 간 또는 기업 간의 다양한 협력에 그 기초를 두고 있으며, 특히 기업협력으로서의 전략적 제휴는 1980년대 초부터 기업에 있어서 매우 중요한 의사결정영역으로 자리잡기 시작하였다.[27] 글로벌기업의 전략적 제휴는 국경을 초월하는 기업 간의 협력을 의미하며, 이를 통하여 참여기업들은 그들의 글로벌경쟁력을 강화시킬 수 있다. 또한 개별기업 또는 경쟁기업 간의 국경초월적인 전략적 제휴는 기업전략의 중요한 구성요소가 될 수 있다.[28] 특히, 경쟁기업 간의 전략적 제휴는 참여기업으로 하여금 불필요한 소모적인 경쟁을 방지할 수 있도록 해준다.

전략적 제휴는 협력에 투입되는 생산요소, 여러 가지 활동의 전개 및 조정 및 협력결과의 배분에 대한 법적인 처리를 포함한다.[29] 즉, 전략적 제휴에 참여한 기업들은 생산요소의 투입, 활동과정의 참여 및 산출요소의 배분 등에 대한 구체적인 협력사항을 법적인 효력을 갖는 계약서의 형태로 작성하여야 한다. 이러한 협력사항을 구체적으로 살펴보면 다음과 같다.

26 박주홍/공명재(2003) 수정 재인용; 박주홍/이병찬(1994).
27 Ihrig, F.(1991), p. 29.
28 Perlmutter, H. V./Heenan, D. A.(1986), p. 238 이하.
29 Gahl, A.(1990), p. 35 이하.

- 생산요소의 투입 : 노동력, 원재료 및 자본 등과 같은 생산요소의 투입에서의 협력
- 활동과정의 참여 : 생산, 마케팅 및 유통 등과 같은 기능영역에서의 협력
- 산출요소의 배분 : 제품, 서비스 및 연구개발의 결과물(예를 들면, 특허, 지적재산 등) 등과 같은 산출요소의 배분

전략적 제휴의 형태

(1) 관리적 기능영역에 따른 전략적 제휴

- 연구개발에서의 전략적 제휴 : 이것은 참여기업들이 각각 보유하고 있는 기술을 상호 교환하거나, 또는 새로운 기술을 개발하기 위하여 공동연구를 하는 것을 말한다. 또한 경우에 따라서 참여기업들은 연구개발을 위한 자회사를 공동으로 설립하기도 한다.
- 생산 및 자원조달에서의 전략적 제휴 : 이것은 생산시설을 갖춘 자회사를 공동으로 설립하거나, 또는 부품 및 자원조달부문에서 협력함으로써 이루어진다.
- 마케팅과 유통에서의 전략적 제휴 : 이것은 시장지향적인 성격을 갖고 있으며, 이러한 제휴를 통하여 참여기업들은 특정 국가, 지역 및 고객을 목표시장으로 삼을 수 있다.[30]
- 가치부가적 제휴 : 가치부가적 제휴(value-adding partnership)는 '한 집단의 독립적인 기업들이 가치사슬의 전 분야에 걸쳐 재화와 서비스를 관리하기 위하여 밀접하게 공동협력하는 것'을 말한다.[31] 여기에서 '독립적인 기업'이란 하청관계에서 흔히 발생할 수 있는 종속적인 관계가 배제된 상황에서 자율적으로 가치부가적 제휴에 참여하는 기업을 의미한다.

(2) 제휴대상에 따른 전략적 제휴

- 라이선싱 : 라이선싱에서는 참여기업 간의 이해관계에 따라 라이선싱의 대상과 범위가 결정된다. 전략적 제휴의 일환으로 라이선싱이 이루어지는 경우

---

30 Pohle, K.(1990), p. 67.
31 Johnston, R./Lawrence, p. R.(1988), p. 94.

에 있어서 라이선서는 이전되는 기술에 대한 독점적 사용을 라이선시에게 장기간에 걸쳐 허용하는 경향이 있다. 그러므로 라이선서는 장기적 관점에서 로열티의 수입을 극대화하기 위해서 라이선시의 기업이미지, 대량생산능력, 마케팅 및 유통능력 등을 고려하여 전략적 제휴를 체결할 필요가 있다. 또한 라이선서와 라이선시가 라이선싱을 상호 교환하는 교차라이선싱(cross licensing)이 전략적 제휴의 대안이 될 수 있다. 특히, 경쟁기업 간에 교차라이선싱이 이루어진다면, 참여기업들은 해당산업 또는 해당제품에 있어서 공동적인 기술우위를 확보할 수 있다. 그러나 교차라이선싱을 통하여 핵심기술이 유출될 가능성이 높기 때문에 참여기업들은 교차라이선싱의 대상, 계약조건 및 사용기간 등에 대하여 명확하게 규정하여야 한다.

- **국제납품계약** : 국제납품계약(international subcontracting)은 계약에 참여한 기업들이 어떤 특정의 제품, 반제품 및 부품 등에 대하여 수출 및 수입계약을 하는 것을 말한다. 이러한 납품계약은 일반적으로 장기간 지속되기 때문에 파트너기업의 선정이 매우 중요하다.

(3) 자본참여도에 따른 전략적 제휴

- **다수지분참여** : 이것은 해외진출기업이 50% 이상의 자본참여를 하는 넓은 의미의 합작투자를 의미한다. 이 경우에 있어서 다수지분으로 해외에 진출하는 기업은 현지국에서 경영권을 확보할 수 있다. 해외에 진출하는 기업의 관점에서 볼 때, 100% 단독투자를 한 글로벌기업이 지분의 50% 미만을 현지국의 파트너기업에게 양도하는 경우, 그리고 현지국의 파트너기업의 자본이 충분하지 않은 경우에 다수지분참여에 의한 전략적 제휴가 이루어질 수 있다.

- **동등지분참여** : 이것은 해외진출기업이 50%의 지분을 갖는 좁은 의미의 합작투자를 말한다. 만일 두 개의 기업이 동등지분참여를 하고 있다면, 이들 두 기업은 경영권을 공유할 뿐만 아니라, 합작투자기업의 경영에 있어서 동일한 책임과 의무도 지게 된다.

- **소수지분참여** : 이것은 글로벌기업이 50% 미만의 자본참여를 통하여 해외시장에 진출하는 방법이다. 이 경우에 있어서 현지국의 파트너기업이 다수지

분을 갖고 있기 때문에 소수지분을 보유하고 있는 해외투자기업의 경영권이 배제된다.

CHAPTER 14

혁신경영 컨설팅

CHAPTER 14

혁신경영 컨설팅

14.1 혁신의 의의와 혁신을 통한 위기극복[1]

14.1.1 혁신과 혁신경영의 의의

혁신의 의의

혁신(innovation)의 어원은 라틴어의 'innovatio'인데, 이 단어는 '새롭게 하는 것, 어떤 새로운 것의 창조 및 변화' 등을 의미한다.[2] 캔터(Kanter)는 혁신을 다음과 같이 정의하였다. "혁신은 어떤 새로운 문제해결 또는 기회제공과 관련된 아이디어를 활용할 수 있도록 해 주는 과정을 의미한다."[3] 본서에서는 혁신의 개념을 '새로운 아이디어가 전략혁신, 사회적 혁신, 제품혁신 및 공정혁신 등의 형태로 실천 또는 실행되는 것'으로 정의하고자 한다.[4]

슘페터(Schumpeter)는 1912년 그의 저서인 《경제발전의 이론》(Theorie der

---

1 박주홍(2016b), p. 67 이하 수정 재인용.
2 Olschowy, W.(1990), p. 11; Perlitz, M./Löbler, H.(1989), p. 2; Perlitz, M./Löbler, H.(1985), p. 425.
3 Kanter, R. M.(1984), p. 52.
4 Perlitz, M./Löbler, H.(1989), p. 2; Brockhoff, K.(1987), p. 55; Lorenz, G.(1985), p. 138; Perlitz, M./Löbler, H.(1985), p. 425.

wirtschaftlichen Entwicklung)에서 본질적으로 오늘날에도 이론적 가치가 있는 혁신에 대한 사고적 기초를 마련하였다.[5] 즉, 그는 이 저서에서 제품혁신(신제품의 시장도입)과 공정혁신(제조 또는 시장화에 있어서의 쇄신)을 분명하게 구분한다. 이것은 혁신과 관련된 이론 중에서 가장 오래된 이론적 고찰로서 오늘날에도 이러한 구분이 이론적 타당성을 갖고 있다.

혁신은 다음과 같은 목표의 달성을 위해 기여한다.[6]

- 이윤목표의 달성
- 보다 강력한 경쟁력의 유지
- 기업의 성장
- 기업의 이미지 개선
- 발명품의 시장도입
- 보다 높은 시장점유율의 달성
- 생산성향상
- 원가 또는 비용의 절감
- 품질의 향상
- 일자리의 확보
- 환경변화에 대한 신속한 적응

혁신(innovation)과 발명(invention)의 차이점은 개념적으로 명확히 구분되어야한다. 혁신은 시장도입을 위한 어떤 아이디어의 실행 또는 실천을 의미하며, 반면에 발명은 연구개발활동의 결과로 창출되는 새로운 지식을 의미한다.[7] 발명이 어떤 구체적인 시점의 결과에 관련된 것임에 반해, 혁신은 보다 오랜 과정의 결과이다.[8] 발명은 창조적 사고를 통하여 가능하게 되는 창조성에 근거를 둔다. 그러나 혁신은 시장성을 중요한 전제조건으로 한다. 즉, 어떤 발명이 경제적으로 그

---

5 Häußer, E.(1981), p. 341; Schumpeter, J. A.(1952), p. 101 이하.
6 Stern, T./Jaberg, H.(2005), p. 7; Perlitz, M.(1983), p. 24.
7 Perlitz, M./Löbler, H.(1989), p. 2; Trommsdorff, V./Brodde, D./Schneider, P.(1987), p. 6; Perlitz, M./Löbler, H.(1985), p. 425.
8 Trommsdorff, V./Reeb, M./Riedel, F.(1991), p. 566.

가치가 평가되어 기업목표의 실현에 기여한다면, 비로소 발명이 혁신으로 바뀌게 된다.[9]

혁신경영의 의의

혁신경영(innovation management)과 관련된 여러 가지 개념들이 학자에 따라 다양하지만, 한 가지 공통적인 견해는 혁신경영을 통하여 혁신이 목표 지향적, 성장 지향적 및 미래 지향적으로 이루어지며, 문제점들이 신속하고 효율적으로 해결된다는 것이다.[10] 혁신경영이 성공적으로 이루어지기 위해서는 기업에 있어서 모든 기능적인 측면들이 고려되어야 하고, 아울러 혁신의 방해요소들이 제거되어야 한다.[11]

혁신경영을 위해서는 다음과 같은 과제들이 중요하다.[12]

- 혁신과정에 있어서 잠재된 기회의 인식과 위험의 감소
- 환경변화에 대한 신속한 적응(기업의 구체적인 관심사항과 강점이 고려되어야 함)
- 혁신과정에 있어서 시장, 기술 및 기업과 관련된 모든 영향요인의 분석
- 구체적 혁신경과에 대한 계획, 실행 및 통제

또한 혁신경영은 혁신을 위하여 개별적 기능영역에 있어서 가능한 한 보다 유리한 환경조건들을 만들고, 각 기능영역 간의 공동협력을 촉진시키려는 최고경영층의 시도이다.[13] 혁신경영의 목표는 필요한 지원을 통하여 개별적 혁신을 성공시키는 원천이 되는 기업의 혁신잠재성을 향상시키고, 경쟁자보다 뛰어난 혁신능력을 갖도록 하는 것이다.

혁신경영을 정의하기 위해서는 경영의 전략적 측면과 운영적 측면이 동시에

---

9 Hesse, U.(1990), p. 59.
10 Macharzina, K.(1993), p. 570 이하; Vrakking, W. J.(1990), p. 97 이하; Häfelfinger, K.(1990), p. 32; Strebel, H.(1990), p. 171; Allesch, J./Klasmann, G.(1989), p. 5 이하; Allesch, J./Poppenheger, B.(1986), p. 15; Specht, G.(1986), p. 609 이하; Zahn, E.(1986), p. 18 이하.
11 Nieder, P./Zimmermann, E.(1992), p. 385.
12 Macharzina, K.(1993), p. 572; Allesch, J./Poppenheger, B.(1986), p. 14.
13 Macharzina, K.(1993), p. 572.

고려되어야 한다.[14] 본서에서는 혁신경영을 '미래 지향적이고, 목표 지향적인 쇄신 전략에 대한 계획, 실행 및 통제'로 이해하고자 한다.[15]

　여러 문헌에서는 '연구개발관리', '기술경영' 및 '혁신경영' 등이 종종 동의어로 사용되고 있지만,[16] 본서에서는 이들 용어를 명확하게 구분하고자 한다. 연구개발 관리(R&D management)는 기초연구, 응용연구, 기초개발 및 개발(신제품 및 신공정개발)과 관련되어 있다.[17] 기술경영(technology management)은 응용연구와 기초개발활동에 국한되어 있다. 여기에서 응용연구는 실제의 문제점에 대한 해결가능성을 제시하며, 기초개발은 응용연구에 기초한 개발원칙의 확립, 제조가능성의 검토 및 제품개념의 설정 등을 포함한다.[18] 혁신경영은 기업에 있어서 가치창출과정과 관련된 지원부문(인사, 조직, 회계 및 재무 등)과 핵심부문(생산, 마케팅)을 모두 포괄하는 활동과 관련되어 있다.[19] 〈그림 14-1〉은 혁신경영의 범위를 제시한다. 이 그림에 의하면 혁신경영은 가치창출과정(value creating process)의 모든 분야와 관련되어 있음을 알 수 있다.

---

14 Trommsdorff, V./Schneider, P.(1990), p. 5; Allesch, J./Klasmann, G.(1989), p. 5.

15 Zahn, E.(1986), p. 18; Behrens, G.(1983), p. 47.

16 Olschowy, W.(1990), p. 20; Trommsdorff, V./Schneider, P.(1990), p. 5; Zahn, E.(1986), p. 18 이하.

17 Macharzina, K.(1993), p. 572.

18 전게서.

19 전게서.

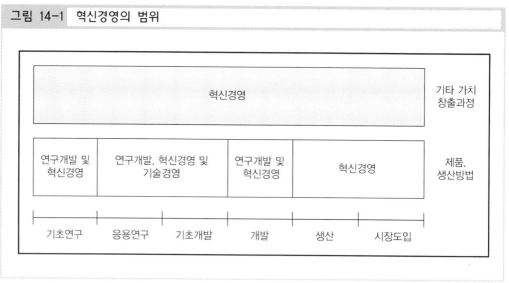

그림 14-1 혁신경영의 범위

자료원: Macharzina, K.(1993), p. 571.

14.1.2 혁신의 종류

여기에서는 혁신의 종류를 전략혁신(strategic innovation), 사회적 혁신(social innovation), 제품혁신(product innovation) 및 공정혁신(process innovation) 등으로 나누어 살펴보기로 한다. 본서에서는 이러한 네 가지 혁신을 '4대 혁신'으로 정의하고자 한다. 혁신과 관련된 컨설팅 프로젝트를 수행할 때 경영컨설턴트는 이러한 혁신들은 구분하여 접근할 필요가 있다.

전략혁신

전략혁신(strategic innovation)의 의의를 살펴보기에 앞서 전략의 어원과 경영학에서의 전략의 개념을 검토할 필요가 있다. '전략'이라는 용어는 고대 그리스어의 'strategos'에 그 근원을 찾을 수 있는데, 이것은 '군대'를 의미하는 'stratos'와 '지휘하는 것'을 의미하는 'agein'을 합성한 것이다. 즉, 어원상으로 볼 때 전략의 의미는 군대를 지휘하는 지휘자 또는 장군을 뜻한다.[20] 특히, 경영학에 있어서 전략

---

20 Evered, R.(1983), p. 58.

의 개념은 다음과 같은 네 가지 요소로 구성되어 있다. 이것은 범위(scope: 제품과 시장의 결합 및 지리적 영역의 관점에서 정의되는 범위를 의미함), 자원배분 및 차별적 능력(resource deployment and distinctive competences), 경쟁우위(competitive advantages) 및 시너지(synergy) 등으로 구성되어 있다.[21]

전략혁신은 앞에서 언급한 전략의 네 가지 구성요소와 관련된 기업에서의 혁신적 전략변경을 의미한다. 여기에서 전략혁신은 어떤 기업이 속한 산업의 새로운 전략수립 및 그 기업 자체의 새로운 전략수립 등을 포함한다. 예를 들면, 적시관리(just-in-time), 품질선도, 비용(원가)선도, 개선(Kaizen), 린 생산(lean production) 또는 린 경영(lean management) 등과 같은 유행어들은 경영자들에게 '경쟁전략의 개발을 위한 어떤 경로'로 인식되고 있다.[22] 어떤 전략혁신과 관련된 전략적 경쟁우위는 어떤 기업을 최고의 기업으로 만들며, 위기상황에서 보다 나은 생존기회를 보장하고, 경쟁자에 대항하여 차별화할 수 있는 새로운 결정적인 성공요인들을 창출한다.[23]

전략적 경영의 관점에서 볼 때, 전략혁신은 기업으로 하여금 환경변화와 기업 상황에 효과적으로 대응하기 위한 성공적인 전략을 개발하도록 하는 데 기여한다. 그러므로 전략혁신은 오늘날 사회적 혁신, 제품혁신 및 공정혁신 등과 마찬가지로 기업이 경쟁에 효과적으로 대응하기 위한 중요한 수단으로 인식되고 있다.[24]

4대 혁신 중에서 전략혁신이 다른 혁신보다 더욱 중요한 의미를 갖고 있다. 즉, 전략혁신이 어떻게 진행되는가에 따라 다른 세 가지 혁신의 방향이 결정될 수 있기 때문이다. 그러므로 전략혁신은 사회적 혁신, 제품혁신 및 공정혁신의 상위영역에 속한다고 할 수 있다.

사회적 혁신

사회적 혁신(social innovation)은 기업의 조직과 인적 자원영역에서의 변화 또는 변경, 종업원의 능력개발 및 인적 상호관계의 개선 등과 관련되어 있다.[25] 이러한

---

21 Galbraith C./Schendel, D.(1983), p. 155.
22 Perlitz, M.(2004), p. 243; Perlitz, M.(1993), p. 114 이하.
23 Perlitz, M.(2004), p. 243 이하.
24 전게서, p. 291.
25 Macharzina, K.(1993), p. 564; Hesse, U.(1990), p. 56; Thom, N.(1983), p. 6.

사회적 혁신을 통하여 종업원의 업무능력과 업무준비성이 증대된다. 특히, 사회적 혁신을 통하여 기업에 있어서 인사부문에 영향을 미치는 변화가 추구된다.

다음과 같은 목표가 사회적 혁신에서 추구될 수 있다.[26]

- 노동시장에서의 기업의 매력성 증대
- 노동시장 및 외부 교육기관에 대한 독립성 증대
- 기업목표에 대한 종업원의 일치감 증대
- 노동조합 및 사회에 대한 사회적 책임의 인식
- 종업원의 능력향상
- 환경에 대한 조직의 의사소통기법의 개선
- 기업조직의 유연성 증대

제품혁신

제품혁신(product innovation)은 신제품의 창출 또는 기존제품의 개선을 의미하며, 또한 제품의 개념에 서비스를 포함시킬 수 있다.[27] 제품혁신의 목표는 다음과 같다.[28]

- 대체제품, 후속제품 및 개선된 제품에 대한 새로운 시장의 창출
- 기업의 경쟁적 지위의 구축 또는 방어
- 기업의 생존가능성의 확보
- 이윤의 개선
- 시장성장 및 시장점유율의 증대
- 고객관리
- 독립성의 확보
- 명성의 제고
- 새로운 일자리의 창출

---

26 Trommsdorff, V./Brodde, D./Schneider, P.(1987), p. 7; Thom, N.(1983), p. 6.
27 Perlitz, M./Löbler, H.(1985), p. 425.
28 Thom, N.(1983), p. 6.

이러한 제품혁신의 목표들은 국내시장과 글로벌 시장에서 동일하게 추구될 수 있으며, 이러한 목표의 추구는 무엇보다도 기업의 끊임없는 연구개발활동을 전제로 한다.

공정혁신

공정혁신(process innovation)은 새로운 생산방식의 창출 또는 개선을 의미한다.[29] 이것은 또한 제품혁신의 성공을 위해서 결정적인 역할을 한다.[30] 공정혁신은 생산기술과 관련된 생산공정뿐만 아니라, 조직, 계획, 자금조달, 자원조달 및 유통 등과 같은 기능영역에서의 경영적 성과의 창출과정 및 요소결합의 새로운 방식 등도 포괄할 수 있다.[31] 이 경우 공정혁신을 넓은 의미로 해석하여 과정혁신이라고 한다.[32] 생산관점에서의 공정혁신의 목표는 다음과 같다.[33]

- 생산공정에서의 성과 및 품질향상
- 원가절감
- 원재료 및 에너지절약
- 수리(보수)비용의 절감
- 생산시간의 단축
- 환경오염의 예방

아울러 생산 이외의 다른 기능영역의 관점에서의 공정혁신의 목표는 다음과 같다.

- 경영적 성과창출 과정에서의 효율의 극대화
- 비용절감

---

29 Perlitz, M./Löbler, H.(1985), p. 425.
30 Pisano, G. P./Wheelwright, S. C.(1995), p. 94.
31 Trommsdorff, V./Brodde, D./Schneider, P.(1987), p. 7.
32 Process Innovation을 과정혁신으로 해석함.
33 Pleschak, F.(1993), p. 38 이하: Hauser, T.(1991), p. 86 이하.

14.1.3 혁신을 통한 위기극복의 과정

앞에서 언급한 4대 혁신은 기업이 위기상황(crisis situation)에 처해 있을 때 추구될 수도 있고, 기업이 기회상황(opportunity situation)에 있을 때 추구될 수도 있다. 〈그림 14-2〉는 혁신을 통한 위기극복의 과정을 보여줄 뿐만 아니라, 또한 혁신의 중요성도 강조하고 있다. 이 그림을 통하여 의사결정자는 위기상황과 기회상황에 따라 논리적으로 혁신을 추구할 수 있는 근거를 확보할 수 있다. 어떤 기업이 위기상황과 기회상황을 막론하고 혁신을 지속적으로 추구한다면, 그 기업은 혁신을 지속적으로 추구하지 않거나 회피하는 기업에 비해 더욱 강력한 경쟁우위를 확보할 수 있다. 경영컨설턴트는 혁신경영에 대한 컨설팅을 의뢰한 기업의 상황이 기회상황 또는 위기상황인가를 확인한 후에 구체적인 대안을 제시하여야 한다.

〈그림 14-2〉에 나타나 있는 바와 같이, 위기상황에서 기업은 다음과 같은 세 가지 상황에 직면하게 된다. 즉, 이러한 세 가지 상황은 위험감수가 요구되는 혁신을 추구하지 않아서 기업이 도산하는 경우, 국내에서의 위기상황을 회피하기 위해 해외로 진출하는 경우(기회상황이 존재하는 외국으로의 투자를 의미함) 및 위험감수가 요구되는 혁신추구를 하는 경우(불확실한 대안선택) 등이다.

이러한 세 가지 상황 중에서 위험감수를 통한 혁신추구에서 성공한 기업은 위기를 극복하여 기회상황을 맞게 된다. 그러나 기회상황에서 위험회피(확실한 대안선택), 즉 혁신회피를 한다면 구조문제가 발생하고 또 다시 위기상황에 처하게 된다. 그러므로 지속적인 혁신을 추구하지 않는 기업은 변화되는 환경과 새로운 기업상황에 효과적으로 대처하지 못하여 경쟁력의 약화에 직면하게 될 것이다.

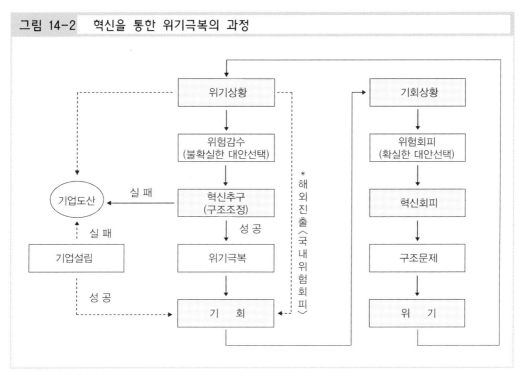

그림 14-2   혁신을 통한 위기극복의 과정

* : 기회상황이 존재하는 외국으로의 투자를 의미함.
자료원: Perlitz, M./Löbler, H.(1985), p. 444; Perlitz, M.(1985), p. 101; 저자에 의해 일부 수정됨.

14.2 혁신을 위한 연구개발예산의 설정

14.2.1 혁신을 위한 연구개발예산의 의의

연구개발예산(R&D budget)은 '어떤 계획기간에 있어서 연구개발비 지출을 위해 이용가능한 기업 전체의 총예산의 일부'이다.[34] 연구개발예산을 수립하기 위해서 기업은 연구개발을 통하여 달성될 수 있는 이윤과 성장을 고려해야만 한다. 연구개발예산의 확정은 연구개발프로그램의 중요한 요소의 하나이다. 그러므로 이것은 연구개발영역의 진행계획 및 잠정적 계획뿐만 아니라, 나아가 기타 계획영역

---

34 Schanz, G.(1972), p. 80.

(예를 들면, 연구개발 이외의 기능영역)에 대하여 간접적으로 영향을 미친다.[35] 수많은 요인들이 연구개발예산에 영향을 미친다. *케른*과 *슈뢰더 (Kern & Schröder)*에 따르면, 이러한 영향요인은 다음과 같이 분류될 수 있다.[36]

직접적 영향요인

- 경영적 목표시스템
- 경쟁적 방침에 따른 기대수익
- 과거의 연구개발범위
- 경영적 목표실현을 위한 연구개발의 기여 정도
- 이용가능한 재정적 자원

간접적 영향요인

- 기업이 속한 산업부문
- 기업의 규모
- 기업의 다각화의 정도
- 기업의 제품이 판매되는 시장형태
- 경쟁자의 연구개발비

14.2.2 혁신을 위한 연구개발예산의 설정방법

*케른*과 *슈뢰더*에 의하면 연구개발예산의 설정방법을 다섯 가지로 구분할 수 있다.[37] 즉, 이러한 방법은 목표 중심적 접근법, 프로젝트 중심적 접근법, 용량 중심적 접근법, 자금조달 중심적 접근법 및 경쟁 중심적 접근법 등이다. 아래에서는 이러한 연구개발예산의 설정방법에 대하여 살펴보기로 한다. 이러한 연구개발예산의 설정방법은 경영컨설턴트가 연구개발예산과 관련된 경영컨설팅을 수행하는 경우에 있어서 중요한 분석대상이 될 수 있다.

---

35 Schröder, H.−H.(1980), p. 646.
36 Kern, W./Schröder, H.−H.(1977), p. 102 이하.
37 전게서, p. 122.

목표 중심적 접근법(goal-oriented approach)

목표 중심적 접근법은 연구개발 프로젝트를 통하여 기업의 목표가 추구된다는 것에서 출발한다. 먼저 모든 연구개발 프로젝트에 대한 비용이 산정된다. 그리고 나서 각 연구개발 프로젝트에 상응하는 진행기간에 따라 연구개발 프로젝트에 대한 비용이 배분된다. 아울러 각 예산기간에 있어서 개별 연구개발 프로젝트의 비용이 합산되고, 이것을 기업의 이용가능한 재정적 자원과 비교하게 된다. 연구개발 프로젝트의 비용과 기업의 이용가능한 재정적 자원의 차이가 많이 나게 되면, 연구개발 프로젝트를 수정하거나 또는 기업의 재정적 자원을 재분배해야만 한다. 만일 연구개발 프로젝트의 비용과 기업의 이용가능한 재정적 자원의 어떤 접근 (예를 들면, 예산조정을 통한 접근)이 불가능하다면, 연구개발의 목표는 수정되어야만 한다. 실제에 있어서 목표 중심적 연구개발예산의 설정은 예상매출액 또는 미래의 이윤상황과 같은 기준에 따라 이루어지기도 한다.

프로젝트 중심적 접근법(project-oriented approach)

프로젝트 중심적 접근법은 연구개발 프로젝트와 프로젝트제안에 따라 이루어진다. 먼저 이러한 프로젝트의 성공전망이 평가되어야만 한다. 즉, 연구개발 프로젝트의 성공가능성의 평가가 최우선적으로 이루어지게 된다. 그리고 나서 주어진 목표의 관점에서 가장 최적적인 어떤 연구개발 프로그램을 개발하게 된다. 이러한 연구개발 프로그램은 신제품 또는 신공정과 관련되어 있다. 또한 기대되는 목표달성의 수준과 연구개발예산의 규모 간의 어떤 관계가 결정된다.

용량 중심적 접근법(capacity-oriented approach)

용량 중심적 접근법은 과거에 수행된 연구개발활동에 기초하고 있다. 여기에서 용량이 의미하는 것은 전년도 또는 과거에 지출된 연구개발예산이 될 수 있다. 연구개발예산의 규모는 실제의 예산을 증가시키거나 감소시킴으로써 결정된다. 이 접근법은 금전적 측면과 제품경제적인 측면에서 다르게 활용될 수 있다.[38]

---

38 Brose, P.(1982), p. 121 이하.

용량 중심적 접근법에 있어서 금전적 측면을 고려한 연구개발예산의 설정은 다음과 같은 요인들을 고려해야만 한다. 즉, 예상되는 인건비 및 노동시장의 추이, 프로젝트의 종류와 수 및 연구개발활동의 전략적 방향설정 등에 따라 연구개발예산이 구체적으로 확정된다.

또한 용량 중심적 접근법에 있어서 제품경제적인 측면을 고려한 연구개발예산의 설정은 현재의 활용가능한 인력과 사용가능한 기계용량에 기초하고 있다. 그러므로 이 방법에 의한 연구개발예산의 범위는 '자원조달, 잠재적 요인의 유지 및 투입에 대한 비용, 경험곡선을 통하여 나타나는 자원조달에 대한 추가비용 및 원재료투입 등과 같은 반복적 요인의 투입의 총합'이다.[39]

자금조달 중심적 접근법(financing-oriented approach)

자금조달 중심적 접근법은 어떤 기업에 있어서의 기존의 재정적 자원의 이용가능성에서 출발한다. 한정된 재정적 자원으로 인하여 기업은 연구개발투자를 최적화하기 위하여 연구개발 프로젝트의 우선순위를 결정해야만 한다. 개별적 연구개발 프로젝트의 평가는 투자평가를 통하여 이루어진다. 전체기업의 관점에서 볼 때 연구개발예산의 할당은 '기업정책에 있어서 연구개발의 위치 및 경영적 목표의 실현을 위하여 기대되는 연구개발활동의 공헌도'에 달려 있다.[40]

경쟁 중심적 접근법(competition-oriented approach)

연구개발예산의 설정을 위한 경쟁 중심적 접근법은 경쟁자의 연구개발예산을 기초로 한다. 여기에서 기업은 어떤 특정 산업부문의 평균적인 연구개발예산 또는 경쟁자의 연구개발강도에 주안점을 두어 연구개발예산을 설정한다. 만일 어떤 기업이 기존의 시장지위를 계속적으로 유지하려고 한다면, 연구개발비는 최소한 경쟁자와 동일하게 지출되어야 한다. 아울러 어떤 기업의 연구개발비의 지출이 경쟁자보다 적다면, 장기적으로 볼 때 기업의 경쟁상황이 악화될 수 있다.

또한 앞에서 언급한 다섯 가지의 연구개발예산의 설정방법 이외에 다음과 같은 기준에 따라 연구개발예산을 설정할 수 있다. 즉, 이것들은 예상매출액, 예상

39 Kern, W./Schröder, H.-H.(1977), p. 126.
40 Brose, P.(1982), p. 123.

이윤, 전년도의 매출액, 전년도의 이윤 및 프로젝트의 전략적 우선순위 등이다.

14.3 혁신과정에 대한 이해

경영컨설턴트는 혁신과정을 구체적으로 이해해야만 이에 대한 컨설팅을 효율적으로 수행할 수 있다. 아래에서는 혁신과정을 3단계로 구분하여 살펴보기로 한다.[41]

여러 문헌에는 혁신과정(innovation process)과 관련된 여러 가지 모델이 있지만, 가장 대표적인 모델은 톰(Thom)에 의하여 개발되었다.[42] 그는 시간의 흐름에 따라 혁신과정을 분류하였는데, 이러한 혁신과정은 아이디어창출, 아이디어평가 및 아이디어실현 등의 3단계로 구성되어 있다. 〈표 14-1〉은 경영적 혁신과정의 단계를 제시한다. 혁신과정의 단계적 구분에 대한 약간의 비판이 있음에도 불구하고, 이 표는 혁신과정을 체계적으로 잘 분류하였기 때문에 모든 종류의 혁신을 위한 모델로 활용될 수 있다.[43]

표 14-1 경영적 혁신과정의 단계

혁신과정의 단계		
주요단계		
아이디어창출	아이디어평가	아이디어실현
주요단계의 구체화		
추구방향결정 아이디어발견 아이디어제안	아이디어검토 실현계획의 수립 실현계획에 대한 의사결정	새로운 아이디어의 실현 새로운 아이디어의 판매 채택통제

자료원: Thom, N.(1980), p. 53.

41 박주홍(2016b), p. 200 이하 수정 재인용.
42 Gerybadze, A.(2004), p. 23; Herzhoff, S.(1991), p. 21; Thom, N.(1983), p. 7; Thom, N.(1980), p. 53.
43 Herzhoff, S.(1991), p. 22.

14.3.1 아이디어창출의 단계

아이디어 창출단계(stage of idea generation)에서는 혁신을 위한 대안적인 아이디어가 획득된다. 혁신을 위한 새로운 아이디어는 기업 내부적 또는 기업 외부적으로 창출된다.[44] 기업 내부적 아이디어의 원천은 기초연구, 마케팅부문, 생산부문, 스태프부문, 기타 기업 내 부문, 창조성 분임조, 제안제도 및 품질관리 분임조 등이다. 기업 외부적 아이디어의 원천으로는 고객과 시장, 협력업체, 외부 연구기관, 전문서적, 박람회, 라이선스와 특허에 의한 제공 및 학술회의 등을 들 수 있다. 특히, 창조성 분임조를 통한 창조성 기법의 활용, 제안제도 및 품질관리 분임조 등은 기업 내부적 아이디어창출을 위하여 많은 기업에서 제도화시키고 있다.

제안제도 및 품질관리 분임조 등은 일반적으로 생산방법을 개선하기 위한 아이디어들을 창출하려는 방법이다. 이러한 방법을 활용하여 기업은 생산원가를 절감하고, 제품품질을 향상시킬 수 있으며, 이를 바탕으로 비용선도 및 품질선도를 통한 전략적 우위를 달성할 수 있다.

〈그림 14-3〉은 아이디어의 창출과정을 보여준다. 이 그림에 제시되어 있는 것처럼 새로운 아이디어창출을 위하여 목표(어떤 혁신목표를 수립하였는가?) 및 방법(어떤 방법으로 혁신을 달성하려고 하는가?)과 관련된 정보수집이 중요하다는 것을 알 수 있다. 특히, 아이디어창출의 단계에서는 아이디어 평가 및 실현의 단계에 있어서 보다 정보의 불확실성이 높은 경향이 있기 때문에 아이디어창출을 위한 정보수집에 있어서 주의가 요구된다.

---

44 Trommsdorff, V./Reeb, M./Riedel, F.(1991), p. 568; Trommsdorff, V./Schneider, P.(1990), p. 9.

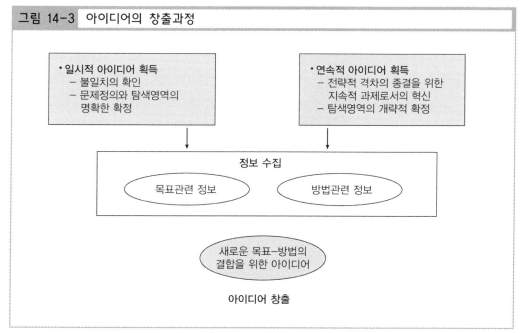

그림 14-3	아이디어의 창출과정

자료원: Herstatt, C./Lüthje, C.(2005), p. 268.

14.3.2 아이디어평가의 단계

아이디어 평가단계(stage of idea evaluation)에서는 아이디어 창출단계에서 획득된 혁신아이디어들이 평가된다. 즉, 아이디어의 평가를 통하여 어떤 특정한 혁신아이디어(예를 들면, 제품 및 공정아이디어)가 채택된다. 아이디어의 평가 및 채택의 목표는 잠재적으로 성공적인 아이디어에 대한 자원의 초기적인 집중에 있다.[45] 성공적인 아이디어를 채택하기 위해서 이 단계에서는 기업 내의 서로 다른 부문 간의 밀접한 접촉과 계속적인 정보교환이 요구된다.[46]

아이디어 창출단계에서 획득된 혁신아이디어들은 체계적인 방법을 통하여 검토되어야 한다(제3장 3.3.2 참고). 여기에서는 무엇보다도 새로운 제품아이디어에 대한 시장기회 및 경제성과 새로운 공정아이디어에 대한 비용(원가)이 중요하게 고려되어야 한다. 그러나 경우에 따라서 현시점에서 성공적이지 않게 평가된 어떤

---

45 Trommsdorff, V./Schneider, P.(1990), p. 9.
46 전게서, p. 9 이하.

혁신아이디어가 미래의 어떤 시점에서 성공의 잠재성이 있을 수 있기 때문에 평가에서 탈락된 혁신아이디어를 완전히 폐기하지 않고 추후에 다시 검토하는 것이 바람직하다.47

제품아이디어를 구체화하기에 앞서 기업의 관련된 기능영역들이 참여하고, 기술과 시장의 관점에서 중요한 정보를 제시하는 제품요구 명세서를 작성하여야 한다.48 *알레쉬*와 *클라스만*(*Allesch & Klasmann*)은 관련된 기능영역에 따라서 구분된 기준에 의하여 다음과 같은 정보가 포함된 제품요구 명세서를 작성해야 한다고 주장한다.49

- 판매시장 : 제품기능 및 속성, 판매잠재성, 가격 및 관리비용에 대한 예측, 수요에 부합하는 제품다양성, 최적의 디자인 및 부가 서비스 등
- 경 쟁 : 경쟁기업의 제품기능 및 속성, 가격과 관리비용 및 성공적인 문제해결 잠재성 등
- 자원조달시장 : 보호권, 규범 및 표준에 대한 검토, 종속가능성의 회피, 자원조달 가능한 부품 및 설비의 확인 등
- 생 산 : 실제 기술의 응용, 조립에 적합한 구조, 기존부품 및 모듈의 계속적 이용가능성, 조립 및 수리의 용이성, 창고보관 및 수송적합성, 보호가능한 부품 및 해결방안(특허) 등
- 기타 제품프로그램 : 전체적 문제해결을 위한 보완책, 일관적 제품출시 및 다양한 프로그램의 조합가능성 등

14.3.3 아이디어실현의 단계

아이디어 실현단계(stage of idea realization)에서는 채택된 혁신아이디어가 실행에 옮겨진다. 아이디어실현의 목표로는 신제품의 효과적인 시장도입 및 신공정의 효율적인 개선 등을 들 수 있다. 이 단계에서의 주요 과제는 제품개발, 공정개선,

---

47 전게서, p. 10.
48 Allesch, J./Klasmann, G.(1989), p. 8.
49 전게서, p. 10.

생산시스템의 채택, 시장테스트 및 신제품의 시장도입 등이다. 특히, 연구개발, 생산 및 마케팅부문은 이러한 과제를 해결하는 데 있어서 중요한 역할을 한다.

아이디어실현의 관점에서 볼 때 신제품과 신공정의 실현 및 구체화에 큰 영향을 미칠 수 있는 구체적인 생산시스템의 채택이 중요한 역할을 한다. 시제품 및 초기의 소량시리즈 제품에 대한 광범위한 기능테스트를 실시한 후, 고객의 요구와 제품 간의 불일치를 제거하기 위하여 시장에서의 수용가능성과 시장잠재성을 검토하는 시장테스트가 이루어진다.[50] 성공적인 시장테스트를 거친 신제품은 최종적으로 시장에 도입된다.

14.4 혁신을 위한 연구개발통제[51]

14.4.1 혁신을 위한 연구개발통제의 의의와 대상

혁신을 위한 연구개발통제의 의의

혁신에 대한 통제는 일반적으로 혁신활동이 수행된 이후에 이루어지지만, 경우에 따라서 혁신의 계획 또는 실행기간 중에도 이루어질 수도 있다. 특히, 기업에 있어서 혁신활동(예를 들면, 신제품개발 및 신공정개발)의 핵심적 주체는 연구개발부문이므로 연구개발통제가 매우 중요한 과제이다. 통제는 '계획과 성과 간의 편차를 확인하고, 이러한 편차를 분석하기 위한 어떤 순서적이고 지속적인 정보가공의 과정'으로 정의할 수 있다.[52]

연구개발통제(R&D control)는 연구계획, 연구실행 및 연구결과를 포괄하는 연구개발활동의 전반에 대한 지속적이고 체계적인 검토를 의미한다. 전통적인 통제형태인 계획과 결과의 비교(결과통제)는 다음과 같은 3단계로 구분된다.[53]

---

50 Trommsdorff, V./Reeb, M./Riedel, F.(1991), p. 569; Trommsdorff, V./Schneider, P.(1990), p. 12; Scheuch, F./Holzmüller, H.(1983), p. 229.

51 박주홍(2016b), p. 264 이하 수정 재인용.

52 Bea, F. X./Dichtl, E./Schweitzer, M.(Ed., 1994a), p. 90.

53 Schreyögg, G.(1994), p. 346; Frese, E.(1987), p. 184.

- 결과의 확인(계획한 값과 해당 측정치에 기초함)
- 계획과 결과의 비교(연구개발계획이 목표한 대로 실현되었는가 또는 편차가 있는가를 확인하기 위함)
- 편차분석(가능한 원인의 규명 및 추후의 처리대안의 영향에 대한 평가)

매우 빠른 기술적 변화가 진행되고 있는 현시점에 있어서 결과통제만으로는 연구개발통제를 충분하게 할 수 없기 때문에 기업은 연구개발과정을 적절하게 검토하기 위하여 전제조건통제와 실행통제를 실시해야만 한다(14.4.2 참고). 이러한 세 가지 종류의 연구개발통제를 통하여 경영컨설턴트는 연구개발활동에서 나타나는 문제점들을 조기에 파악한 후 이에 대한 해결방안을 제시하여야 한다.

혁신을 위한 연구개발통제의 대상

연구개발통제의 대상은 다음과 같은 요소들을 포함한다.

- 비 용(원가)
- 일정계획
- 기술적 개발목표
- 경제성 분석
- 시장점유율
- 환경보호

이들 요소들 중에서 비용(원가), 일정계획, 기술적 개발목표, 경제성 분석 및 환경보호 등은 전제조건통제와 관련되어 있다. 즉, 이들 요소들은 연구개발계획의 단계에서 주요 통제대상이 된다. 또한 실행통제를 위해서는 일정계획 및 기술적 개발목표가 중요한 의미를 갖는다. 마지막으로 비용(원가), 경제성 분석, 시장점유율 및 환경보호 등은 결과통제를 위한 본질적인 요인이다. 특히, 시장점유율은 신제품이 시장에 도입된 이후에 측정이 가능하며, 이는 혁신결과의 평가를 위한 핵심적인 요소이다.

특히, 환경보호는 오늘날 중요한 연구개발통제의 대상으로 대두되고 있다. 이

러한 맥락에서 볼 때, 기업은 다음과 같은 기술적 혁신가능성을 통하여 연구개발
활동을 통제할 수 있다.[54]

- 생산과 관련된 환경보호기술 및 혁신 : 재활용이 가능한 재료사용 및 통합된
  조립기술
- 제품과 관련된 환경보호혁신 : 내구성이 뛰어난 질 좋은 제품생산 및 재활용
  품의 이용

〈표 14-2〉는 혁신경과에 따른 혁신통제의 대상을 보다 구체적으로 제시하고
있다. 즉, 이 표는 혁신통제의 측정영역을 혁신경과에 따라 여섯 가지로 분류하여
중간결과, 측정대상 및 측정주체 등에 대한 구체적인 내용들을 보여준다.

표 14-2	혁신경과에 따른 혁신통제의 대상		
측정영역	중간결과	측정대상	측정주체
제품아이디어	프로토콜, 스케치, 가공된 제품시안	아이디어의 수, 대안	기술평가 전문가
연구개발	구조, 실험시설, 시제품	기술적 진보, 생산성 향상, 산출증가, 투입감소	기술개발 전문가
발 명	특허, 출판, 가격, 인용	구체적 수치 (가중치 부여 가능)	과학자
투자, 제조 및 마케팅	시장성 있는 제품, 실현가능한 공정	기존의 해결방안 및 모방과 비교한 개선에 대한 구체적 내용	마케팅관리자(제품혁신), 엔지니어(공정혁신)
시장 또는 경영에서의 혁신도입	매출, 원가절감, 순수익, 이윤	금전적 공헌, 수치, 지수, 시간 및 경영 비교, 주가상승	마케팅 및 생산 관계자, 컨트롤러, 산업전문가, 은행가
지속적 판매 또는 지속적 효용	수명주기에 따른 매출, 시장점유율, 원가, 순수익 및 이윤 등의 변화		

자료원: Hauschildt, J.(1993), p. 334.

---

54 Macharzina, K.(1993), p. 777.

14.4.2 혁신을 위한 연구개발통제의 종류

혁신을 위한 연구개발통제는 일반적으로 통제의 시점에 따라 전제조건통제, 실행통제 및 결과통제 등으로 분류할 수 있다. 경영컨설턴트는 통제의 시점에 따라 연구개발통제에 대한 컨설팅을 수행하는 것이 바람직하다. 아래에서는 이와 같은 세 가지 연구개발통제에 대하여 구체적으로 논의하기로 한다.

전제조건통제

전제조건통제(precondition control)는 연구개발계획이 수립되는 기간에 이루어지며, 여기에서는 내부적이고 외부적인 개발프로젝트 또는 환경조건에 대한 기본조건의 타당성이 검토된다.[55] 연구개발계획이 완전히 수립되기 전에 먼저 주요 기본계획요소들에 대한 예측이 이루어져야 하며, 이러한 예측은 현재 이용가능한 기업의 내부적 자원과 비교되어야 한다.[56]

일반적으로 전제조건통제는 연구개발계획의 단계에서 다음과 같은 과정을 거치면서 이루어진다.

- 특정 연구개발프로젝트의 설정
- 주요 기본계획요소에 대한 예측(예를 들면, 연구개발성과의 예측)
- 주요 비교대상의 설정
- 주요 비교대상과 이용가능한 내부적 자원과의 비교
- 연구개발비용의 확정

특히, 연구개발계획의 단계는 특정 연구개발프로젝트가 시작되는 초기단계이기 때문에 전제조건통제를 통한 비용(원가)절감의 잠재성이 매우 클 수 있다. 즉, 전제조건통제를 하지 않은 연구개발프로젝트가 실행된 이후에 어떤 결정적인 문제점이 발견된다면, 이 문제를 해결하기 위한 기업의 자원부담은 더욱 늘어나게 될 것이다. 전제조건통제에 있어서 무엇보다도 중요한 것은 미래의 연구개발성과

---

55 전게서, p. 334.
56 Hentze, J./Brose, P./Kammel, A.(1993), p. 117.

에 대하여 정확하게 예측하는 것이다.

실행통제

실행통제(implementation control)에서는 연구개발이 진행되는 과정에서 연구개발활동의 목표와 목표달성 정도가 비교되며, 이들 사이에 편차가 발생할 경우에는 연구개발활동을 수정할 수도 있다. 성공적인 실행통제를 위해서는 혁신의 실행 정도를 판단할 수 있는 중간목표(이정표 또는 체크포인트)가 설정되어야 한다.[57]

경영컨설턴트는 실행통제를 위하여 구체적인 방법을 사용할 수 있는데, 그 대표적인 방법은 이정표 감독계획 기법(milestone control method)이다.[58] 이 기법을 사용하여 실행통제하기 위해서는 다음과 같은 사항들이 요구된다.

- 이정표 리스트의 작성
- 부족한 요소투입의 고려(일반적으로 각 이정표의 도달을 위해 요구되는 기간의 전체적인 균형을 고려하여 부족한 요소를 투입함)
- 각 이정표에 도달하는 시점에 대한 목표조정

이정표 감독계획 기법은 특정 연구개발프로젝트의 조사항목과 관련된 다양한 정보를 기록하는 일정표를 작성하는 것과 관련되어 있다. 이 기법은 설정목표와 목표달성 정도 간의 편차를 쉽게 확인할 수 있고, 편차를 적시에 수정할 수 있는 장점을 갖고 있다.

〈표 14-3〉은 이정표 감독계획에서 사용하는 일정표의 일례를 제시한다. 이 표에 나타나 있는 바와 같이 일정표에는 이정표(날짜별), 비용, 잔여비용, 비용지출, 단위당 추정판매가격, 연간 추정판매량, 단위당 추정생산비용, 연간 추정순수익 및 프로젝트성공여부 등과 같은 정보를 기록할 수 있다. 이정표에 따라 목표달성 정도를 파악하여 연구개발활동의 목표와 비교한 이후에 각 담당부서는 목표, 비용 및 시간 등을 변경할 수 있다.

---

57 Macharzina, K.(1993), p. 334.
58 Brockhoff, K.(1994), p. 339.

표 14-3	이정표 감독계획에서 사용하는 일정표의 일례

연구개발프로젝트 일정표 (이정표 감독계획용)

프로젝트 주제 :		담당부서 :	연구책임자 :
			전화번호 :

프로젝트목표 :

프로젝트 일정 :

날짜/이정표 :				
비 용				
잔여비용				
비용지출 : 실험실 기 구				
기구단위당 추정판매가격				
연간 추정판매량				
단위당 추정생산비용				
연간 추정순수익				
프로젝트성공여부				

주의사항 :	날 짜	담당부서		
		연구개발부	마케팅부	생산부
목표변경 : A3 비용변경 : A2 시간변경 : A1				

자료원: Brockhoff, K.(1994), p. 341.

결과통제

결과통제(result control)는 앞에서 언급한 것처럼 전통적인 통제방법이다(14.4.1 참고). 이 방법에서는 연구개발목표와 연구개발결과에 대한 비교가 이루어진다. 이 방법은 다음과 같이 특징지워진다.[59]

- 계획수치(또는 정도)와 실현수치(또는 정도)를 비교한다.
- 통제는 최종결과 및 부분결과와 관련된다.
- 과거와 관련된 정보에 근거한다(피드백 통제).
- 1회성 검토에 한정되지 않고, 체계적 검토가 이루어진다.

결과통제의 단계에서는 혁신 또는 연구개발활동이 거의 종결된 상태이기 때문에 목표와 결과 간의 편차를 제거하기 위해서는 많은 비용이 들 수 있다. 따라서 혁신 또는 연구개발활동의 초기단계에서부터 통제를 하는 것이 중요하다. 즉, 경영컨설턴트는 결과통제의 단계에서보다는 실행통제의 단계에서, 실행통제의 단계에서보다는 전제조건통제의 단계에서 연구개발의 목표와 달성 정도 간의 편차를 수정하고, 문제점을 제거할 수 있는 대안을 제시하는 것이 하는 것이 바람직하다.

이러한 맥락에서 볼 때 십배수의 법칙(rule of ten)이 중요한 의미를 갖는다. 십배수의 법칙에 의하면, 어떤 결함이 늦게 발견될수록 이러한 결함을 제거하는 비용이 기하급수적으로 늘어난다는 것을 상징적으로 보여준다.[60] 〈표 14-4〉는 특정 전자제품에 대한 십배수의 법칙의 일례를 보여준다. 이 표에 나타나 있는 것처럼 혁신 또는 연구개발의 초기단계에서부터 결함 또는 문제점을 제거하는 것이 혁신성과를 증대시키는 지름길이다.

---

59 전게서, p. 340 이하.
60 Perllitz(2004), p. 460.

표 14-4	특정 전자제품에 대한 십배수의 법칙의 일례
디자인 변경의 단계	변경비용 (단위: $)
디자인단계	1,000
디자인 테스트단계	10,000
공정계획단계	100,000
대량생산 개시단계	1,000,000
대량생산단계	10,000,000

자료원: Perlitz, K.(2004), p. 461.

참 고 문 헌

강대갑 역/Gray, D. 저(2010), **컨설틴트로 새출발하기**, ㈜ 시그마프레스.

고동희/길재욱/김상수/류태수/문준영/심원술/전상길(2003), **경영학원론 – 디지털 사례를 중심으로**, 제3판, 명경사.

권혁진/박영덕/박인환/한광식(2010), **경영컨설팅 실무방법론**, 도서출판 대명.

김광수 외(2005), 국제경영, 박영사.

김언수(2007), **TOP을 위한 전략경영 2.7: 전략 수립과 실행, 내용과 과정**, 박영사.

김윤주/심익섭(2007), "가중치 추출기법의 비교: AHP, JA, Swing기법을 중심으로," **국가정책연구**, 제21권, 제1호, pp. 5-23.

김주헌(2004), **국제마케팅**, 제2판, 문영사.

문병준 외(2007), **국제마케팅**, 비즈프레스.

민상기/정창영(2001), **글로벌재무전략**, 명경사.

박경규(2010), **신인사관리**, 제4판, 홍문사.

박재기(2005), **글로벌 마케팅 – 전략적 접근**, 형설출판사.

박주홍/공명재(2003), "가치부가적 제휴를 통한 국제경쟁력강화에 대한 연구: 대구지역의 섬유산업을 중심으로," **경상논총**, 제27집, 한독경상학회, pp. 37-57.

박주홍(1997), "전략혁신을 통한 기업의 국제경쟁력의 강화," **경상논총**, 15, 한독경상학회, pp. 253-268.

박주홍(2004), "자동차 기업의 글로벌 소싱에 대한 사례연구 – 쌍용자동차를 중심으로 –," **경상논총**, 제29집, 한독경상학회, pp. 157-177.

박주홍(2007), **국제경쟁력강화를 위한 전사적 혁신경영**, 삼영사.

박주홍(2008), "국제기술이전의 평가를 위한 체크리스트의 개발과 활용방법: 기술제공기업의 관점에서," **경상논총**, 제26권, 제2호, 한독경상학회, pp. 57-82.

박주홍(2009), **국제경영전략**, 삼영사.

박주홍(2010), **글로벌마케팅**, 박영사.

박주홍(2012a), **글로벌경영**, 유원북스.

박주홍(2012b), **글로벌전략**, 유원북스.

박주홍(2013), **글로벌마케팅**, 제2판, 유원북스.

박주홍(2016a), **글로벌 인적자원관리**, 유원북스.

박주홍(2016b), **글로벌혁신경영**, 유원북스.

박주홍/이병찬(1994), "전략적 제휴와 국제생산－국제자동차생산을 중심으로－," 경영과학연구, **대구경북경영과학회**, 제3집, pp. 91-111.

반병길/이인세(2008), **글로벌마케팅**, 박영사.

방용성/김용한/주윤황(2012), **경영컨설턴트·기획자를 위한 컨설팅 프로세스와 컨설팅 수행기법**, 학현사.

방용성/주윤황(2015), **컨설팅방법론**, 학현사.

설증웅/조민호(2006), **컨설팅 프랙티스**, ㈜ 새로운 제안.

신태호/신성원/곽홍주(2006), "한국 컨설팅산법 현황과 컨설팅시장 발전을 위한 향후 추진방안," **서비스경영학회지**, 7(2), pp. 171-200.

어윤대 외(1997), **국제경영**, 학현사.

에이빔 컨설팅(주) 저/케이알 컨설팅(주) 역(2002), **컨설턴트는 어떻게 일하는가**, 21세기북스.

이건희(1997), **현대경영학의 이해**, 학문사.

이상식/박병권(1999), "글로벌소싱전략과 경쟁전략의 적합성이 성과에 미치는 영향에 관한 연구," **대한경영학회지**, 대한경영학회, 제20호, pp. 153-174.

이의준/이희동(2011), **행복한 커리니어 독립컨설턴트를 꿈꿔라**, ㈜ 새로운 제안.

이장로(2003), **국제마케팅**, 제4판, 무역경영사.

이장호(2003), **국제경영전략**, 전정판, 박영사.

장세진(1999), **글로벌경쟁시대의 경영전략**, 제2판, 박영사.

장세진(2005), **글로벌경쟁시대의 경영전략**, 제4판, 박영사.

장세진(2014), **경영전략**, 제8판, 박영사.

장세진/MCC(2004), **M&A의 경영전략**, 박영사.

전용욱 외(2003), **국제경영**, 문영사.

정수진/고종식(2011), **인사관리**, 삼우사.

조동성(1997), **21세기를 위한 국제경영**, 경문사.

조동성(2006), **21세기를 위한 전략경영**, 서울경제경영.

조민호/설증웅(2006a), **컨설팅 입문**, ㈜ 새로운 제안.

조민호/설증웅(2006b), **컨설팅 프로세스**, ㈜ 새로운 제안.

주성종/김중배/김미숙/노병옥(2010), **경영진단방법론**, 도서출판 글로벌.

중소기업기술정보진흥원(2011), **컨설팅산업 현황분석 및 활성화 방안연구**.

중소기업청(2006), **2006 중소기업 컨설팅산업 백서**.

중소기업청(2008), **2008 중소기업 컨설팅산업 백서**.

채서일(2003), **마케팅 조사론**, 학현사.

최순규/신형덕 역/Hill, C. W. L. 저(2009), **국제경영 글로벌 시장에서의 경쟁전략**, (International Business – Competing in the Global Marketplace, 7th Edition), 도서출판 석정.

홍성완 역/Block, p. 저(2007), **완벽한 컨설팅**, 인사이트.

Adam, D.(1993), "Flexible Fertigungssysteme im Spannungsfeld zwischen Rationalisierung, Flexibilisierung und veränderten Fertigungsstrukturen," *Schriften zur Unternehmensführung*, Band 46, Wiesbaden, pp. 5-28.

Albers, S./Gassmann, O.(Ed., 2005), *Handbuch Technologie – und Innovationsmanagement*, Wiesbaden.

Allesch, J./Bredde, D.(Ed., 1986), *Praxis des Innovationsmanagements – Planung, Durchführung und Kontrolle technischer Neuerungen in mittelständischen Unternehmen*, Berlin.

Allesch, J./Klasmann, G.(1989), *PRIMA – Produktinnovationsmanagement in technologieintensiven kleinen und mittleren Unternehmen*, Köln.

Allesch, J./Poppenheger, B.(1986), "Betriebliches Innovations – Management in dynamischen Umwelten," Allesch, J./Bredde, D.(Ed., 1986), *Praxis des*

Innovationsmanagements − Planung, Durchführung und Kontrolle technischer Neuerungen in mittelständischen Unternehmen, Berlin, pp. 11-26.

Ansoff, H. I.(1965), *Corporate Strategy*, New York et. al.

Ansoff, H. I.(1966), *Management − Strategie*, München.

Ball, D. A. et al.(2006), *International Business, The Challenge of Global Competition*, 10th Edition, New York.

Bea, F. X./Dichtl, E./Schweitzer, M.(Ed., 1994a), *Allgemeine Betriebswirtschaftslehre*, Band 2, Stuttgart/Jena.

Bea, F. X./Dichtl, E./Schweitzer, M.(Ed., 1994b), *Allgemeine Betriebswirtschaftslehre*, Band 3, Stuttgart/Jena.

Behrens, G.(1983), "Innovation; Innovationsforschung," *Marketing. Zeitschrift für Forschung und Praxis*, Heft 1, pp. 47-52.

Blohm, H./Lüder, K.(1988), *Investition*, München.

Brockhoff, K.(1987), "Wettbewerbsfähigkeit und Innovation," Dichtl, E./Gerke, W./Kieser, A.(Ed., 1987), *Innovation und Wettbewerbsfähigkeit*, Wiesbaden, pp. 53-74.

Brockhoff, K.(1994), *Forschung und Entwicklung − Planung und Kontrolle*, 4. Auflage, München/Wien.

Brommer, U.(1990), *Innovation und Kreativität im Unternehmen; Erfolg durch neues Denken*, Stuttgart.

Brose, P.(1982), Planung, Bewertung und Kontrolle technologischer Innovationen, Berlin.

Bungard, W./Dorr, J./Lezius, W./Oess, A.(Ed., 1991), *Menschen machen Qualität; Deutsch/Deutscher Dialog*, Ludwigshafen.

Buntenbeck, D. F.(1991), "Einführung von Qualitätszirkeln," Bungard, W./Dorr, J./Lezius, W./Oess, A.(Ed., 1991), *Menschen machen Qualität; Deutsch/Deutscher Dialog*, Ludwigshafen, pp. 75-87.

Busse von Colbe, W./Laßmann, G.(1990), *Betriebswirtschaftstheorie; Investitionstheorie*, Band 3, 3. Auflage, Heidelberg et al.

Cateora, P. R.(1993), *International Marketing*, 8th Edition, Burr Ridge, Illinois et al.

Cavusgil, S. T. et al.(2008), *International Business—Strategy, Management and New Realities*, Upper Saddle River, New Jersey.

Collins, D. J./Montgomery, C. A.(1999), "Creating Corporate Advantage," *Harvard Business Review on Corporate Strategy*, pp. 1-32.

Cundiff, E. W./Hilger, M. T.(1988), *Marketing in the International Environment*, 2nd Edition, Englewood Cliffs, New Jersey.

Czap, H.(1991), "Produktionsplanung und Produktionssteuerung im Wandel," *Wirtschaftswissenschaftliches Studium*, 10/1991, pp. 486-491.

Czinkota, M. R./Ronkainen, I. A.(1995), *International Marketing*, 4th Edition, Fort Worth et al.

Daniels, J. D. et al.(2004), *International Business, Environments and Operations*, 10th Edition, Upper Saddle River, New Jersey.

David, F. R.(1989), *Concepts in Strategic Management*, 2nd Edition, Columbus et al.

Deppe, J.(1986), *Qualitätszirkel—Ideenmanagement durch Gruppenarbeit*, Bern et al.

Dichtl, E./Gerke, W./Kieser, A.(Ed., 1987), *Innovation und Wettbewerbsfähigkeit*, Wiesbaden.

Diller, H./Lücking, J.(1993), "Die Resonanz der Erfolgsfaktorenforschung beim Management von Großunternehmen," *Zeitschrift für Betriebswirtschaftslehre*, 63. Jahrgang, Heft 12, pp. 1229-1249.

Domsch, M.(1985), "Qualitätszirkel—Baustein einer mitarbeiterorientierten Führung und Zusammenarbeit," *Schmalenbachs Zeitschrift für betriebswirtschaftliche Forschung*, 5/1985, pp. 428-441.

Domsch, M./Sabisch, H./Siemers, S. H. A.(Ed., 1993), *F&E—Management*, Stuttgart.

Doole, I./Lowe, R.(2004), *International Marketing Strategy—Analysis, Develop-*

ment and Implementation, 4th Edition, London.

Dowling, P. J./Festing, M./Engle, Sr., A. D.(2008), *International Human Resource Management: Managing People in a Multinational Context*, 5th Edition, London.

Dülfer, E.(1992), *Internationales Management in unterschiedlichen Kulturbereichen*, 2. Auflage, München.

Engelhardt, H. D.(1991), *Innovation durch Organisation — Unterwegs zu problem-angemessenen Organisationsformen*, München.

Eun, C. S./Resnick, B. G.(2001), *International Financial Management*, 2nd Edition, New York.

Evans, P./Pucik, V./Björkman, I.(2011), *The Global Challenge: International Human Resource Management*, 2nd Edition, New York.

Evered, R.(1983), "So What is Strategy?" *Long Range Planning*, Vol. 16, No. 4, pp. 57-72.

Frese, E.(1987), *Unternehmungsführung*, Landsberg/Lech.

Fritz, J.(1982), *Wiedereingliederung höherer Führungskräfte nach einem Auslandseinsatz*, Dissertation, Univ. Mannheim.

Gahl, A.(1990), "Die Konzeption der strategischen Allianz im Spannungsfeld zwischen Flexibilität und Funktionalität," *Zeitschrift für betriebswirt-schaftliche Forschung*, Sonderheft 27, pp. 35-48.

Galbraith, C./Schendel, D.(1983), "An Empirical Analysis of Strategy Types," *Strategic Management Journal*, Vol. 4, pp. 153-173.

Gerybadze, A.(2004), *Technologie— und Innovationsmanagement; Strategie, Organisation und Implementierung*, München.

Geschka, H.(1983), "Creativity Techniques in Product Planning and Development; A View from West Germany," *R&D Management*, 3/1983, pp. 169-183.

Gillespie, K./Jeannet, J.—P./Hennessey, H. D.(2004), *Global Marketing— An Interactive Approach*, Boston/New York.

Gottschall, D./Hirn, W.(1992), "Schlanke Linie," *Manager Magazin*, 4/1992, pp. 203-221.

Greiner, L. E./Metzger, R. O.(1983), *Consulting to Management*, Englewood Cliffs, New Jersey, Prentice−Hall.

Griepenkerl, H.(1990), "Was uns japanische Personalführung lehrt," *Harvard Business Manager*, 1/1990, pp. 14-20.

Griffin R. W./Pustay, M. W.(2007), *International Business*, 5th Edition, Upper Saddle River, New Jersey.

Grochla, E. Fieten, R.(1989), "Internationale Beschaffungspolitik," Macharzina, K./Welge, M. K(Ed., 1989), *Handwörterbuch Export und internationale Unterhehmung*, Stuttgart, pp. 203-214.

Groth, U./Kammel, A.(1994), *Lean Management*, Wiesbaden.

Häfelfinger, K.(1990), "Intrapreneurship; Innovationskraft steigern," *io Management Zeitschrift*, Nr. 12, pp. 31-34.

Hässig, K.(1988), "Wettbewerbsfähigkeit und neue Technologien in der Produktion," *Die Unternehmung*, Nr. 5, pp. 329-345.

Hauschildt, J.(1993), *Innovationsmanagement*, München.

Hauser, T.(1991), *Intuition und Innovationen−Bedeutung für das Innovationsmanagement*, Wiesbaden.

Häußer, E.(1981), "Mehr Innovation durch bessere Information," *Ifo−Studien*, pp. 339-357.

Hax, A. C./Majluf, N. S.(1988), *Strategisches Management*, Frankfurt am Main/New York.

Heenan, D. A./Perlmutter, H. V.(1979), *Multinational Organization Development, Reading*, Massachusetts.

Hentze, J./Brose, P./Kammel, A.(1993), *Unternehmungsplanung*, 2. Auflage, Bern/Stuttgart/Wien.

Herstatt, C./Lüthje, C.(2005), "Quellen für Neuproduktideen," Albers, S./Gassmann, O.(Ed., 2005), *Handbuch Technologie− und Innovationsmanage-*

ment, Wiesbaden, pp. 265-284.

Herzhoff, S.(1991), I*nnovations−Management−Gestaltung von Prozessen und Systemen zur Entwicklung und Verbesserung der Innovationsfähigkeit von Unternehmungen*, Köln.

Hesse, U.(1990), *Technologie−Controlling−Eine Konzeption zur Steuerung technologischer Innovationen*, Frankfurt am Main et al.

Heyde, W. et al.(1991), I*nnovationen in Industrieunternehmen−Prozesse, Entscheidungen und Methoden*, Wiesbaden.

Hill, C. W. L.(2005), *International Business: Competing in the Global Marketplace*, 5th Edition, Boston et al.

Hodgetts, R. M./Luthans, F.(2000), *International Management*, 4th Ed., McGraw−Hill.

Hoitsch, H.−J.(1993), *Produktionswirtschaft*, 2. Auflage, München.

Holt, K.(1988), *Product Innovation Management*, London et al.

Hopfenbeck, W.(1991), *Allgemeine Betriebswirtschafts− und Managementlehre*, 4. Auflage, Landsberg/Lech.

Horváth, P.(1988), "Grundprobleme der Wirtschaftlichkeitsanalyse beim Einsatz neuer Informations− und Produktionstechnologien," Horváth, P. (1988), *Wirtschaftlichkeit neuer Produktions− und Informationstechnologien*, Stuttgar, pp. 1-14.

Horváth, P.(Ed., 1988), *Wirtschaftlichkeit neuer Produktions− und Informationstechnologien*, Stuttgart.

Horváth, P.(Ed., 1993), *Target Costing*, Stuttgart.

Horváth, P./Niemand, S./Wolbold, M.(1993), "Target Costing−State of the Art," Horváth, P.(Ed., 1993), Target Costing, Stuttgart, pp. 1-27.

Ihrig, F.(1991), "Strategiache Allianz," *Wirtschaftswissenschaftliches Studium*, Jan., pp. 29-31.

Ingersoll Ingenieur GmbH(Ed., 1985), *Flexible Fertigungssysteme*, Berlin et al.

Jahrreiß, W.(1984), *Zur Theorie der Direktinvestition im Ausland*, Berlin.

Johnston, R./Lawrence, P. R.(1988), "Beyond Vertical Integration—the Rise of the Value—Adding Partnership," *Harvard Business Review*, July—August, pp. 94-101.

Kanter, R. M.(1984), "Innovation—The Only Hope for Times Ahead?" *Sloan Management Review*, Summer, pp. 51-55.

Kaplan, R. S./Norton, D. P.(1992), "The Balanced Score Card: Measures that Drive Performance," *Harvard Business Review*, January—February, pp. 71-79.

Keegan, W. J.(1969), "Multinational Product Planning: Strategic Alternatives," *Journal of Marketing*, Vol. 33, pp. 58-62.

Keegan, W. J.(2002), *Global Marketing Management*, 7th Edition, Upper Saddle River, New Jersey.

Kern, W.(Ed., 1979), *Handwörterbuch der Produktionswirtschaft*, Stuttgart.

Kern, W./Schröder, H.—H.(1977), *Forschung und Entwicklung in der Unternehmung*, Reinbek.

Kieser, A./Kubicek, H.(1992), *Organisation*, 3. Auflage, Berlin/New York.

Kim, K.—S.(1990), *Quality Circles in der Bundesrepublik Deutschland und in Korea—Vergleich ihrer Formen, Ziele und Auswirkungen sowie der Einstellungen deutscher und koreanischer Mitarbeiter zur Quality—Circle—Arbeit*, Dissertation, Universität Mannheim.

Konopaske, R./Ivancevich, J. M.(2004), *Global Management and Organizational Behavior: Text, Readings, Cases, and Exercises*, Boston et al.

Kotabe, M./Helsen, K.(2008), *Global Marketing Management*, 4th Edition, Hoboken, New Jersey.

Kotler, P.(1977), "From Sales Obsession to Marketing Effectiveness," *Harvard Business Review*, November—Decembe, pp. 67-75.

Kotler, P.(1984), *Marketing Management—Analysis, Planning, and Control*, 5th Edition, Englewood Cliffs, New Jersey.

Kotler, P.(1986), *Principles of Marketing*, 3rd Edition, Englewood Cliffs, New

Jersey.

Kotler, P./Bliemel, F.(1992), *Marketing—Management*, 7. Auflage, Stuttgart.

Krafcik, J. F.(1988), "Triumph of the Lean Production System," *Sloan Management Review*, Fall 1988, pp. 41-52.

Kubr, M.(Ed., 2002), *Management Consulting—A Guide to the Profession*, 4th Edition, International Labour Offic, Geneva.

Kumar, V.(2000), *International Marketing Research*, Upper Saddle River, New Jersey.

Kunzmann, E. M.(1991), *Zirkelarbeit; Evaluation von Kleingruppen in der Praxis*, München/Mering.

Lang, K./Ohl, K.(1993), *Lean Production—Herausforderungen und Handlungs-möglichkeiten*, Köln.

Leist, G.(1989), "Nutzwertanalyse," Szyperski, N./Winand, U.(Ed., 1989), *Handwörterbuch der Planung*, Band 9, Stuttgart, pp. 1259-1266.

Linnemann, H.(1966), *An Economic Study of International Trade Flows*, Amsterdam.

Litke, H.—D.(1993), *Projektmanagement—Methoden, Techniken, Verhaltensweisen*, München/Wien.

Lombriser, R./Abplanalp, P. A.(1998), *Strategisches Management*, Zürich.

Lorenz, G.(1985), "Größere Flexibilität durch Innovation," *Schmalenbachs Zeitschrift für betriebswirtschaftliche Forschung*, 2/1985, pp. 138-143.

Macharzina, K.(1993), *Unternehmensführung; das internationale Management-wissen; Konzepte—Methoden—Praxis*, Wiesbaden.

Macharzina, K./Welge, M. K(Ed., 1989), *Handwörterbuch Export und inter-nationale Unterhehmung*, Stuttgart.

Manager Magazin(1982), *Manager Magazin*, Hamburg.

McCourt, W.(2003), "Recruitment, Selection and Equal Opportunities," McCourt, W./Eldridge, D.(Ed., 2003), *Global Human Resource Management: Managing People in Developing and Transitional Countries*, Cheltenham, UK and Massachusetts, USA, pp. 170-207.

McCourt, W./Eldridge, D.(Ed., 2003), *Global Human Resource Management: Managing People in Developing and Transitional Countries*, Cheltenham, UK and Massachusetts, USA.

Mondy, R. W./Noe, R. M.(1996), *Human Resource Management*, New York.

Neuland, E./Hough, J.(Ed., 2007), *Global Business — Environments and Strategies, Managing for Global Competitiveness Advantage*, 3rd Edition, Oxford University Press, Southern Africa, Cape Town.

Nieder, P./Zimmermann, E.(1992), "Innovationshemmnisse in Unternehmen," *Betriebswirtschaftliche Forschung und Praxis*, 4/1992, pp. 374-387.

Niedereichholz, C.(1994), *Unternehmensberatung — Beratungsmarketing und Auftragsakquisition*, München.

Nieschlag, R./Dichtl, E./Hörschgen, H.(1988), *Marketing*, 15. Auflage, Berlin.

Nieß, P. S.(1979), "Fertigungssysteme, flexible," Kern, W.(Ed., 1979), *Handwörterbuch der Produktionswirtschaft*, Stuttgart, pp. 595-604.

Nütten, I./Sauermann, P.(1988), *Die Anonymen Kreativen — Instrumente einer Innovationsorientierten Unternehmenskultur*, Frankfurt am Main.

Olschowy, W.(1990), *Externe Einflußfaktoren im strategischen Innovationsmanagement — Auswirkungen externer Einflußgrößen auf den wirtschaftlichen Innovationserfolg sowie die unternehmerischen Anpassungsmaßnahmen*, Berlin.

Osborn, A. E.(1966), *Applied Imagination — Principles and Procedures of Creative Problem Solving*, 3. Auflage, New York.

Pan, Y./Tse, D.(2000), "The Hierarchial Model of Market Entry Modes," *Journal of International Business Studies*, Vol. 31, pp. 535-554.

Park, J. — H.(1996), *Vergleich des Innovationsmanagements deutscher, japanischer und koreanischer Unternehmen — Eine empirische Untersuchung am Beispiel der chemischen Industrie*, Dissertation, Universität Mannheim.

Park, J. — H.(1999), "Strategische Allianzen zwischen internationalen Unternehmen－Ein theoretischer Überblick－," *The Journal of Namseoul University*, Vol. 5, pp. 273-288.

Peng, M. W.(2006), *Global Strategy*, Mason, Ohio.

Perlitz Strategy Group(2009a), *Data Analysis by PSG－StrategyPilot*, Demo Version.

Perlitz Strategy Group(2009b), *IT－based Strategy Development using the PSG－StrategyPilot*, Unpublished Material, Mannheim.

Perlitz, M. et al.(1995), "Unternehmen der Zukunft," *EU Magazin*, 4/1995, pp. 26-27.

Perlitz, M.(1978), *Absatzorientierte Internationalisierungsstrategien*, Habilitation, Bochum.

Perlitz, M.(1983), "Strategisches Innovationsmanagement," Wuppertaler Kreis (Ed., 1983), *Innovationsmanagement in Mittelbetrieben*, Köln, pp. 23-49.

Perlitz, M.(1985), "Country－Portfolio Analysis－Assessing Country Risk and Opportunity," *Long Range Planning*, Vol. 18, No. 4, pp. 11-26.

Perlitz, M.(1993), "Why Most Strategies Fail Today; The Need for Strategy Innovations," *European Management Journal*, Vol. 11, No. 1, pp. 114-121.

Perlitz, M.(2004), *Internationales Management*, 5. Auflage, Stuttgart.

Perlitz, M./Löbler, H.(1985), "Brauchen Unternehmen zum Innovieren Krisen?" *Zeitschrift für Betriebswirtschaftslehre*, 55 Jahrgang, pp. 424-450.

Perlitz, M./Löbler, H.(1989), *Das Innovationsverhalten in der mittelständischen Industrie－Das Risk/Return Paradoxon*, Stuttgart.

Perlmutter, H. V.(1969), "The Tortuous Evolution of the Multinational Corporation," *Columbia Journal of World Business*, p. 9ff.

Perlmutter, H. V./Heenan, D. A.(1986), "Globale strategische Partnerschaften /Cooperate to compete globally," *Manager Magazin*, 5/1986, pp. 238-244; *Harvard Business Review*, 3-4/1986, pp. 136-152.

Pfeiffer, W./Bischoff, D.(1981), "Produktlebenszyklus－Instrument jeder strate-gischen Produktplanung," Steinmann, H.(Ed., 1981), *Planung und Kontrolle*,

München, pp. 133-165.

Pisano, G. P./Wheelwright, S. C.(1995), "The New Logic of High−Tech R&D," *Harvard Business Review*, 9/10 1995, pp. 93-105.

Pleschak, F.(1993), "Betriebswirtschaftliche Aufgaben bei der Vorbereitung von Prozeßinnovationen," Domsch, M./Sabisch, H./Siemers, S. H. A. (Ed., 1993), *F&E−Management*, Stuttgart, pp. 33-48.

Pohle, K.(1990), "Strategische Allianzen in der chemische−pharmazeutischen Industrie," *Zeitschrift für betriebswirtschaftliche Forschung*, Sonderheft 27, pp. 67-76.

Poole, M.(1986), I*ndustrial Relations: Origins and Patterns of National Diversity*, London.

Porter, M. E.(1980), *Competitive Strategy: Techniques for Analyzing Industries and Competitors*, The Free Press.

Porter, M. E.(1985), *Competitive Advantage*, New York/London.

Porter, M. E.(1986), *Wettbewerbsstrategie*, Frankfurt am Main.

Porter, M. E.(1990), *The Competitive Advantage of Nations*, London−Basing-stoke.

Quelch, J. A./Hoff, E. J.(1986), "Customizing Global Marketing," *Harvard Business Review*, May−June, p.61.

Rembold, U./Nnaji, B. O./Storr, A.(1994), *CIM; Computeranwendungen in der Produktion*, Bonn et al.

Saaty, T. L.(1990), *Multicriteria Decision Making: The Analytic Hierarchy Process*, 2nd Ed., RWS Publications.

Saaty, T. L.(1994), "How to Make Decision: The Analytic Hierarchy Process," *Interfaces*, Vol. 24, No. 6, pp. 19-43.

Saaty, T. L/Vargas, L. G.(2001), *Models, Methods, Concepts and Application of the Analytic Hierarchy Process*, Kluwer Academic Publishers.

Sakurai, M.(1989), "Target Costing and How to use it," *Journal of Cost Management*, 3/1989, pp. 39-50.

Schanz, G.(1972), *Forschung und Entwicklung in der elektrotechnischen Industrie*, Mindelheim.

Scheuch, F./Holzmüller, H.(1983), "Innovation und Produktpolitik," *Wirtschaftswissenschaftliches Studium*, 5/1983, pp. 225-230.

Schierenbeck, H.(1993), *Grundzüge der Betriebswirtschaftslehre*, 11. Auflage, München.

Schlicksupp, H.(1977), *Kreative Ideenfindung in der Unternehmung—Methoden und Modelle*, Berlin/New York.

Schlicksupp, H.(1983), "Innovation im Unternehmen; Den Machtschub an Ideen sichern," Wuppertaler Kreis(Ed., 1983), *Innovationsmanagement in Mittelbetrieben*, Köln, pp. 51-87.

Schmidt, I.(1981), *Wettbewerbstheorie und −politik, Eine Einführung*, Stuttgart.

Schneider, W.(1994), *Erfolgsfaktor Qualität, Einführung und Leitfaden*, Berlin.

Schreyögg, G.(1994), "Zum Verhältnis von Planung und Kontrolle," *Wirtschaftswissenschaftliches Studium*, 7/1994, pp. 345-351.

Schröder, H.−H.(1980), "Fehler bei der Vorhersage der Aufwendungen für Forschungs− und Entwicklungs−(F&E−) Vorhaben—Ein Erklärungsversuch," *Schmalenbachs Zeitschrift für betriebswirtschaftliche Forschung*, Jahrgang 32, pp. 646-668.

Schumpeter, J. A.(1952), *Theorie der wirtschaftlichen Entwicklung*, 5. Auflage, Berlin.

Segler, K.(1986), *Basisstrategien im internationalen Marketing*, Frankfurt am Main, New York.

Shenkar, O./Luo, Y.(2004), *International Business*, Hoboken, New Jersey.

Simon, W./Heß, M.(1988), *Handbuch Qualitätszirkel; Hilfsmittel zur Produktion von Qualität*, Köln.

Solomon, M. R./Stuart, E.(2003), *Marketing—Real People, Real Choices*, 3rd Edition, Upper Saddle River, New Jersey.

Specht, G.(1986), "Grundprobleme eines strategischen markt− und technologieorientierten Innovationsmanagements," *Wirtschaftswissenschaftliches Studium*, 12/1986, pp. 609-613.

Specht, G./Michel, K.(1988), "Integrierte Technologie— und Marktplanung mit Innovationsportfolios," *Zeitschrift für Betriebswirtschaftslehre*, 58. Jahrgang, pp. 502-520.

Steinmann, H.(Ed., 1981), *Planung und Kontrolle*, München.

Stern, T./Jaberg, H.(2005), Erfolgreiches Innovationsmanagement; Erfolgfaktoren —Grundmuster—Fallbeispiele, Wiesbaden.

Strebel, H.(1990), "Innovation und Innovationsmanagement als Gegenstand der *Betriebswirtschaftslehre,*" *Betriebswirtschaftliche Forschung und Praxis*, 2/1990, pp. 161-173.

Szyperski, N./Winand, U.(Ed., 1989), *Handwörterbuch der Planung*, Band 9, Stuttgart.

Thom, N.(1980), *Grundlage des betrieblichen Innovationsmanagements*, 2. Auflage, Königstein.

Thom, N.(1983), "Innovations—Management—Herausforderungen für den Organisator," *Zeitschrift für Führung und Organisation*, 1/1983, pp. 4-11.

Thom, N.(1990), "Innovation Management in Small and Medium-Sized Firms," *Management International Review*, 2/1990, pp. 181-192.

Timischl, W.(1995), *Qualitätssicherung, Statistische Methoden*, München.

Traeger, D. H.(1994), *Grundgedanken der Lean Production*, Stuttgart.

Trommsdorff, V.(Ed., 1990), *Innovationsmanagement in kleinen und mittleren Unternehmen*, München.

Trommsdorff, V./Brodde, D./Schneider, P.(1987), *Modellversuch Innovations-management für Kleine und Mittlere Betriebe*, Technische Universität Berlin, Berlin.

Trommsdorff, V./Reeb, M./Riedel, F.(1991), "Produktinnovationsmanagement," *Wirtschaftswissenschaftliches Studium*, 11/1991, pp. 566-572.

Trommsdorff, V./Schneider, P.(1990), "Grundzüge des betrieblichen Innovationsmanagement," Trommsdorff, V.(Ed., 1990), Innovationsmanagement in kleinen und mittleren Unternehmen, München, pp. 1-25.

Urabe, K.(1988), "Innovation and the Japanese Management System," Urabe, K./Child, J./Kagono, T.(Ed., 1988), *Innovation and Management; International Comparisons*, Berlin, pp. 3-25.

Urabe, K./Child, J./Kagono, T.(Ed., 1988), I*nnovation and Management; International Comparisons*, Berlin.

Urban, C.(1993), *Das Vorschlagswesen und seine Weiterentwicklung zum europäischen KAIZEN − Das Vorgesetztenmodell −, Hintergründe zu aktuellen Veränderungen im Betrieblichen Vorschlagswesen*, Konstanz.

von Reibnitz, U.(1981), "So können Sie die Szenario-Technik nutzen," *Marketing Journal*, 14. Jahrgang, Nr. 1, pp. 37-41.

Vrakking, W. J.(1990), "The Innovative Organization," *Long Range Planning*, Vol. 23, No. 2, pp. 94-102.

Wedel, M./Kamakura, W. A.(1998), *Market Segmentation − Conceptual and Methodological Foundations*, Boston.

Weihrich, H.(1982), "The TOWS Matrix: A Tool for Situational Analysis," *Long Range Planning*, April.

Welge, M. K./Al−Laham, A.(1992), *Planung; Prozesse − Strategien − Maßnahmen*, Wiesbaden.

Wohlgemuth, A. C.(2004), *Unternehmensberatung*, 5. Auflage, Zürich.

Womack, J. P./Jones, D. T./Roos, D.(1992), *Die zweite Revolution in der Automobilindustrie*, 5. Auflage, Frankfurt/New York.

Wuppertaler Kreis(Ed., 1983), *Innovationsmanagement in Mittelbetrieben*, Köln.

Zahn, E.(1986), "Innovations− und Technologiemanagement − Eine strategische Schlüsselaufgabe der Unternehmen," Zahn, E.(Ed., 1986), *Technologie − und Innovationsmanagement*, Berlin, pp. 9-48.

Zahn, E.(Ed., 1986), *Technologie − und Innovationsmanagement*, Berlin.

http://100.daum.net/encyclopedia/view/49XXX9201035.

http:// www.icmci.org/.

http://www.q-net.or.kr/man001.do?gSite=L&gId=49.

https://kssc.kostat.go.kr:8443/ksscNew_web/index.jsp.

https://www.ama.org/AboutAMA/Pages/Definition-of-Marketing.aspx.

영 문 색 인

국 문 색 인

▌저자 약력

박 주 홍(朴 珠 洪)

계명대학교 경영학과(부전공: 독어독문학) 졸업(경영학사)
계명대학교 대학원 경영학과 졸업(경영학석사)
독일 슈투트가르트(Stuttgart) 대학교 경영학과 수학
독일 호헨하임(Hohenheim) 대학교 대학원 국제경영학과 박사과정 수학
독일 만하임(Mannheim) 대학교 대학원 국제경영학과 졸업(경영학박사)
독일 바덴-뷰르템베르크(Baden-Württemberg)주 학예부 박사학위지원 장학금 수상
독일 학술교류처(DAAD) 연구지원 장학금 수상
BMW 학술상 수상, 2001
계명대학교 업적우수상 수상, 2017
남서울대학교 경영학과 조교수 및 경영연구센터 소장 역임
독일 만하임(Mannheim) 대학교 국제경영학과 방문교수 역임
계명대학교 경영대학 부학장, 경영학부장, 계명카리타스봉사센터장, 취업지원처장, 학생복지
취업처장, 계명테크노파크사업단장, 대구테크노파크 계명대학교센터장 역임
한국자동차산업학회 이사, 한독사회과학회 이사 역임
현재 계명대학교 경영학전공(국제경영) 교수(juhong@kmu.ac.kr)
　　　독일 Perlitz Strategy Group(경영컨설팅사) 아시아지역 학술고문(www.perlitz.com)
　　　한국질서경제학회 부회장, 한국국제경영학회 상임이사, 한독경상학회 이사

주요 논문, 저서 및 역서

글로벌마케팅, 제3판, 유원북스(2021)
자동차 마케팅전략, 박영사(2021)
글로벌전략, 제2판, 유원북스(2020)
혁신경영 - 신제품 개발과 기술혁신 -, 박영사(2020)
비즈니스협상 - 기능영역별 협상과 글로벌 비즈니스협상의 이슈 -, 박영사(2019)
글로벌경영, 제2판, 유원북스(2018)
글로벌 윤리경영, 삼영사(2017)
경영컨설팅의 이해, 박영사(2017)
글로벌혁신경영, 유원북스(2016)
글로벌 인적자원관리, 유원북스(2016)
글로벌마케팅, 제2판, 유원북스(2013)
글로벌전략, 유원북스(2012)
글로벌경영, 유원북스(2012), 집현재(2011)
글로벌마케팅, 박영사(2010)
국제경영전략, 삼영사(2009)
국제경쟁력강화를 위한 전사적 혁신경영, 삼영사(2007)
국제경영(역서, Manfred Perlitz 저), 형설출판사(2003) 외 5권의 저서

"내연기관 자동차의 제품마케팅 소구점에 대한 가중치 분석: 대구지역 Mercedes－Benz 딜러의 관점을 중심으로"(2022)
"전기차의 제품마케팅 소구점에 대한 가중치 분석: 대구지역 Mercedes－Benz 딜러의 관점을 중심으로"(2022)
"The Competitiveness of Korean and Chinese Textile Industry: The Diamond Model Approach"(2010, 공동연구) 외 50여 편의 논문

경영컨설팅의 이해

초판발행   2017년 1월 10일
중판발행   2022년 9월 10일

지은이   박주홍
펴낸이   안종만·안상준

편 집   김효선
기획/마케팅   장규식
표지디자인   조아라
제 작   고철민·조영환

펴낸곳   (주) 박영사
             서울특별시 금천구 가산디지털2로 53, 210호(가산동, 한라시그마밸리)
             등록 1959. 3. 11. 제300-1959-1호(倫)

전 화   02)733-6771
f a x   02)736-4818
e-mail   pys@pybook.co.kr
homepage   www.pybook.co.kr
ISBN   979-11-303-0389-5 93320

정 가   32,000원